HECTOR

DU MÊME AUTEUR

Aux éditions Les Belles Lettres

THUCYDIDE, édition et traduction, en collaboration avec L. Bodin et R. Weil, 5 vol., C.U.F., 1953-1972.
THUCYDIDE ET L'IMPÉRIALISME ATHÉNIEN – La pensée de l'historien et la genèse de l'œuvre (1947 ; 1961 ; épuisé en français).
HISTOIRE ET RAISON CHEZ THUCYDIDE, 1956, 2e éd. 1967.
LA CRAINTE ET L'ANGOISSE DANS LE THÉÂTRE D'ESCHYLE, 1958, 2e éd. 1971.
L'ÉVOLUTION DU PATHÉTIQUE, D'ESCHYLE À EURIPIDE (P.U.F., 1961), 2e éd. 1980.
LA LOI DANS LA PENSÉE GRECQUE, DES ORIGINES À ARISTOTE, 1971.
LA DOUCEUR DANS LA PENSÉE GRECQUE, 1979.
« PATIENCE, MON CŒUR ! » – L'essor de la psychologie dans la littérature grecque classique, 1984 (2e éd. 1991), Agora, 1994.
TRAGÉDIES GRECQUES AU FIL DES ANS, 1995.

Aux éditions Hermann

PROBLÈMES DE LA DÉMOCRATIE GRECQUE, 1975 (Agora, 1986).

Aux Presses Universitaires de France

LA TRAGÉDIE GRECQUE, 1970, 2e éd., « Quadrige », 1982.
PRÉCIS DE LITTÉRATURE GRECQUE, 1980, 2e éd. 1991.
HOMÈRE (coll. Que sais-je ?), 1985, 2e éd. 1992.
LA MODERNITÉ D'EURIPIDE (coll. Écrivains), 1986.

Aux éditions Vrin

LE TEMPS DANS LA TRAGÉDIE GRECQUE, 1971 (traduction du texte paru en 1968 à Cornell University Press).

Aux éditions Fata Morgana

JEUX DE LUMIÈRES SUR L'HELLADE, 1996.

Aux éditions Julliard

SUR LES CHEMINS DE SAINTE-VICTOIRE, 1987, 2e éd. 1994.
LA CONSTRUCTION DE LA VÉRITÉ CHEZ THUCYDIDE (coll. Conférences, essais et leçons du Collège de France), 1990.

Aux éditions de Fallois

LES GRANDS SOPHISTES DANS L'ATHÈNES DE PÉRICLÈS, 1988.
LA GRÈCE À LA DÉCOUVERTE DE LA LIBERTÉ, 1989.
DISCOURS DE RÉCEPTION À L'ACADÉMIE FRANÇAISE ET RÉPONSE DE M. ALAIN PEYREFITTE, 1989.
OUVERTURE À CŒUR, roman, 1990.
ÉCRITS SUR L'ENSEIGNEMENT. *Nous autres professeurs* (Fayard, 1969), *L'Enseignement en détresse* (Julliard, 1984), 1991.
POURQUOI LA GRÈCE ?, 1992.
LES ŒUFS DE PÂQUES, nouvelles, 1993.
LETTRE AUX PARENTS SUR LES CHOIX SCOLAIRES, 1994.
RENCONTRES AVEC LA GRÈCE ANTIQUE, 1995.
ALCIBIADE, 1995.

JACQUELINE DE ROMILLY

de l'Académie française

HECTOR

Éditions de Fallois

PARIS

22, rue La Boétie, 75008 Paris

ISBN 2-87706-287-2

LISTE DES PRINCIPAUX PERSONNAGES

I. Du côté troyen

ANDROMAQUE, femme d'Hector.
ASTYANAX, fils d'Hector.
ÉNÉE, prince dardanien, fils de la déesse Aphrodite, apparenté à Priam.
HÉCUBE, femme de Priam, mère d'Hector.
PÂRIS, frère d'Hector, ravisseur d'Hélène.
POLYDAMAS, troyen plein de jugement.
PRIAM, roi de Troie, père d'Hector.
SARPÉDON, lycien, allié de Troie, fils de Zeus.

II. Du côté achéen

ACHILLE, fils de Pélée et de la déesse Thétis, le plus vaillant des Achéens.
AGAMEMNON, fils d'Atrée, roi d'Argos et de Mycènes, chef de l'expédition.
AJAX, fils de Télamon et guerrier valeureux.
DIOMÈDE, fils de Tydée, roi d'Argolide.
MÉNÉLAS, frère d'Agamemnon, roi de Sparte, mari d'Hélène.
NESTOR, roi de Pylos, âgé et sage.
PATROCLE, fils de Ménoetios : l'ami d'Achille.
ULYSSE, roi d'Ithaque.

PRÉFACE

Ce livre n'est pas une biographie ; et nul ne pourrait écrire une biographie d'Hector : Hector est un personnage épique, connu seulement par l'*Iliade* et par quelques traditions littéraires se rattachant à Homère. Il n'y a donc rien à savoir de lui, en dehors d'un poème, vieux de vingt-huit siècles. Qui plus est, ce poème ne raconte nullement sa vie, mais le présente seulement comme un guerrier qui, défendant Troie, est tué par Achille et dont le corps, d'abord outragé et maltraité, est finalement rendu aux siens. Il n'y a pas de vie d'Hector, mais seulement une mort d'Hector.

En revanche, l'art d'Homère est tel que cette mort a ému des générations de lecteurs et inspiré des œuvres multiples, dans bien des pays. Si l'on n'a pas de sources pour Hector, avant Homère, on dispose d'une image qui s'est reflétée de façons diverses, après Homère.

Ce serait déjà une raison pour tenter de saisir le secret d'une telle création et pour éprouver le désir d'inviter à relire ces textes : il y a là une joie qu'au terme de sa vie une helléniste ne saurait se refuser.

Mais il se trouve que cet art est ici mis au service de thèmes qui ont toutes les raisons de toucher des lecteurs de notre temps, engagés dans les problèmes qui commandent notre vie actuelle.

Hector est un homme tué à la guerre et qui subit les cruautés que peut, à la limite, entraîner la guerre. Et le fait qu'Homère ait centré l'intérêt sur lui est, à cet égard, remarquable.

Qui est Hector, en effet ? Y a-t-on pensé ? Il est le défenseur de Troie. Il est, par conséquent, l'ennemi ! Comme tel, il ne devrait intervenir que sous l'aspect de celui que l'on redoute, que l'on déteste, à qui l'on prête tous les torts. Faire tomber la sympathie sur lui, le montrer parmi les siens, entouré d'affection et d'espoirs, est donc un choix d'une extraordinaire originalité.

D'autres épopées ont-elles jamais procédé ainsi ? Je les ai lues pour la plupart, et je n'ai rien rencontré de tel. Les traditions assyriennes, égyptiennes, même l'Ancien Testament, tout suggère une attitude différente. Quelquefois, dans les épopées, on connaît l'ennemi ; mais c'est qu'alors la lutte oppose entre eux des frères, ou des rivaux. L'un des deux est, en général, détestable, sournois, cruel. De plus il s'agit ici d'un siège ; et l'on devrait ne connaître l'ennemi que comme une silhouette redoutable, surgissant d'une ville fermée, et sans doute entouré de cent légendes horribles, comme il en naît dans toutes les guerres. Or Homère sait et montre ce qui se passe dans Troie. Il décrit ceux qui y vivent, et qui ressemblent en tout aux assiégeants — sauf peut-être que leurs terreurs sont plus grandes et nous touchent donc plus vivement.

Hector est le seul héros, dans l'épopée, qui apparaisse entouré d'un père et d'une mère, d'une épouse bien-aimée, d'un tout jeune enfant. Il est le seul pour qui l'on sache les craintes qu'inspire son sort, les tendresses que brisera sa mort.

Et non seulement l'épopée rapporte sa mort et conclut sur le deuil qu'elle fait naître ; Hector est encore le seul qui soit, après sa mort, l'objet de cruautés qui finiront par choquer jusqu'aux dieux. Le dernier chant du poème est consacré aux funérailles d'Hector, les derniers mots du poème font sonner une dernière fois son nom.

Ce souci de célébrer un héros du camp ennemi, d'attirer la pitié sur un vaincu, sur un homme voué à la mort et à la torture après sa mort, ce souci de le montrer comme un être abattu par la guerre, et dont la mort sème un deuil déchirant, constitue, au seuil de notre littérature occidentale, une évocation d'une humanité extraordinaire. Et en notre temps de guerres, de massacres accomplis au nom de la religion ou de la race, de cruautés qui, parfois, s'étendent après la mort, et sont brusquement révélées dans la découverte de charniers, le surgissement de cette humanité, dans sa simple et magistrale affirmation, est une réponse à nos angoisses.

Les Grecs ont continué dans cette veine-là. La tragédie d'Eschyle, *Les Perses*, évoque la guerre médique, alors toute récente, en présentant le côté perse, c'est-à-dire celui des ennemis, et des vaincus, et en faisant retentir longuement les plaintes de leur deuil. On reconnaît là le point de vue de l'*Iliade* — à cela près que la fierté d'avoir échappé au désastre perce partout dans l'œuvre de l'Athénien : l'*Iliade*, elle, n'a rien de tel. De plus, il s'agit chez Eschyle de tout un peuple, alors qu'Homère dresse en Hector l'image d'un homme, unique, ardent, ami de tous, dont la mort devient ainsi à jamais emblématique.

Comment douter qu'il y ait là pour nous un exemple précieux, et terriblement nécessaire ?

Le nom d'Hector, quand il sonne comme dernier mot du poème à la conclusion d'une scène de funérailles, nous fait signe, par-delà les siècles, comme un avertissement.

Ces divers liens avec les maux de notre temps se traduisent d'ailleurs dans des œuvres. La réflexion sur la guerre a produit, en 1935, la pièce de Giraudoux intitulée *La guerre de Troie n'aura pas lieu.* 1935 : le moment où les menaces de guerre commençaient à prendre corps. Et

Hector y est un personnage central. — D'autre part, le sort d'Hector a inspiré, à une époque plus proche, une importante étude de J. Redfield. Elle a paru aux États-Unis en 1975 et en France en 1984, sous le titre *La tragédie d'Hector, nature et culture dans l'Iliade* (chez Flammarion). Le souci d'anthropologie qui inspire le livre le distingue fort du présent ouvrage ; mais la ferveur y est la même, et, dans deux pays différents, le récit d'Homère a semé un même intérêt, rendant à Hector une place primordiale — une place d'archétype, mais aussi une proche et vivante présence.

C'est à cette présence que l'on a souhaité revenir ; et le livre sera donc une relecture d'Homère, fidèle et attentive.

Il va de soi que cette relecture tient compte, dans toute la mesure du possible, de l'énorme bibliographie concernant ces textes. Mais on a voulu laisser cette érudition à l'écart dans l'exposé lui-même. On s'est contenté de donner dans les notes les références au texte d'Homère et, parfois, la mention de certains désaccords dans la critique. Mais on a écarté tout appareil bibliographique *. De même on a laissé de côté, presque toujours, la considération de la « question homérique » et de la façon dont l'épopée avait été composée. Les gens ont d'abord cru à un seul poète, composant le tout à la suite, puis à des éléments de dates diverses, plus ou moins bien raccordés pour faire un tout ;

---

* Les références à des livres ou des articles sont données, dans les notes en fin de volume, lorsque l'exposé l'exige. D'autre part, les principales éditions commentées d'Homère, citées éventuellement dans les notes, sont celle de Leaf, en 2 volumes, parus en 1900 et 1902, et le grand commentaire de Kirk, en 6 volumes, parus à Cambridge University Press, de 1985 à 1993, les chants les plus importants ici étant le XXIIe et le XXIVe, pour lesquels les auteurs sont M. Edwards et N. Richardson. — Toutes les citations de l'*Iliade* sont empruntées à la très belle traduction de Paul Mazon, parue aux éditions Les Belles Lettres, dans la Collection des Universités de France.

enfin, des savants ont pensé qu'un poète unique avait pu s'inspirer de sources ou d'essais antérieurs : les poèmes, on le sait, étaient chantés ici et là, modifiés, arrangés. Mais tel n'est pas notre problème. En effet, l'impression d'unité existe ; et il est clair que des auteurs différents, rédigeant à des dates différentes, peuvent aboutir à une œuvre cohérente. On a donc signalé ici que d'éventuelles difficultés de détail subsistent par endroits — comme il en subsiste peut-être, entre les chapitres de ce livre, rédigés à des moments divers.

Mais, inversement, parce que cette mort d'Hector touche à tant de thèmes demeurés vivants à travers les siècles, on s'est permis ici d'introduire parfois, comme une sorte de contrepoint à cette relecture d'Homère, des réflexions plus libres, typographiquement distinctes du reste, et laissant percevoir certains des échos, proches ou lointains, qu'a eus le texte commenté — soit dans la littérature grecque, soit dans celles qui ont suivi, ou simplement dans l'expérience quotidienne de notre temps. « Homère » fournit le texte : ces réflexions fournissent les harmoniques. Ainsi devrait apparaître la relation entre le poème d'où tout est parti et cette lente sédimentation, coupée de brusques réapparitions, que constitue — consciente ou non — une culture.

PROLOGUE

ÉCHOS ET REFLETS D'HECTOR

Il a été dit dans la Préface que les textes de l'*Iliade* relatifs à Hector avaient continuellement exercé une influence profonde et n'avaient cessé de survivre sous des formes diverses. Mais cette continuité n'implique pas la fidélité à Homère, ni même la connaissance du poème.

Il peut s'agir d'échos lointains, qui ne prennent un sens que pour l'helléniste, comme de petits signaux qui clignotent, s'allument et s'éteignent, témoins d'un rayonnement aujourd'hui oublié.

C'est ainsi que je me trouvais, l'autre jour, à ma table de travail — ma table d'helléniste —, lorsque mon regard s'est posé sur un livre qui n'était pas de grec (j'aime aussi d'autres livres, bien entendu !). C'était un roman d'Hector Bianciotti. Et voici que ce nom me fit signe : Hector ! Hector, pour moi, c'était Homère. Et tout à coup je fus touchée que cet écrivain bien vivant, né en Argentine, d'une famille piémontaise, portât ce nom venu de ma Grèce, et venu d'un simple poème, vieux de vingt-huit siècles.

Sans doute nul n'a-t-il à l'esprit, aujourd'hui, les souvenirs attachés à ces noms. Pourtant leur existence même atteste déjà la lente pénétration des œuvres, dont un écho survit ainsi, loin dans l'espace et dans le temps, loin aussi des images premières.

À côté des Hector, français ou italiens, dont certains furent célèbres (à commencer par Hector Berlioz), j'aime penser à ces innombrables personnes qui, à travers le monde, continuent à utiliser les divers noms de la guerre de Troie. J'aime penser à cet étudiant noir, venu d'un village obscur de l'Afrique, qui s'appelait Achille... Et, après tout, il en va de même quand je retrouve les souvenirs de cette même guerre de Troie dans les noms de villes aux États-Unis. Sait-on qu'il y a là-bas dix villes qui portent le nom de Troie (devenue Troy), comme il y en a huit qui portent le nom d'Athènes, et six celui de Sparte, sans oublier les deux qui s'appellent Ithaque. Une mode qui passe ? Sans doute. Mais de telles modes sont aussi des témoignages.

Après tout, le valet de carreau, dans nos jeux de cartes, s'appelle Hector. Pourquoi ? Sans doute en l'honneur d'un compagnon de Jeanne d'Arc, qui portait ce nom. Mais, de même qu'Hector Bianciotti parle d'un ami, également argentin, qui s'appelle, lui aussi, Hector, de même le nom d'Hector avait été, vers la fin du Moyen Âge, diversement illustré ; et l'on pourrait imaginer d'autres explications au nom du valet de carreau. De toute façon, ce prénom n'évoquait probablement, à l'époque, rien de précis ; mais les siècles qui précédaient s'étaient enchantés de récits sur le héros d'Homère.

Dans certains cas, l'allusion antique inscrite dans les noms est plus sensible et même éclatante. André Roussin en a joué dans une pièce qui s'appelait *Le tombeau d'Achille* et où une réplique, saluée de rires, était « Allô, Hector ? Ici Achille ». Le contraste entre les grandeurs héroïques et les sordides tractations situées dans notre monde d'aujourd'hui devenait comique. Légère et burlesque, l'allusion à l'épopée était déjà perceptible pour tous.

Dans la Grèce actuelle, c'est une des surprises du touriste que de se voir entouré sur la plage ou dans l'autobus, de gens qui s'appellent Périclès ou Xénophon, ou bien Antigone. Et nous éprouvons alors le même petit choc amusé, fondé sur le contraste.

Mais quand ces noms anciens ont été rendus familiers par la lecture des textes, alors, il y a plus que l'amusement : l'allusion prend un pouvoir évocateur, éveille des réminiscences, des images, des harmoniques, plus ou moins sensibles.

Faut-il s'en étonner ? Tous les mots, quels qu'ils soient, s'entourent pour chacun de nous d'une sorte de halo dont nous sommes à peine conscients mais qui les pare des souvenirs de notre expérience. Je n'emploie pas le mot « rougeole » sans que flotte à l'arrière de ma conscience le souvenir de la terrible semaine qui marqua mon enfance, quand je m'offris la pire de toutes les rougeoles possibles. Quand je dis « douceur », je ne puis pas oublier complètement que j'ai écrit un très gros livre sur la douceur dans la pensée grecque, c'est-à-dire l'humanité, la bienveillance, etc.) : peut-être, vaguement, le mot s'est-il enrichi de tous ces textes que j'étudiais, qui exprimaient la tolérance ou l'indulgence. Je n'y pense pas consciemment ; mais le mot a pris du poids, du moelleux, une sorte de contour indéterminé, comme une richesse dont on sait vaguement que l'on pourrait fournir la preuve.

J'ai entendu dire récemment, à propos d'objets, qu'ils étaient « chargés de l'*aura* de leurs propriétaires successifs » : comment ne serait-ce plus nettement le cas pour les mots — qui n'ont de réalité que pour et par l'esprit ?

Le dernier exemple le montre ; car déjà il renvoie à cette expérience qui vient doubler celle de notre vie, ou plutôt la multiplier à l'infini — à savoir l'expérience des livres, des textes, de tous les écrits accumulés avant notre temps. Pour moi, qui vis au contact des textes grecs, je m'en rends bien compte : quand j'entends le mot « thon », je pense, comme tout le monde, au thon en boîte, que l'on mange avec une salade de pommes de terre ; mais je pense aussi, en marge, en plus, à quelque chose de plus exaltant, car j'ai été jadis, naguère, et à plusieurs reprises, saisie par la brutalité de la pêche au thon telle que l'évoque Eschyle. Il le fait à propos de la bataille de Salamine et du massacre des combattants jetés à la mer ; il montre alors les Grecs qui, « comme s'il s'agissait de thons, de poissons vidés du filet, frappent, assomment, avec des débris de rames, des fragments d'épaves »... On pêche encore au thon, j'ai lu des descriptions de ces exercices violents et sanglants. Le mot « thon », pour moi, évoque des échos plus lointains et tire de l'expression littéraire une force accrue. Celle-ci se limite, en fait, à une simple comparaison qui n'occupe qu'un ou deux vers. Mais, justement, l'idée des hommes massacrés dans la bataille, l'idée des plaintes et du deuil, rejaillit sur l'image de la pêche et lui donne une grandeur tragique. De là vient la force de l'évocation ; de là vient l'émotion qu'elle a suscitée, et dont l'écho vibre en sourdine, chaque fois que j'entends le mot « thon ». La poésie a ce pouvoir. Elle construit peu à peu notre monde intérieur, comme tout ce qui nous touche et nous ouvre les yeux. Nabokov n'a-t-il pas écrit sur la « transparence des choses à travers lesquelles », dit-il, « brille le passé »[1] ?

S'il en est ainsi des simples mots du vocabulaire courant, à plus forte raison est-ce vrai des noms propres. Et voilà que nous découvrons une autre façon de vibrer au simple nom d'Hector !

Un prénom qui survit, c'est amusant. C'est un signe extérieur du caractère inusable des œuvres. Mais, en général, nul n'y pense. On ne pense pas non plus au

Parthénon quand on passe devant sa copie, la Madeleine. En revanche, quand on prononce le nom d'Hector parmi des gens qui connaissent, même sommairement, le poème, un écho s'établit, aussi puissant, plus puissant même que pour les thons : un mélange de souvenirs où interviennent héroïsme et souffrance, grandeur et tragique, un reflet éclatant et tendre — quelque chose de l'Hector d'Homère, vivant et retrouvé[2].

Tout cela suppose que l'*Iliade* a été lue soit jadis, à des moments divers, soit tout récemment. Ainsi est attestée une longue survie obscure, qui n'implique pas d'influence directe.

L'influence directe, cependant, n'a pas cessé (ou presque pas) de s'exercer.

On peut glisser sur les œuvres latines, sur Virgile, qui a écrit, avec l'*Énéide*, une suite à l'*Iliade*, sur Ovide, qui raconte des épisodes divers. Mais, à partir de là, surprise ! Voici que fleurissent les récits à l'antique, sous le Haut Empire ! Dictys de Crète et Darès le Phrygien racontent les événements de Troie, au sens large, comme s'ils y avaient assisté, le premier dans le camp des Grecs, le second dans celui des Troyens. Ce sont de vrais romans, dont on a des copies remontant à l'Antiquité tardive (et même un papyrus) et qui furent reproduits, traduits et imités tout au long du Moyen Âge. On connaît près de cent cinquante manuscrits de Darès. Cette tradition, très libre, engendra des œuvres nouvelles, plus libres encore. La principale est le *Roman de Troie*, de Benoît de Sainte-Maure, vers la fin du XIIe siècle, qui compte plus de trente mille vers ! Il sera plus tard mis en prose, traduit en latin, retraduit en français. Le récit de Darès lui-même est traduit en prose française au début du XIIIe siècle, inséré dans une histoire universelle connue sous le nom d'*Histoire ancienne jusqu'à César.* La légende troyenne est présente dans l'*Ovide moralisé* au XIVe siècle, dans le *Livre de la mutation de la Fortune* de Christine de Pisan au début du XVe, dans d'innombrables compilations historiques, dans un mystère de Jacques Milet en 1452, l'*Histoire de la destruction de Troie la Grande par personnages*. Au début du XIVe siècle, le poème franco-italien d'*Hector et Hercule* relate la mise à mort en combat singulier du géant Hercule par le jeune Hector, fils de Priam. Tout cela est assez fantaisiste et éloigné d'Homère ; le cadre des événements est d'ailleurs beaucoup élargi ; et bien des intrigues interviennent, dans une veine romanesque et quelque peu anachronique. Ainsi, il peut arriver que l'épée d'Hector s'appelle Durandal ou que la fée Morgane se mêle à la geste troyenne [3]. Mais Hector est toujours présent ; et sa mort toujours pleurée. Au reste, les héroïnes qui passent dans Homère, comme Chryséis et Briséis, jouent toujours un rôle — sous les noms de Criseida et Briseida : c'est déjà l'atmosphère que l'on retrouvera — avec la présence d'Hector, bien entendu — dans la pièce de Shakespeare, *Troïlus et Cressida.*

Peut-être cette mode, au Moyen Âge, s'explique-t-elle en fonction de la chevalerie. Un texte, citant les héros les plus remarquables dans tous les domaines, déclare : « Hector fut le meilleur, sans aucun doute, des chevaliers par ses hauts faits et par sa conduite » [4]. Mais une chose est sûre : ce n'est pas là l'Hector d'Homère, ni ce destin si fortement tragique : une fois de plus, ce sont là des noms, avec juste quelques échos en plus, quelques faits, quelques émois... Par-delà ces éclats épars, apparaissant un jour ou l'autre comme autant de petites bouées, flottant au hasard des modes, il faut donc attendre le retour en force de l'hellénisme pour découvrir des œuvres réellement inspirées d'Homère, comme la tragédie de Montchrestien, appelée précisément *Hector* [5]. Mais l'imitation n'exclut pas bien des libertés — presque autant que dans la pièce de Giraudoux déjà mentionnée et portant le titre provocant de *La guerre de Troie n'aura pas lieu.* Hector y est exactement l'Hector d'Homère, alors que l'histoire n'a aucun rapport — quand ce ne serait que parce qu'elle se place avant la guerre de Troie.

Les œuvres reflètent donc la même continuité que l'allusion constituée par les noms ; et elles ne supposent pas toujours une plus grande fidélité. Ces deux traits invitent donc, de façon impérative, à se tourner vers le vrai Hector, l'Hector d'Homère, l'ancêtre de tous les autres, l'impérissable Hector qui mourut à Troie.

★

Et pourtant tout se rejoint. Je me souviens avoir un jour porté un manuscrit à Louis Jouvet, alors qu'il jouait la pièce de Giraudoux *La guerre de Troie n'aura pas lieu.* Il m'ouvrit la porte de sa loge en costume, tout armé, casque en tête. J'étais une étudiante de lettres, toute nourrie de textes anciens. Je me crus devant Hector lui-même. Je le trouvais beau, magnifique, héroïque ; il était plus grand que nature ; et toutes les vertus de l'Hector d'Homère semblaient lui avoir été octroyées, pour m'éblouir. Derrière chacun des Hector de théâtre, réinventés en fonction d'idées nouvelles, brille toujours plus ou moins l'image de l'Hector homérique, dont on va ici tenter de retrouver les traits, lumineux et indélébiles.

PREMIÈRE PARTIE

QUI ÉTAIT HECTOR ?

INTRODUCTION

Il n'y a nulle part dans l'*Iliade* de présentation d'Hector, non plus que d'aucun autre héros : on est censé les connaître. En outre, il n'y a jamais d'analyse psychologique : Homère y est peu porté et sans doute peu apte. Mais une image vivante se dégage des actes et des paroles, et surtout des propos tenus par les uns et les autres à son égard.

On pourrait penser que ce portrait d'un guerrier, se dégageant de récits de combats, a trait avant tout à l'héroïsme guerrier. On pourrait donc être tenté d'aborder directement Hector par le biais de la guerre. L'erreur serait d'autant plus grande qu'Hector est le seul personnage de l'*Iliade* qui soit présenté dans le cadre d'une vie normale : parmi ses concitoyens, parmi sa famille.

Homère a même fait une place importante à cet aspect, puisqu'il lui a consacré des scènes entières. La plus remarquable remplit le chant VI ; et c'est aussi la plus libre et gratuite : un frère d'Hector l'envoie en ville demander à sa mère d'adresser une prière spéciale à Athéna. Et le poète suit Hector en ville, où celui-ci voit, successivement, sa mère, son frère et sa belle-sœur (Pâris et Hélène), sa femme et son fils (Andromaque et Astyanax). Pourquoi avoir envoyé justement le chef guerrier le plus valeureux faire cette commission ? Pourquoi l'avoir ainsi suivi dans ces rencontres familiales ? Le choix d'Homère est délibéré.

> *Cette façon de faire alterner des scènes de combat et des récits de ce qui a lieu dans la ville me rappelle des souvenirs — comme celui d'une représentation de* Numance, *la pièce de Cervantès que Jean-Louis Barrault avait montée, et où l'on déplaçait à la main les remparts de la ville, entre une scène et l'autre, pour permettre de voir ce qui se passait, soit au-dedans, soit au-dehors. On pourrait citer d'autres exemples ; mais celui-ci, dans sa simplicité, correspond bien à la naïve invention d'Homère, envoyant Hector en ville, alors que le combat fait rage et que n'importe qui pourrait y aller à sa place.*
>
> *Or il fallait que ce fût Hector — pour que nous puissions le voir, lui, parmi les siens et partager un peu leur tendresse pour lui, bref pour que nous ressentions mieux encore le tragique de sa mort.*

À ces scènes du chant VI répondront, tout à la fin, les scènes de deuil, où l'on retrouvera Hécube, Hélène, et Andromaque. En plus, Homère a su placer les pires combats et la mort d'Hector au pied même des remparts, d'où on le voit et l'on peut même lui parler : la ville et la famille sont directement mêlées à l'action et en rehaussent l'intérêt.

Il n'y a pas dans l'*Iliade* de présentation d'Hector ; mais Homère a tout fait pour nous le faire connaître, non pas simplement comme un guerrier, mais comme quelqu'un sur qui comptent ses concitoyens et à qui s'attache l'amour des siens.

CHAPITRE I

LE JEUNE PRINCE

Hector, le défenseur de Troie, pourrait bien avoir été en grande partie inventé et créé par le poète. Ce n'est pas un de ces héros que l'on rencontre dans diverses traditions mythiques — en tout cas dans celles qui sont venues jusqu'à nous. Il y a bien un épisode des *Chants Cypriens*, repris par les tragiques. On associe son nom au premier siège de Troie ; et l'on raconte qu'il aurait tué Protésilas [1]. Mais c'est tout. Son nom ne figure même pas dans l'*Odyssée*. Et le fait est que, dans certains ouvrages relatifs à Homère, on ne le trouve dans l'Index qu'en cherchant... à « Achille » !

Certes, on a trouvé le nom d'Hector sur des tablettes mycéniennes, comme celui d'un simple particulier. Mais il n'y a rien à tirer de là : le fait prouverait aussi bien que le nom existait et peut donc parfaitement avoir été celui du jeune prince troyen, ou alors qu'il aurait été choisi pour lui par le poète, parce qu'il existait et convenait au personnage. Que l'étymologie soit vraie ou fausse, ce nom évoque en effet, à l'oreille, l'idée de « tenir », de « maintenir ». Or Hector est celui qui maintient la ville menacée [2].

En tout cas, Homère a dû mettre beaucoup de sa propre imagination dans ce personnage, comme dans celui de Patrocle ; et il se trouve que tous deux sont plus humains, à tous égards, que les grands héros épiques, comme Achille, Ajax, ou Agamemnon — qui, ne sont, au demeurant, pas troyens, mais achéens.

★

Humain, Hector l'est d'abord par sa naissance même. En face d'Achille, fils d'une mère divine, à côté d'Énée, également fils d'une déesse, l'Hector d'Homère n'est qu'un homme. Sans doute son père Priam remonte-t-il, lointainement, à Zeus, par son ancêtre Érichthonios ; mais Priam est un mortel, comme Hécube, comme par conséquent, Hector. Et le fait joue un rôle dans le poème : la déesse Héra ne manque pas de le rappeler, pour condamner Hector : « Hector n'est qu'un mortel : il a tété un sein de femme ; Achille, lui, est fils d'une déesse que j'ai nourrie, choyée... »[3]. De là, une sorte d'inégalité première entre les deux adversaires, Achille et Hector. Achille peut envoyer sa mère Thétis auprès de Zeus ; il est, par elle, instruit de son avenir ; d'ailleurs, sa force est un peu surhumaine, puisqu'il peut manier seul des objets ou des armes que d'autres seraient incapables d'utiliser[4] ; et il a, à deux reprises, des armes divines, dont Homère ne dit pas qu'elles sont magiques, mais qui sont, en tout cas, d'une puissance exceptionnelle.

On comprend donc que, le jour où Achille revient au combat contre Hector, et y revient furieux, il y ait de quoi être terrifié. Hector est un mortel ; et il mourra.

Et pourtant ce simple mortel est si bien paré de dons et de vertus que déjà, dans l'*Iliade*, ses concitoyens le considèrent un peu comme un dieu ! Achille le rappelle au moment où il le tue : « Nous avons abattu le divin Hector, à qui les Troyens dans leur ville adressaient des prières tout comme à un dieu. » Hécube le dit aussi, peu après : « Tous te saluaient comme un dieu. » Et Priam exprimera un sentiment voisin, lorsqu'il partira réclamer le corps de son fils : « Hector, un dieu parmi des humains ; on n'eût pas dit le fils d'un homme, mais bien plutôt celui d'un dieu »[5].

Il ne s'agit là que de comparaisons, qui célèbrent la valeur d'Hector et ses mérites. Il est un peu plus inquiétant de voir prêter à Hector lui-même des prétentions de même ordre. C'est au chant XIII, lorsque Poséidon (ennemi des Troyens) déclare redouter l'action d'Hector, « qui se flatte d'être fils de Zeus le Fort »[6] ! Quoi ? Hector ? Mais sans doute est-ce une image de démesure, destinée à stimuler l'ardeur des Achéens. Poséidon dit aussi : « un furieux, Hector, pareil à la flamme… ». Propos d'ennemi, à oublier, car nulle confirmation n'existe, ni ne saurait exister. Hector est fils de Priam, et c'est tout.

Il faut le dire, le remarquer ; car, un siècle plus tard, le poète Stésichore fera d'Hector le fils d'Apollon ! Les choses évoluent vite.

De même, après sa mort, l'Hector d'Homère ne connaît pas un sort différent de celui des autres mortels. Dans l'épopée perdue dont on a pensé qu'elle pouvait avoir servi de modèle à l'*Iliade*, Achille tuait Memnon ; et Memnon recevait alors l'immortalité. Rien de tel ici. D'ailleurs, ce n'est guère dans le goût d'Homère : même Sarpédon, fils de Zeus, chez lui, ne l'obtient pas. Tout ce que Zeus peut faire est d'envoyer Sommeil et Trépas pour laver son corps et le ramener au pays. Mais, plus tard, les habitudes changent. On semble avoir rendu un culte à Hector en Troade, comme à d'autres héros. Des traditions nous disent qu'il était tenu pour un dieu par les Iliens, en Sardaigne[7] ; Pausanias raconte qu'on lui offrait des sacrifices. Thèbes aurait été contrainte par un oracle d'aller chercher son corps pour l'honorer. Quel changement ! De tels témoignages font ressortir, par contraste, le caractère tout humain de l'Hector homérique.

À vrai dire, il est humain jusque dans les faiblesses inhérentes à la condition humaine. On le voit commettre des erreurs et les regretter ensuite. On le voit parfois saisi par l'épouvante, ou entraîné par trop de confiance… Il a toutes les qualités que peut avoir un homme ; et par là il sème l'admiration ; mais il n'est pas un surhomme ; et par là il inspire la pitié et la sympathie.

Certains critiques sont plus exigeants. Ils se montrent méprisants pour ces faiblesses ou ces erreurs d'Hector. Sans doute voudraient-ils des héros qui soient des surhommes et nous dressent un idéal loin de toute possibilité humaine : leurs critiques, à mes yeux, font, elles aussi, ressortir l'humanité d'Homère.

Homère fait pourtant intervenir et des dieux et parfois des miracles — du merveilleux, comme on dit ; mais il a un sens aigu de cette limite absolue qu'est la condition de « mortels ». Cette condition est constamment présente. Zeus lui-même la juge pitoyable, quand il appelle les hommes « les plus misérables entre tous les êtres qui respirent et qui marchent sur la terre »[8]*. Et Apollon parle des « pauvres humains, pareils à des feuilles, qui tantôt vivent pleins d'éclat, en mangeant le fruit de la terre, et tantôt se consument et tombent au néant »*[9]*. La mort, n'empêche ni le courage ni la beauté de la vie ; mais elle domine tout de son ombre. Et c'est ce qui fait la grandeur de l'*Iliade.

C'est aussi un trait bien grec que de choisir un homme, qui soit vraiment et seulement homme. Il bénéficie de l'éclat que lui donnent ses mérites et la protection des dieux. Il est beau ; il est grand ; il est valeureux. Mais il connaît l'erreur et le malheur ; il connaît la mort. Tout l'esprit de la tragédie est déjà dans ce choix. Œdipe aussi, Agamemnon aussi, Ajax aussi, connaîtront ces divers maux, sans rien perdre de leur grandeur. Et l'on a envie de citer le mot de Ménandre, un siècle plus tard : « Quel être agréable que l'homme, quand il est un homme »[10].

*

Mais cet homme n'est pas n'importe qui. Par son statut, il est le fils aîné du roi Priam et le vrai défenseur de Troie.

Priam est, en titre, le roi. Quand a lieu le premier combat singulier du poème, on va le chercher pour y présider ; mais c'est Hector qui s'occupe de l'organisation pratique et Priam remonte bien vite en ville dès qu'il peut[11]. Il ne combat plus.

Mais quel parti Homère a su tirer de ce dédoublement ! Hector a toutes les responsabilités du chef suprême. Mais il n'est pas le roi. Et l'on trouvera constamment à côté de lui son vieux père. Il sera là, angoissé pour lui, dépendant de lui, désespéré pour lui, héroïque pour aller réclamer son corps à Achille... La douleur du père qui voit mourir son fils jettera ainsi, sur le destin du héros, une couleur tragique plus forte. Elle est préparée par bien des petites indications, montrant Priam anxieux aussi pour son plus jeune fils, Polydore[12] et le perdant, puis déchiré d'angoisse pour Hector, qui non seulement sera tué, mais outragé après sa mort.

Cette angoisse de Priam, cette douleur de Priam devront être regardées de plus près : toutes deux commandent la fin du poème. Dans l'ensemble, Homère paraît avoir été comme hanté par cette idée du père en deuil, que les tragiques grecs devaient si souvent reprendre. Et peut-on oublier la douloureuse formule d'Hérodote ? Elle se trouve au livre I (87) dans la bouche de Crésus, après sa défaite : « Personne n'est assez fou pour préférer la guerre à la paix ; dans la paix, les fils ensevelissent leurs pères ; dans la guerre, les pères ensevelissent leurs fils. »

Et, du même coup, comment la lecture du texte n'inspirerait-elle pas l'horreur de ces deuils liés à la guerre ? Priam revit dans tous les pères en deuil. S'il n'avait pas existé, Homère aurait bien fait de l'inventer. Et il l'a utilisé magistralement.

Un souvenir — un visage : le colonel Mayer, que j'ai bien connu, avait perdu ses deux fils à la guerre de 14. Je me souviens du léger effroi qu'un tel malheur inspirait à la petite fille que j'étais : je ne connaissais pas Priam alors ; quand je l'ai connu, plus tard, il m'a paru étrangement proche.

*

Le commandement revient au seul Hector. Toute la lumière est concentrée sur lui — toutes les vertus, toutes les responsabilités sont pour lui. Mais cela aussi représente un choix audacieux de la part d'Homère : dans l'épopée perdue des *Chants Cypriens*, le héros était le ravisseur d'Hélène, le frère d'Hector, Pâris. En un sens, cela se comprend. Pâris jouait évidemment un grand rôle dans les événements antérieurs à la guerre de Troie : une fois la ville mise en péril par l'enlèvement d'Hélène, c'était au frère aîné de réparer le mal et de prendre le premier rôle. Mais il se trouve qu'Homère, dans l'*Iliade*, a utilisé ce contraste au bénéfice d'Hector. Il a forcé l'opposition et fait valoir Hector aux dépens de Pâris, avec insistance.

Pâris n'est pas un lâche, non ! Mais presque ! Dès le chant III, quand il voit Ménélas, quelle est sa réaction ? « Son cœur aussitôt est frappé d'effroi ; il se replie sur le groupe des siens, pour se dérober au trépas. Comme un homme qui voit un serpent, dans les gorges de la montagne, vite se redresse et s'écarte, un frisson prend ses membres et il bat en retraite, tandis que la pâleur envahit ses joues... »[13]. Certes, tous les héros peuvent prendre peur, dans Homère ; mais le texte est appuyé et l'entrée en scène de Pâris assez peu brillante. Puis, aussitôt, le contraste ! Hector est là qui alors le couvre de reproches : « Ah ! Pâris de malheur[14] ! Ah ! le bellâtre, coureur de femmes et suborneur ! Pourquoi donc es-tu né ? Pourquoi n'es-tu pas mort avant d'avoir pris femme ? Que j'eusse mieux aimé cela... » Et de décrire, en termes cinglants, les grâces de Pâris, ses cheveux, son goût pour la cithare, et le mal qu'il a fait aux Troyens. — Pâris accepte le reproche ; et il souligne lui-même ce contraste : tout le monde, avoue-t-il, n'a pas la ferme vaillance d'Hector.

On peut signaler que ce contraste se retrouvera en plein combat, qu'Hector renouvellera les mêmes invectives, mot pour mot, et que, cette fois, Pâris se défendra[15] : il n'est pas, dit-il, un lâche complet !

En attendant, obéissant aux propos de son frère, Pâris se lance donc dans son combat singulier contre Ménélas ; mais il faut qu'Aphrodite le sauve de justesse et le transporte... dans sa chambre, où elle envoie aussi Hélène le rejoindre...

Et Aphrodite le décrit, dans cette chambre où on croirait « qu'il se rend au bal ou que, revenu à l'instant du bal, il repose »[16]. Hector l'y trouvera au chant VI. Il entre tout armé dans la chambre, car il sort juste du combat et va y retourner ; mais Pâris ? Pâris fourbit ses armes ! Tout tranquillement, entouré d'Hélène et de servantes. Alors ce sont, de la part d'Hector, de nouveaux reproches. Il rappelle à son frère que tous peinent à cause de lui : « Allons ! debout ! » Et à nouveau Pâris obtempère : il promet de rejoindre bien vite son frère.

Qu'il y ait de l'ironie dans ces scènes, qui le nierait ? Cette ironie n'est pas poussée jusqu'au ridicule ; mais elle est là ; et le contraste sert le rayonnement d'Hector.

D'ailleurs, nul ne s'y trompe : Pâris, responsable d'une guerre où il ne se distingue même pas, est aussi détesté qu'Hector est aimé. Les Troyens, s'ils savaient où il est, renseigneraient bien l'ennemi : « À tous il est odieux autant que le noir trépas »[17].

Il en va de même dans l'autre camp — il suffit d'entendre Diomède au chant XI : « Ah ! l'archer ! l'insulteur ! l'homme fier de sa mèche ! le beau lorgneur de filles »[18]...

Et, ce qui est plus grave, il en est de même d'Hélène, qui, ouvertement, le méprise. Elle sait, elle dit, qu'il n'a ni volonté ni fermeté en rien. Elle regrette de l'avoir suivi. Et quand il rentre de son combat singulier, ses propos sont plus que des reproches. Comme Hector, comme tous les Troyens, elle souhaite sa mort : « Ah ! Que tu aurais donc mieux fait d'y périr sous les coups du puissant guerrier qui fut mon premier époux »[19].

C'est même là le second contraste qui vient jouer en faveur d'Hector. Hector et Andromaque représentent la tendresse d'un couple légitime, uni autour d'un jeune enfant et l'entourant de leur amour : Pâris et Hélène représentent le couple adultère, désuni, amer. Et Homère a pris soin au chant VI de placer côte à côte les deux scènes d'intérieur évoquant les deux couples. Il ne pouvait faire plus pour faire ressortir, là aussi, le rayonnement d'Hector.

D'ailleurs, tout se tient. L'amour d'Andromaque pousse Hector au combat, celui d'Hélène retient Pâris à la chambre. Un tel contraste rehausse évidemment les mérites d'Hector.

Le tout, d'ailleurs, sans forcer ! Pâris, à chaque fois, se met aussitôt à faire son devoir. Il livre un combat singulier à Ménélas et tue autant d'ennemis qu'un autre. Et Hector mourant l'annonce : il reviendra à ce Pâris, si piteux guerrier, la gloire de tuer plus tard Achille. Homère note les nuances, marque ses préférences, mais ne tombe jamais dans la caricature. Le petit frère a bien des torts et ne vaut pas Hector, mais il demeure malgré cela un héros.

Pâris, pourtant, ne s'en est pas remis. Alors que, normalement, le mari berné est ridicule et le séducteur paré de mille charmes, Pâris garde presque toujours, depuis Homère, comme un parfum de comédie légère. Euripide, au V*e siècle, discute avec ironie la légende du prétendu concours de beauté entre les déesses, qui lui aurait valu la passion d'Hélène. Et, pour nous modernes, il se retrouve surtout comme personnage d'Offenbach, charmeur et effronté. La seule différence est que, dans Homère, la note tragique se joint à la scène légère ; c'est à cause de Pâris que l'on se bat et que l'on meurt...*

On ne peut faire la morale plus discrètement ni plus aimablement.

Le seul qui compte, en dehors d'Hector, parmi les défenseurs de Troie, n'est pas un de ses frères, mais un parent : Énée. Énée descend du même ancêtre que Priam. Il est le chef des Dardaniens, et il est fils d'Aphrodite. C'est donc un héros considérable. Et l'on sait, de surcroît, qu'il entraînera vers l'Occident les restes de Troie et le souvenir d'Hector : c'est le sujet de l'*Énéide*.

Or la possibilité d'une rivalité apparaît dans l'*Iliade*. Énée en veut à Priam de ne pas lui rendre hommage et l'on sait qu'il sera roi [20] : les textes l'annoncent solennellement. Mais, en attendant, aucune difficulté ne s'élève entre lui et Hector. Ils sont, selon le mot d'un Achéen, « les plus braves des Troyens » [21]. Parfois même, il leur arrive d'agir ensemble, à deux, étroitement unis dans leur combat. L'homme Hector n'est point en querelle avec le fils d'Aphrodite. Il est vraiment le chef incontesté, responsable, et respecté.

*

C'est là faire beaucoup pour rendre Hector sympathique, dans ses rapports avec les autres et la présentation extérieure de son rôle. Mais ce rôle, comment le remplit-il ? Ses mérites personnels sont éclatants.

Naturellement, il est avant tout le guerrier qui se bat pour défendre Troie. Mais ce serait simplifier que de ne pas voir aussi celles de ses qualités qui relèvent de la courtoisie, du respect des règles et des personnes, de l'observation des rites.

Il n'est pas le seul dans ce cas, loin de là ! Et ceux qui n'ont pas l'habitude d'Homère ne sauraient imaginer à quel point ce monde était civilisé et policé. Rien de primitif n'est à chercher ici ; et les insultes passionnées qui font partie du combat ne doivent égarer personne sur ce point. Mais, s'il en est ainsi en général, il semble qu'avec Hector, cette attitude soit rendue particulièrement sensible, et surtout qu'elle soit liée à un trait de caractère assez personnel.

Des exemples ? En voici trois.

Par rapport à ses compagnons et à ses conseillers, on peut être trompé par son incident avec Polydamas. Mais, le reste du temps, quelle patience ! Ainsi Glaucos, l'allié lycien, le traite une fois de lâche et de fuyard, parce qu'il cède devant Ajax. Va-t-il se fâcher, notre Hector ? Non pas ! Il reste calme. Mieux : il parle à Glaucos avec une rare gentillesse, employant pour s'adresser à lui, deux fois de suite, le terme de *pepon*, mot de tendresse et de protection[22] : « Glaucos, pourquoi, étant ce que tu es, parler si insolemment[23] ? Doux ami (*pepon*) ! je te croyais, pour le sens, bien au-dessus de tous les habitants de la Lycie plantureuse. Mais, cette fois, je te dénie entièrement le sens, à t'entendre parler ainsi. Tu dis que... » ; et il rappelle, patiemment, que le vouloir de Zeus est souverain. « Allons ! viens, doux ami, mets-toi près de moi, regarde-moi à l'œuvre... » Il reste amical ; il explique ; il excuse.

Autre exemple : son souci de respecter les règles — en particulier quand la bataille devient tournoi. Alors, il est à son affaire ! Il veille à ce que tout se passe bien lorsque Pâris combat Ménélas ; et, quand il affronte, lui, Ajax, il veut tout prévoir, pour que règne le plus d'humanité possible. Il demande et promet le respect du corps de celui qui mourra [24]. Eh oui ! on dirait que ce problème le hante ; et l'effet tragique est puissant, car chacun sait le sort qui, plus tard, attend le corps d'Hector. Mais, en plus, quel noble souci de respecter les lois non écrites, de faire une guerre propre, de se conduire en civilisé ! La notation de cette vertu ne saurait laisser froid le lecteur, qui sait à quel point Hector en sera mal récompensé.

Il est vrai que, là aussi, la règle comportera une ou deux exceptions. Dans le feu de la bataille, tout comme il fera mauvais accueil au conseil de Polydamas, il lui arrivera aussi de se laisser emporter à des souhaits de vengeance sauvage : ils seront examinés plus loin. Retenons seulement que toutes les vertus d'Hector peuvent céder à l'occasion, car il est humain et faillible. Mais il reste du moins le seul à proclamer, au seuil de son combat singulier, cet attachement fervent aux règles du combat.

Et puis, quand le tournoi prend fin avec le jour, quelle courtoisie et quels égards, une fois de plus ! Il s'adresse ainsi à Ajax : « Puisque tu tiens d'un dieu ta grande taille, ta force et ta sagesse, et que ta lance fait de toi le meilleur preux parmi tous les Argiens, cessons donc... » C'est lui qui suggère l'échange de présents. Et cet échange, dans son esprit, implique de vrais rapports pacifiques. Il le précise, en effet : on dira que tous deux se sont bien battus « et se sont séparés après avoir formé un amical accord » [25].

Ces égards attentifs s'étendent aussi aux dieux : son zèle pour les sacrifices lui vaut, en fait, l'affection de Zeus.

Il avait eu, pour les hommes comme pour les dieux, tous les égards : il sera abandonné des uns comme des autres ;

il avait voulu une guerre sans sauvagerie, et son corps sera traité avec une sauvagerie sans pareille. Le contraste est tragique, et visiblement intentionnel.

> *Une ancienne étudiante me disait, il y a peu, qu'elle avait toujours aimé le romantique Achille avec ses violences et ses excès, mais qu'Hector l'avait ennuyé par ses perfections mêmes. Les générations marquées par la guerre auront sans doute plus d'indulgence. Peut-être cette étudiante avait-elle raison ; car Achille est sans conteste le héros de l'*Iliade*. Mais l'*Iliade *est un poème complexe et sait inspirer la sympathie pour la victime. Les gens qui ont connu les maux de la guerre ont sans doute plus de sympathie pour la victime qu'est Hector et moins d'admiration pour les excès d'Achille*[26]*. Ils savent, mieux que d'autres, comment un jeune mort se pare de vertus idéalisées ; ils savent aussi le prix que revêt ce souci obstiné de vivre dans la décence et d'échapper à la violence.*
>
> *Quant à moi, j'aime penser que ce souci est né en Grèce, et qu'il perce ainsi, dans mille détails, à travers des récits guerriers. J'aime aussi penser que, même si des cœurs très jeunes préfèrent Achille, ils apprennent du poète, sans même s'en douter, comme si cela allait de soi, les conduites dignes d'un homme.*
>
> *J'ai dit « d'un homme » et non « d'un héros » : Hector est un héros à la mesure de l'homme.*

Pourtant son rôle est, bien évidemment, celui d'un chef de guerre qui défend sa cité. Il se bat. Il est, parmi les Troyens, « le plus vaillant », comme Achille l'est parmi les Achéens. Et c'est sous ce jour qu'il paraît pour la première fois, au chant II : « En tête des Troyens marche le grand Hector au casque étincelant, le fils de Priam. » Homère ne le décrit pas — pas ici ; plus tard seulement, après sa mort, seront mentionnées sa beauté et sa tête brune. Mais on le voit fier, bondissant, menaçant : on ne le décrit pas, mais on le montre qui resplendit, et qui, dans tous les combats, sème chez l'ennemi la terreur.

On aura l'occasion de le suivre dans ces luttes, ces coups, ces cris, ces combats singuliers ou ces mêlées, qui sont la vie du guerrier, et où il excelle. Mais Hector a aussi d'autres tâches. C'est lui qui veille à l'ensemble, qui organise, exhorte, porte secours là où il faut ! Plus encore qu'un guerrier, il est un « pasteur d'hommes »[27]. Et, dans la bataille, il est toujours prêt à aller soutenir ceux qui sont en difficulté. Même lorsqu'un dieu lui a dit d'éviter Achille, il ne peut résister à la tentation de l'attaquer dès qu'il voit son frère Polydore frappé sous ses yeux. Sa générosité, ici, l'entraîne à l'imprudence. Que faire ? Il est hanté par le souci de défendre les siens. Il le dit à Hélène : « Mon cœur déjà me presse d'aller porter aide aux Troyens : ils ont si grand regret de mon absence ! »[28]. Jamais non plus ne le quitte le sentiment de ce qu'il doit aux Troyens, de ce qu'ils penseront de lui. C'est ce sentiment qu'il exprime à Andromaque : il doit combattre, dit-il : « J'ai terriblement honte, en face des Troyens comme des Troyennes aux robes traînantes, à l'idée de demeurer, comme un lâche, loin de la bataille », et quand enfin il affronte Achille, c'est encore parce qu'il a honte à l'idée que l'on puisse dire qu'il a « perdu son peuple »[29].

On aura aussi l'occasion de revenir sur ces textes. Ils expriment un sentiment d'*aidôs*, c'est-à-dire du sens de ce que l'on doit à autrui[30]. On peut parler du souci de l'opinion des gens toujours si important dans l'Antiquité. On peut aussi y voir, intense et brûlant, le sens même de la responsabilité.

Et c'est sans doute le plus frappant dans ce personnage d'Hector, qui a la charge de la cité et qui le sait. Sur lui pèsent tous les soucis. De lui tout dépend. En cas de difficulté, aussitôt : « Hector, c'est à toi que je m'adresse. » Et Hélène le reconnaît : « C'est toi surtout dont le cœur est assailli par le souci, et cela pour la chienne que je suis ! »[31].

> *Peut-être est-ce même ce sentiment qui nous touche le plus aujourd'hui. Le Moyen Âge, sensible aux prouesses chevaleresques, l'était moins à ce sens des responsabilités lié à la vie politique. Dans la pensée grecque, au contraire, il devait avec le développement même de cette vie politique, prendre une grande importance. Déjà quelque chose comme la cité classique est là, trait de plus distinguant l'*Iliade *des autres épopées. Et déjà le sens du chef responsable des autres est présent. Et l'on pense aux grands textes du classicisme grec — par exemple à celui de la* Vie de Périclès *de Plutarque : Périclès, au moment de mourir, écarta tous les éloges que l'on faisait de ses succès pour ne retenir que son plus grand mérite : aucun Athénien n'avait, à cause de lui, porté le deuil. Et il ne manque pas d'hommes d'État qui aient médité, dans leur vieillesse, ce très beau mot. — Hector avait été le prototype de cet idéal.*

Et c'est pourquoi il est aimé — pourquoi aussi, comme on l'a dit, les gens lui adressent des prières comme à un dieu.

Pour ses parents, il est le plus cher de leurs enfants. Quand ils le supplient de rentrer en ville, et, plus tard, quand ils le pleurent, ils le répètent à l'envi[32]. Et Priam insiste, déclarant que, sur tous ses fils morts, il ne pleure pas autant que sur le seul Hector. Quant aux survivants, c'est pire encore, car il leur dit, en face : « Pourquoi donc, près de mes nefs, n'avez-vous pas été tués, tous, à la place d'Hector ? »

Et ce n'est pas seulement le sentiment de ses parents :

c'est celui de la cité entière. Ce que dit Priam sur la mort de ses autres fils semble être un sentiment unanime. Il l'affirme à Hector : « Pour le reste des nôtres, la peine cependant sera beaucoup plus brève, si toi, du moins, tu ne succombes pas, dompté par Achille »[33]. Et quand enfin il succombe, quelle explosion de douleur dans la cité ! On mesure alors, à la fois, l'importance de son rôle et l'attachement qui l'entoure.

Dès le moment où ils l'apprennent, « les gens sont en proie aux sanglots, aux gémissements, par toute la ville. On croirait que la sourcilleuse Ilion est tout entière, de la base au sommet, consumée par le feu »[34]. Puis, quand revient le corps, Cassandre appelle toute la ville : « Venez, Troyens, Troyennes, venez, si vous avez jamais été joyeux de le voir rentrer vivant du combat, lui qui fut la grande joie de sa cité, de tout son peuple. » Et alors tous se pressent, saisis d'une « douleur intolérable »[35] : ils auraient pleuré tout le jour si Priam ne les avait écartés.

Hector se souciait des Troyens. Les Troyens le savaient. Et ils savaient aussi qu'Hector représentait, par ses mérites, leur salut. Ils avaient appelé le fils d'Hector Astyanax, et Andromaque rappelle pourquoi ; parlant à Hector qui vient de mourir, elle explique : « parce que c'était toi, toi seul, qui protégeais leurs portes et leurs hautes murailles ! »[36].

Hector tombé, il est normal de supposer que les Troyens vont renoncer[37]. Hector tombé, c'est la chute de Troie qui se dessine à l'horizon.

*

Si ces traits épars font, en se rejoignant, un portrait à bien des égards émouvant, la composition même du poème confère au personnage un relief unique. Le défenseur de Troie est aussi un héros tragique dont le destin se noue sous nos yeux en toute clarté, irrévocablement.

L'*Iliade* commence par la colère d'Achille contre Agamemnon. Achille, offensé, se retire de la guerre. Sa mère obtient de Zeus que ses compagnons lui rendent finalement honneur, quand les succès troyens les menaceront de près. Rien, dans tout cela, ne concerne Troie ni Hector. Et le rôle d'Hector, dans les premiers chants, est assez secondaire.

Mais le dessein de Zeus lui donne l'occasion du succès, des exploits ; il brûle d'aller jusqu'aux nefs achéennes et d'y mettre le feu. Il y arrive presque. Et c'est, dans tous ces chants, un Hector féroce et acharné qui paraît sous des traits de plus en plus éclatants.

Ces succès mêmes font qu'Achille laisse partir au combat son cher ami Patrocle, à qui il prête ses propres armes. Et Hector va tuer Patrocle.

Son destin se joue là. Hector a tué Patrocle ; et Achille, pour venger son ami, le tuera. Achille ne retourne au combat que pour cela. La première mort appelle la seconde.

Or, Homère a tout fait pour qu'apparaisse en pleine lumière ce parallélisme des deux morts.

Dans les deux cas, un dieu s'en mêle, traîtreusement : Apollon, au chant XVI, frappe le dos de Patrocle au point que son casque et son bouclier tombent, que sa pique se brise ; Athéna, au chant XXII, prend les traits d'un frère d'Hector, qui est ainsi encouragé avant de se voir abandonné et dupé. Qui plus est, elle rend sa pique à Achille après qu'il l'a lancée. Dans les deux cas le vainqueur triomphe, en un discours vengeur, se moquant des illusions du vaincu, et lui annonçant qu'il sera dévoré par les bêtes sauvages. — Dans les deux cas, enfin, le mourant acquiert soudain le don de prédiction et annonce au vainqueur son sort à venir.

Ce parallélisme est complété par un autre lien, que constituent les armes. Les armes d'Achille étaient d'origine divine : elles avaient été jadis offertes en cadeau par les dieux, lors du mariage de Thétis et Pélée. Achille les a prêtées à Patrocle : on l'a même pris d'abord pour Achille, à cause d'elles. Et il faut bien, pour en venir à bout, qu'Apollon les détache de lui par la violence de son coup. Or, dès qu'il le peut, Hector s'en empare, et s'écarte pour s'en revêtir : « Il revêt les armes immortelles d'Achille, le fils de Pélée, que les dieux issus du Ciel ont jadis données à son père... » Le geste est si lourd de sens, si symbolique, que Zeus lui-même le commente. Il nous oblige à remarquer l'audace de cette prise de possession et la provocation qui l'inspire ; il annonce même alors que, pour Hector, la mort approche : « Andromaque n'aura pas à recevoir de toi, revenant du combat, les armes illustres du fils de Pélée. »

Certes, la nature de ces armes n'est pas rappelée ici ; on dit seulement qu'il les a prises à Patrocle ; mais comment aurait-on oublié ces moments décisifs, soulignés par l'intervention de Zeus ? Ce geste d'Hector, prenant l'armure de celui qu'il a tué, constitue bien un lien de plus entre les deux morts parallèles, qui se compensent.

Ces deux scènes ont un seul personnage en commun — celui qui tuait et qui, ensuite, est tué — à savoir Hector. Il est donc, par là, mis encore mieux en relief. Et l'écho de la première scène, revenant dans le récit de la seconde, rend plus tragique le destin d'Hector.

Du chant XVI au chant XXII, tout prépare la mort d'Hector et en fait la péripétie décisive, non plus seulement pour Troie, mais dans la structure de l'œuvre et l'accomplissement d'un drame d'ordre humain.

*On ne le rappelle jamais assez, en effet. Contrairement à tant d'épopées, qui suivent le sort d'un héros ou bien l'histoire d'opérations guerrières dans leur continuité, l'*Iliade *se construit comme une tragédie, autour de sentiments humains. Elle commence avec* *une colère, et non avec le début d'une guerre, et s'achève avec un apaisement, qui n'est ni la paix, ni la mort des protagonistes. Déjà la tragédie grecque se prépare : n'a-t-on pas dit qu'elle était faite des « miettes du festin d'Homère »*[38] *?*

Mais, alors que la guerre a coûté tant de vies, de part et d'autre, le poème d'Homère, lui, ne connaît que deux morts, l'une causant l'autre : Patrocle et Hector.

*Quand on me dit : « Vous travaillez sur l'épopée », je suis toujours déroutée : pour moi, l'*Iliade *ressortit plus au genre tragique qu'au genre épique.*

En tout cas, il est clair que cette mort d'Hector est un aboutissement, et que le personnage en est comme grandi.

Pourtant, il reste encore deux chants ; et le personnage d'Hector gagne encore en importance, même après sa mort. On pourrait avoir, dans ces deux derniers chants, pour garder le parallélisme, les funérailles dans les deux camps, avec le deuil d'Achille pour Patrocle et le deuil troyen pour Hector. Et c'est bien ce que l'on a. Mais pas seulement !

Entre les deux récits parallèles, mort de Patrocle et mort d'Hector, il y a une légère différence : Hector s'efforce d'obtenir que son corps soit rendu aux siens, pour être enseveli. Achille refuse avec fureur. Et c'est le début des mauvais traitements qu'Achille infligera au corps d'Hector.

Il est le seul, Hector, à être victime de tels outrages. Il est le seul, dans l'œuvre, pour qui l'on décrive de telles cruautés. Aussi voilà que, vers la fin, un jour pathétique est jeté sur lui : il devient l'objet de menaces, d'interventions divines, d'émotions diverses. Et si Achille, dans sa douleur, pouvait nous émouvoir, sa cruauté et son obstination, qui lui valent même le blâme des dieux, renvoient toute la sympathie vers Hector. Oui, Hector ! Et le poème se conclut sur ses funérailles à lui.

Un chef de guerre, bien entendu ! Il s'avançait en tête des troupes, avec son casque étincelant, mais peu à peu, par la grâce d'une structure savamment élaborée, il revêt une importance croissante et une stature tragique.

Le jeune prince paré de tant de vertus est à la fois le plus humain, le plus aimé et le plus maltraité. Comment ne pas pleurer avec les Troyens ?

Encore ne l'avons-nous pas vu avec ceux qu'il aime. Il faut à présent qu'il ôte son casque et que nous découvrions celui qui demeure pour tous « l'époux d'Andromaque ».

CHAPITRE II

UN HOMME PARMI LES SIENS : LA DOUCEUR D'HECTOR

« Hector, whose patience, is as a virtue fix'd. »
SHAKESPEARE, *Troïlus and Cressida*, Acte I, Scène 2

« Lui-même, il porterait votre âme à la douceur. »
RACINE, *Andromaque*, Acte III, Scène 8

Cas absolument unique, Homère, au chant VI, nous offre l'image d'Hector s'entretenant successivement avec les trois femmes qui lui sont le plus proches — sa mère, sa belle-sœur Hélène et, pour couronner le tout, sa femme avec son enfant, encore tout petit.

Bien entendu, Achille a son ami Patrocle, mais qu'est-ce en regard de ce trio de femmes qui vibrent pour Hector d'angoisse et de tendresse. La présence d'un tel chant, avec ces trois rencontres, reste un des traits de génie d'Homère ; et la gradation entre elles n'est pas moins remarquable.

D'abord, dès qu'Hector entre dans la ville, on voit autour de lui les épouses et les filles des Troyens, qui viennent l'interroger sur leurs fils, leurs frères, leurs parents, leur époux : l'atmosphère est ainsi créée, on pénètre dans une ville assiégée et inquiète.

Hécube alors paraît, pleine de trouble et de pitié ; dans sa sollicitude maternelle, elle veut aller chercher un verre de vin, qu'il refuse : il transmet la demande suggérée par son frère, et, aussitôt, se retire.

> *Par hasard, je lisais hier soir une nouvelle de Dino Buzzati, où la mère, voyant son fils rentrer de la guerre, songe tout de suite au café ou au vin. Signaux à travers des siècles. Juste le temps qu'ils soient aperçus, et les deux textes y gagnent une soudaine surcharge d'émotion.*

Hector, alors, va-t-il chez lui, trouver Andromaque ? Pas encore ! Il va d'abord trouver son frère Pâris, pour le ramener au combat. Hélène est là, et lui parle ; elle lui dit son remords d'avoir été la cause de tant de souffrances, et son regret que Pâris ne soit pas plus ferme : « C'est toi surtout dont le cœur est assailli par le souci », dit-elle à Hector. Hector s'excuse et part : il veut voir — peut-être pour la dernière fois — Andromaque et son fils.

Et là, merveille de l'inspiration poétique : Andromaque n'y est pas ; les deux époux se sont manqués en se cherchant l'un l'autre ; elle est aux remparts, pour guetter les nouvelles.

Elle s'est hâtée ; lui se précipite ; ils se retrouvent.

Oublions Hélène un instant : obéissons à cet élan du texte, qui monte vers la rencontre finale. Après tout, la scène qui met en présence Hector et Andromaque, tant de tendresse au sein d'un tourbillon de violence, est un des hauts moments de l'histoire d'Hector et un des plus connus. Faute de pouvoir indéfiniment faire mourir Hector, des générations d'auteurs, en toutes langues, l'ont fait pleurer par Andromaque, qui, veuve, exilée, accablée, ne cesse de rappeler son souvenir. Un peu plus d'un siècle après Hector, la poétesse Sappho écrivait déjà un poème sur les noces d'Hector et d'Andromaque, dont on a retrouvé une partie sur papyrus — image de bonheur et de fête…

Tout cela est parti d'Homère, de cette scène qui se passe

quelques années après les noces, mais bien avant l'exil : à la veille même de la mort.

Andromaque et Hector se retrouvent donc, après s'être en vain cherchés. Mais, par une inspiration remarquable, Homère a fait que, partie angoissée sur le rempart, elle n'est pas partie seule : son enfant est avec elle ; toute la scène va tirer son sens de sa présence. Et c'est par lui que tout commence.

Il n'est pas fréquent de trouver dans une épopée un tout jeune enfant : Hector a ce privilège de retrouver, ensemble, les deux êtres chers. Et alors, on attendrait, sans doute, des exclamations, des étreintes ; mais il y a plus d'intensité dans la réaction si sobre que décrit Homère : « Hector sourit, regardant son fils en silence »[1].

> *Dans l'agitation du moment, ce sourire ouvre un instant de tendresse et d'espérance. Et il n'a pas besoin d'être complété par des mots. Et comme je suis émue de voir que, voici trois siècles, ce connaisseur du cœur humain qu'était Racine a été frappé par la même admiration que moi ! En marge de son exemplaire d'Homère, il a noté : « Image admirable. Silence et sourire d'Hector. Larmes d'Andromaque. » La culture n'est-elle pas faite de ces rencontres et de ces signes, qui, grâce aux textes, s'échangent à travers les siècles et font se rejoindre les êtres autour des images simples et fortes ?*
>
> *Et comment nier que la douceur du sourire d'Hector se trouve encore rehaussée par la crainte que ces retrouvailles ne préparent une séparation définitive ?*
>
> *Le tragique prête à la scène un caractère poignant.*

Andromaque, alors, intervient, suppliant Hector de ne pas retourner au combat. Mais l'enfant reste présent et la tendresse d'Hector pour lui n'a pas fini de s'exprimer. Dès qu'il a répondu à Andromaque, il tend les bras vers son fils. Et Homère décrit alors une petite scène devenue célèbre : l'enfant a peur du casque « et se rejette en criant sur le sein de sa nourrice ! ». Qu'à cela ne tienne ! Hector l'ôte et le pose à terre. Il prend alors son fils dans ses bras, l'embrasse, le berce.

Quel autre héros épique a-t-on jamais vu dans cette attitude si humaine et familière ? Lui, « Hector au casque étincelant », n'a plus de casque. Il est un vrai père, habitué aux caresses et aux patiences du quotidien. On pense à ce que dira plus tard Andromaque, évoquant toutes les nourritures choisies que le petit enfant absorbait « sur les genoux de son père »[2].

> *Le geste a naturellement ému. Et il a traversé les siècles. Dans sa tragédie intitulée* Hector, *Montchrestien l'a repris, ainsi que toute cette scène. Et le français du temps prête pour nous un écho comique à son imitation : « Page, tiens ma salade : il faut que je le baise. » En même temps, comme il est plus simple d'écarter ce page et de poser, sans façons, ce casque célèbre par terre*[3]*, sacrifiant toute solennité à un élan de tendresse !*

L'évocation de ces gestes familiers toucherait en toute circonstance ; mais, dans la scène du chant VI, ils prennent un relief plus poignant du fait qu'ils suivent l'évocation, par le père et la mère, de la ruine de Troie, de la mort d'Hector, et de l'asservissement des siens. Homère a fait voisiner les deux images ; en un contraste saisissant.

Et la prière d'Hector pour son fils ! Certes, elle pourrait nous paraître cruelle, car il lui souhaite la vaillance et la victoire dans des combats dont il rapportera « les dépouilles sanglantes » : la guerre, toujours elle ! Mais le souhait nous touche par un autre côté : car Hector voudrait un fils

« encore plus vaillant que lui ! »[4]. En vrai père, il s'efface ; il voudrait s'effacer. Si nous ne nous étions pas avisés de ce trait si humain de tendresse paternelle, la comparaison avec l'*Ajax* de Sophocle nous obligerait à le voir[5]. Car la scène de la tragédie imite de fort près celle de l'épopée. Mais Ajax n'est pas Hector, et ce qu'il demande au ciel, c'est un fils « plus heureux » que son père : pour le reste, il peut avec honneur lui ressembler. Ajax est un héros plein de fierté ; Hector est un père plein de tendresse. Et, encore une fois, cette tendresse porte le poids des douleurs de l'adieu : Hector n'envisage pas un instant qu'il puisse voir son fils devenu adulte ; de lui-même, il n'est plus question.

Cette crainte, cette impression de dernière rencontre, si sobrement suggérée par ces mots, est, en fait, ce qui domine toute la scène, et le sentiment est commun à Hector et Andromaque, même s'il essaie, lui, de ne pas trop s'appesantir par égard pour elle.

Dès le début, cette sollicitude et cette tendresse dominent, tempérées par la pudeur.

Andromaque et lui se sont cherchés, trouvés. Elle lui prend la main en pleurant et le supplie, au nom de ce qu'il est pour elle, de ne pas s'exposer. Elle imagine sa mort. Elle rappelle tous les deuils qu'elle a connus. Elle n'a plus que lui. « Allons ! cette fois, aie pitié : demeure ici sur le rempart ; non, ne fais ni de ton fils un orphelin, ni de ta femme une veuve. » Après tout, il peut arrêter le combat, défendre la ville de l'intérieur.

Le refus d'Hector est un prodige de patience et de tendresse. Il ne critique pas ces craintes : « Tout cela, autant que toi j'y songe. » Mais il est lié par ce qu'il doit aux Troyens. Et, évoquant le désastre possible, il transforme cette évocation en vibrante déclaration : si le pire devait arriver, ce n'est ni pour les Troyens ni pour aucun des siens que cela lui paraîtrait à lui le pire — c'est pour elle : « Ah ! que je meure donc, que la terre sur moi répandue me recouvre tout entier, avant d'entendre tes cris, de te voir traînée en servage ! »[6]. Le souci de l'honneur se combine avec l'aveu d'un lien personnel et chaleureux — encore une fois, aussi, avec une vision concrète.

La merveille de cet entretien apparaît mieux encore si l'on se reporte aux imitations postérieures. Dans tous les textes du Moyen Âge (et selon une tradition que l'on retrouve chez Montchrestien), Andromaque veut retenir Hector parce qu'elle a eu un rêve prémonitoire, et non pas par le seul effet de l'affection. Et, à peine a-t-elle parlé qu'Hector… la rabroue ! Ainsi dans Darès : « moult se courrouça à sa femme et moult la blâma » ; ou dans Benoît de Sainte-Maure : « Hector est bien irrité des paroles de sa femme. Rien dans ce qu'elle dit ne lui est agréable. Il n'y voit qu'intentions grossières : "Je sais bien maintenant, lui dit-il avec colère, et je n'ai plus aucun doute sur ce point, qu'il n'y a en vous ni bon sens ni sagesse." »

La comparaison fait ressortir le charme et la profondeur de la scène d'Homère. Sommes-nous encore capables d'en apprécier la réserve et l'intensité ? Du moins on en retrouve un écho dans la scène toute différente qu'imagine Giraudoux : une menace contre Andromaque est le seul moyen de faire perdre à Hector sa maîtrise de soi au service de la paix. Hector et Andromaque, dès ce texte si ancien : voilà, en peu de mots, la parfaite tendresse conjugale…

*

En fait, Andromaque explique à Hector qu'il est tout pour elle : « Hector, tu es pour moi tout ensemble, un père, une digne mère ; pour moi, tu es un frère autant qu'un jeune époux. » Et Hector répond qu'il ne se fait de souci que pour elle : « Mais j'ai moins de souci de la douleur qui attend les Troyens, ou Hécube même, ou sire Priam, ou ceux de mes frères, qui, nombreux et braves, pourront tomber dans la poussière sous les coups de nos ennemis, que de la tienne »[7]. L'amour conjugal, entre eux, est total ; et quelques vers suffisent à le dire.

> *Est-ce assez étonnant, au seuil de notre littérature occidentale, ce couple parfait ? Il tranche, dans Homère même, sur les désordres des Atrides et les passions imprévues des guerriers loin de chez eux : les poètes qui prendront la suite d'Homère en rajouteront beaucoup, dans les deux cas. Quant à la fidélité de la triste Pénélope, dont le fils est déjà en âge de courir les mers et dont l'époux s'attarde aux bras des nymphes, elle existe sans doute, mais n'a pas cette fraîcheur de la jeunesse, non plus que le pathétique de la mort prochaine. De même les couples célèbres, comme Philémon et Baucis. Ils tirent leur renommée de la durée de leur amour : celui d'Hector et d'Andromaque tire sa grandeur de la fin qui va le frapper.*

Car il existe, ce pathétique de la mort prochaine. Et il explique la poignante notation du « rire en pleurs », avec lequel Andromaque reprend le petit enfant sur son sein parfumé. Inoubliable formule, où se mêlent l'espoir, la crainte et la tendresse, sans qu'aucun terme abstrait n'intervienne, et où ces sentiments se voient, à travers une seule et brève notation concrète.

De fait, c'est là que se place la seule caresse de ce couple si uni et si menacé : « Il la flatte de la main », et lui dit de ne pas trop se tourmenter : « Que ton cœur, crois-moi, ne se fasse pas tel chagrin. Nul mortel ne saurait me jeter en pâture à Hadès avant l'heure fixée. » Après quoi, il repart.

Le courage se mêle à l'affection, le pathétique devient

plus intense d'être évoqué si sobrement. C'est là, à tout jamais, l'image du couple heureux que la guerre va détruire.

Espèrent-ils se revoir ? à peine, sans doute. Et la consolation finale d'Hector, en s'en remettant au destin, n'est guère optimiste. Que chacun retourne à sa tâche, et l'on verra bien ! Les mots sont courageux, se veulent rassurants, mais ne sauraient nier la menace — qu'au surplus nous savons bien réelle. D'ailleurs, on appelle ce texte si célèbre « les adieux d'Hector et d'Andromaque ». L'appellation est, en un sens, inexacte, car Hector rentrera dans Troie au chant suivant. Mais ce sont leurs adieux dans l'œuvre (leur première et leur dernière rencontre) et la formule correspond à l'accent de la scène, à son sens. La mort prochaine d'Hector entoure ces tendres échanges d'un halo tragique, dont même les personnages sont conscients.

Cela aussi nous touche — surtout dans une époque qui connaît, un peu partout, la douleur des couples brisés par la guerre. C'est, en fait, grâce à cette scène qu'Andromaque est devenue, à jamais, le symbole de cette douleur.

*Et pourtant, détail amusant, il y a eu, malgré cela, des critiques, portant sur tel ou tel point. Ainsi Terrasson, au XVII*e* siècle, se plaint qu'Hector ait le mauvais goût d'évoquer devant Andromaque la chute possible de Troie. — Vraiment ? Alors que nous admirions ici cette franchise confiante de l'époux, et aussi les égards qu'il y met, et la réserve, et la ferveur !...*

On est plus touché de voir Racine ajouter encore à cette tendresse. Car, dans Andromaque, *bien que l'action se place après la mort d'Hector, cet entretien revit, est rappelé ; et Racine ajoute cette notation de sentiment :*

« Si d'un heureux hymen la mémoire t'est chère,
Montre au fils à quel point tu chérissais le père » [8].

Autre temps, autre ton !

Mais ces différences ou ces retouches sont aussi la preuve de l'émotion soulevée par le texte. Et c'est là une preuve de plus de ce qu'apporte le contact avec ces textes anciens, que l'on pourrait dire « premiers ». Il y a d'abord la petite surprise, à peine consciente, de retrouver des sentiments que l'on connaît, chez soi, tout près, alors que les batailles homériques semblaient se placer si loin de notre temps. C'est la petite surprise qu'inspire à chaque fois la rencontre de l'humain. Elle vous prend au dépourvu, et vous émeut, comme la voix proche d'un violon tranchant soudain sur les grands morceaux d'orchestre. Et puis, de cette brève sympathie, il reste sans doute un peu plus encore : une tendresse, une pitié, un respect des sentiments simples et sains, une admiration pour ceux qui savent se dominer ainsi, une ouverture fugitive à cette douceur qui, si souvent, nous demeure, malgré toutes nos belles phrases, étrangère. La culture est peut-être faite de ces impressions éphémères, dont nous restons pourtant marqués, en profondeur.

À cette scène où l'angoisse se mêle encore d'espérance, feront écho, à la fin, deux scènes de désolation, où Andromaque, cette fois, ne sera plus que douleur : la première se place à la mort d'Hector, quand elle arrive pour le voir traîné, attaché au char d'Achille ; la seconde, quand elle ouvrira le deuil, au retour de son corps. Mais rien ne vaut le tremblement de ces sentiments mêlés, ni de cet échange entre eux deux.

On peut s'étonner de sa brièveté. Dans ces milliers de vers que comporte l'*Iliade*, elle en compte à peine cent. Elle ne comporte, aussi, que deux répliques d'Andromaque et trois d'Hector (dont une, au centre, est la prière pour son fils). Et elle ne comporte pas un mot d'analyse psychologique, pas de déclarations passionnées, pas de métaphores : rien que quelques gestes, simples et familiers, que nous pourrions voir tous les jours autour de nous. Sans doute est-ce pour cela qu'elle prend ce retentissement humain et cette valeur presque d'archétype. Mais en même temps, quelle leçon littéraire !

> *On a presque honte, en commentant une telle scène, d'appeler, si j'ose dire, les choses par leur nom — de dire « douleur, espérance, courage ». Et peut-être est-ce un trait que l'on redécouvre de nos jours, en partie sous l'influence du cinéma : la notation concrète, seule, peut, si elle est juste, tout dire.*
>
> *En tout cas, pour qui s'intéresse à Hector, la scène est évidemment capitale. Elle l'est pour la sympathie qui doit l'entourer et qui s'augmente de tout l'amour d'Andromaque. Elle l'est aussi par les traits de caractère qu'elle révèle et que les scènes de bataille n'auraient pas laissé soupçonner : la délicatesse, la tendresse, la douceur.*
>
> *Cela compte pour comprendre Homère, qui a choisi de les mettre en valeur. Et, en ce qui concerne la douceur, d'autres témoignages viennent s'y joindre, comme un bouquet, pour donner au personnage une dimension nouvelle.*

*

Suivant la hâte du jeune époux, nous avons négligé Hélène. Or c'est d'elle que vient le plus beau de ces témoignages. Et il n'est jamais bon d'oublier Hélène !

Pourquoi est-elle là, d'ailleurs, à cette place privilégiée, entre la mère et l'épouse ? Certes, ce n'est pas elle qu'est venu voir Hector : il va, en tant que défenseur de Troie, rappeler Pâris au combat. Mais Hélène est là. Aphrodite et Homère, ou Homère et Aphrodite, ont veillé à ce qu'elle y fût. Et ce n'est pas la première fois qu'elle paraît, humble, affectueuse, repentante. Déjà, le vieux Priam, sur les remparts, a tenté de la mettre à l'aise, de lui dire qu'elle n'était pas responsable : « Tu n'es pour moi cause de rien : les dieux seuls sont cause de tout »[9] ; mais elle, tourmentée, ne prenait pas les choses si aisément : « J'ai devant toi, père, autant de respect que de crainte. Ah ! comme j'aurais dû préférer le trépas cruel, le jour où j'ai suivi ton fils jusqu'ici... » ; elle se traitait de « face de chienne ». Ce n'était nullement l'Hélène légère et coupable à laquelle les auteurs nous ont habitués. Et puis elle était retournée auprès de Pâris à contrecœur ; elle avait commencé par refuser vertement d'aller le retrouver et n'avait cédé que sur l'ordre menaçant de la déesse.

Autrement dit, l'Hélène de l'*Iliade* n'a pas, ou n'a plus ni amour ni respect pour Pâris. En revanche, elle éprouve une tendre admiration pour Hector. Elle lui adresse de « douces paroles » ; elle le plaint : « Pauvre beau-frère ! en moi tu n'as qu'une chienne, et méchante à glacer le cœur. » Elle regrette d'avoir suivi Pâris ; elle regrette qu'il soit si lâche ; elle voudrait retenir Hector et comprend ses soucis. Hector refuse de s'attarder, « quelque amitié que tu aies pour moi »[10].

Ce bref entretien suggère un mélange de tendresse et de respect se traduisant dans des rapports affectueux. Il suggère aussi un Hector courtois et discrètement attentif, comme celui que l'on voit dans la scène avec Andromaque.

Mais ce n'est pas tout. Car les trois femmes du chant VI (Hécube, Hélène, Andromaque) se retrouveront toutes les trois à la fin du poème, dans un ordre différent (Andromaque, Hécube, Hélène) ; et, là, alors que la femme et la mère sont tout à leur désespoir, Hélène dit à Hector : « Hector, de tous mes beaux-frères tu étais, de beaucoup, le plus cher à mon cœur... Voici vingt ans déjà que je suis partie de là-bas et que j'ai quitté mon pays, et de toi jamais je n'entendis un mot méchant ni amer. Au contraire, si quelque autre dans le palais me critiquait, de mes beaux-frères ou de leurs sœurs, ou de leurs femmes aux beaux voiles, ou encore ma belle-mère — mon beau-père, lui, était envers moi aussi doux qu'un père — c'était toi qui les retenais, les persuadant par tes avis, ta douceur, tes mots apaisants »[11].

« Doux », « apaisants » : les termes sont là. Ils donnent même quelque peine au traducteur, car ils se répètent, en grec. On a d'abord le simple *aganos*[12], puis un de ses composés, plus rare, désignant une qualité, un trait de caractère. Tout cela, pour Hector.

Le plus doux, c'était lui. Le plus compréhensif, le plus indulgent, le plus prêt à défendre celle que l'on critique et qui en souffre.

Nous ne nous attendions pas à un tel témoignage. Certes, Homère nous avait montré, à diverses reprises, une Hélène tendre, effacée, repentie. Mais il l'avait montrée en compagnie de Priam. Et Priam avait été plein d'égards pour elle. De même les vieillards de Troie, la voyant sur les remparts, s'étaient déclarés émus d'indulgence devant sa beauté ; et, quand Iris avait pris, pour la chercher chez elle, et la conduire aux remparts, les traits d'une des fameuses belles-sœurs, les propos avaient été aimables et bienveillants[13].

De ces critiques et de ces marques d'hostilité, auxquelles fait allusion le chant XXIV, rien ne perce nulle part. Alors, pourquoi ? Évidemment, l'idée correspondait à une psychologie non dénuée de vraisemblance. Elle convenait aussi à cette tendre admiration que nourrit de façon visible la belle Hélène pour notre Hector. Mais surtout, quelle belle occasion, pour le poète, de marquer un contraste, et de mettre en relief cette qualité de douceur dont il a doté son héros.

Le témoignage d'Hélène a d'autant plus de poids qu'il était moins attendu.

> *De toute façon, elle nous surprend, cette Hélène d'Homère ! Car il est peu de personnages du mythe qui aient à ce point changé de visage d'un auteur à l'autre. Chez les uns, elle était enlevée de force et cela semble bien être la version de l'*Iliade[14]*, chez les autres, elle était séduite et coupable. En tant que responsable de la guerre, on la voit parfois traînée dans la boue : dans l'*Agamemnon *d'Eschyle, la guerre serait faite « pour une femme qui fut à plus d'un homme » ; elle est « l'épouse partie sur les pas d'un amant » ; ou bien elle est née « pour perdre les vaisseaux, les hommes et les villes, celle qui, soulevant ses luxueuses courtines, s'est enfuie sur la mer au souffle puissant du zéphyr » ; elle se confond même avec l'Érinye[15]. Mais, bientôt, tout change. Dans les décennies qui suivent, on commence à discuter sur sa faute, à lui rechercher des excuses. Le sophiste Gorgias écrit une défense d'Hélène, Euripide, dans* Les Troyennes, *juxtapose les plaidoyers d'accusation et de défense : son Hécube est violente, sans pitié pour Hélène ; elle modernise même le ton, en présentant la jeune femme comme éprise, non seulement de Pâris lui-même (car le jugement des déesses n'est qu'un piètre alibi), mais de sa fortune et de son luxe ; inversement, Hélène se donne pour une victime. Euripide n'en a pas fini, d'ailleurs, avec Hélène : il lui consacre une autre tragédie, où, cette fois, elle est innocente, mais parce qu'elle n'a jamais été à Troie : on s'est battu pour un fantôme, qu'ont forgé méchamment les dieux[16]. Puis, Isocrate prend la relève, écrit un éloge d'Hélène, héroïne du panhellénisme… Selon les circonstances politiques, Hélène change, se transforme. Plus tard, il en sera de même. Symbole de la beauté pour le penseur qu'est*

Goethe, elle devient, dans les époques légères, l'héroïne légère par excellence : et c'est alors La Belle Hélène *d'Offenbach. On joue sur cette légèreté, et c'est Roussin*[17] *— jusqu'au moment où la guerre revient à l'ordre du jour, et, avec elle, la guerre de Troie : après ces variations et ces divers visages d'Hélène, Giraudoux, dans* La Guerre de Troie n'aura pas lieu, *retrouve l'Hélène douce d'Homère, qui s'entend bien avec Hector et ne veut de mal à personne : une Hélène oubliée pendant vingt-huit siècles*[18]*, et qui y a gagné seulement un peu de clairvoyante ironie dans l'acceptation du destin.*

J'aime ces survies par lesquelles un personnage du mythe sert de symbole à des pensées si différentes. J'aime aussi — et plus encore — ces résurgences soudaines qui font reparaître un visage jadis imaginé. Et je me dis que cette vie souterraine des textes, qui continue d'âge en âge et d'un esprit à l'autre, pourrait bien constituer l'essence même de la culture. Si tout, sans cesse, se crée, rien ne se perd.

Rien ne se perd ? Non, même si les textes disparaissent, même s'ils ne sont plus lus, leur empreinte subsiste à travers leur descendance. Toutefois, si on les possède encore, alors, on peut avoir de ces rencontres lumineuses, d'où naissent des créations nouvelles. Et il serait dommage d'en détruire l'occasion. Il ne faut jamais arracher, même au plus dur de l'hiver, les plantes vivaces.

Hélène n'a peut-être cette place dans l'*Iliade* que pour le plaisir de la montrer si charmante dans son repentir et ses bonnes manières ; mais sa présence donne un nouveau rayonnement à Hector. Non seulement il est fort, courageux, responsable (contrairement à Pâris) : il est aussi merveilleusement doux.

*

Il n'est pas le seul à l'être, dans l'*Iliade*. En fait, ils sont deux.

La scène de déploration en rappelle, en effet, une autre : situations parallèles et correspondances ne sont pas rares chez Homère. Cette autre scène est celle dans laquelle la captive Briséis se lamente sur le cadavre de Patrocle, au chant XIX. Elle dit ses nombreux malheurs et le secours qu'elle a trouvé en Patrocle : « Tu ne me laissais pas pleurer ; tu m'assurais que tu ferais de moi l'épouse légitime du divin Achille, qu'il m'emmènerait à bord de ses nefs et célébrerait mes noces au milieu de ses Myrmidons. Et c'est pourquoi sur ton cadavre, je verse des larmes sans fin — toi qui étais toujours si doux ! » (295-300).

Qu'il ne s'agisse pas là d'un thème banal de déploration, d'autres passages le prouvent : au chant XVII, quand Ménélas appelle ses compagnons à l'aide pour sauver le corps de Patrocle, il leur dit : « Rappelez-vous bien à cette heure la bonté du pauvre Patrocle : il savait être doux pour tous... »[19]. L'on retrouve cette « bonté » de Patrocle en d'autres passages : la qualité colle à lui, le qualifie, le définit. Comme Hector, il est un doux.

Or, en dehors d'Hector et de Patrocle — les deux morts de la fin, et surtout les deux personnages qui ne semblent rien devoir aux sources épiques antérieures et qui constituent donc la vraie création d'Homère — nul autre ne présente ces qualités, nul autre n'a droit à cette « douceur »[20]. Et ce trait en dit long sur l'idéal d'Homère.

Encore peut-on remarquer que les termes employés et les tempéraments ne sont pas tout à fait les mêmes. Pour Patrocle, les deux témoignages usent du même mot : il était *meilichos*, « de miel »[21]. Ce mot n'est employé que dans ces deux cas-là pour toute l'*Iliade*, avec un troisième exemple négatif[22]. L'adjectif dérivé, *meilichios*, est plus fréquent ; il s'applique souvent à des paroles de paix, à un ton gracieux ou aimable. De tels qualificatifs semblent mieux convenir à la jeunesse de Patrocle qu'à l'autorité d'Hector. De même, Patrocle se montrait doux pour Briséis par des promesses peu fondées : Hector se montre doux pour Hélène, par une compréhension attentive[23] : d'un côté un tendre adolescent, de l'autre un homme lucide et soucieux d'autrui.

On ne s'habitue jamais à cette perfection littéraire ! Cet Homère, qui ne se soucie pas de psychologie, qui ignore l'analyse, qui se sert de formules toutes faites se rencontrant aussi bien pour un héros que pour un autre, lui qui devrait nous livrer des personnages frustes et interchangeables, il n'a pas son pareil pour rendre, d'un mot, la note juste, la différence, la marque individuelle et vivante. Entre deux formules, d'un adjectif à l'autre, avec des choses tues et des allusions à peine esquissées, il sait rendre présentes la surface chatoyante de la vie, et les soudaines révélations du cœur. Avec rien. Sans erreur. Et sans jamais un mot de trop.

Que nous sommes bavards, aujourd'hui !...

Et, du coup, nous lisons trop vite. Commenter Homère est une joie, parce que nulle lecture ne livre jamais, avec lui, tous ses secrets.

*

Et, pour compléter, pour ne laisser aucun doute sur l'importance de cette qualité aux yeux d'Homère, on peut ajouter enfin que l'on a la contre-épreuve.

La contre-épreuve, c'est Achille. Achille dont la colère emplit tout le début du poème et dont le désir de vengeance emplit toute la fin. Rien ne le fait céder, alors que, pourtant, les Achéens souffrent et que ses amis insistent. Tout un chant est occupé par l'ambassade, qui conduit auprès de lui Ulysse, Ajax et le vieux Phénix. Pourquoi tout ce chant, sinon pour montrer l'obstination d'Achille ? Sans doute, l'épisode prépare le retour au combat, alors différé. Mais, avant tout, quel plaidoyer pour la douceur, de la part des trois orateurs !

Déjà Agamemnon, envoyant l'ambassade, avait eu une formule très forte contre l'obstination d'Achille et pour une souplesse plus abordable : « Qu'il cède — Hadès reste, seul, implacable, inflexible ; mais c'est aussi pourquoi il est, de tous les dieux, celui que les hommes haïssent le plus »[24]. Le terme employé là était *ameilichios,* un mot qui, ailleurs, se rapporte à l'Érinye, et désigne le contraire de la douceur[25].

Puis chacun des trois envoyés renchérit.

Ulysse, d'abord : il rappelle à Achille les propos de son père Pélée, lors du départ pour l'expédition : « Mon enfant, la victoire, c'est Athéné, Héré, qui te la donneront — si elles le veulent ; mais c'est à toi qu'il appartient de maîtriser ton cœur superbe en ta poitrine : la douceur toujours est le bon parti. Bride la querelle méchante, pour que les Argiens t'estiment davantage, jeunes comme vieux »[26]. « La douceur toujours est le bon parti » : le mot employé est *philophrosynè,* qui désigne un esprit d'amitié, et n'est pas employé ailleurs dans toute l'*Iliade,* mais qui sera fréquent en grec, en particulier chez ce grand laudateur de la douceur que fut Plutarque[27].

Phénix, lui, célèbre le rôle des Prières ; et il raconte l'histoire de Méléagre, qui finit, mais trop tard, par céder aux objurgations de sa femme et retourner au combat : Achille ne doit pas attendre qu'il soit trop tard...

Ajax, enfin, s'en prend à l'obstination « sauvage » d'Achille : « Le cruel ! dédaignant l'amitié de ses pairs [...] il est impitoyable. » Il rappelle que l'on trouve des apaisements, même pour le meurtre d'un frère ou la mort d'un fils, tandis que la colère d'Achille est « implacable et mauvaise »[28].

Achille refuse, répond « non » à tous.

Il faudra la mort de Patrocle pour qu'il retourne au combat. Et ce sera, du coup, dans un élan de vengeance farouche.

Dès lors, en effet, il se déchaîne. Il n'épargne pas ceux qui le supplient — l'exemple le plus saisissant étant celui de Lycaon, un jeune fils de Priam, qui pourtant se réclamait de bien des droits sacrés. Il était pour Achille un suppliant, un hôte ; et il plaide qu'il n'est pas sorti « du même sein qu'Hector ». Mais c'est en vain. La voix qui répond à ces supplications est sans douceur (*ameilikton*) : depuis la mort de Patrocle, Achille n'épargne plus personne. Il prend Lycaon par un pied et le jette au fleuve[29].

On sait à quoi mène cette sauvagerie : aux sévices qu'Achille infligera au corps d'Hector, enfin tué, à son refus de le rendre aux siens. Et, cette fois, les dieux mêmes seront choqués et obligés d'intervenir — Apollon se plaindra même qu'il n'ait « ni raison ni cœur qui se laisse fléchir au fond de sa poitrine » et que, tel un lion, il n'ait que des pensers féroces[30].

Achille ne s'oppose pas seulement à Hector au combat : il est son contraire — la violence contre la douceur, la rage contre le respect des règles. Et Homère, quel que soit l'éclat qu'il prête à Achille, ne laisse à aucun moment douter des valeurs qu'il entend louer. La fin du poème le prouvera : toute cette fin sera une condamnation de la vengeance d'Achille et un plaidoyer pour l'apaisement.

En attendant cette douceur est une vertu de plus, qui rend Hector plus émouvant et sa mort plus pathétique : elle fait que nous le voyons un peu par les yeux des siens.

Cette douceur est restée, le plus souvent, attachée à son personnage. En Grèce, d'abord : il semble bien avoir été conciliant et compréhensif dans la tragédie perdue d'Euripide, Alexandros [31]. *Si, dans* Les Troyennes *du même Euripide, Andromaque, célébrant toutes les qualités que possédait Hector, ne nomme pas la douceur, on constate du moins qu'elle commence, avant la noblesse, avant le courage, par la raison* [32], *ce qui, dans une certaine mesure, s'en rapproche. Elle reparaît chez Giraudoux. Mais surtout cette douceur d'Hector devait survivre dans la douceur grecque. Et, si elle nous touche, c'est sans doute parce qu'elle est le premier signe d'un souci né en Grèce mais hérité par nous — celui de dépasser le règne de la violence, et de louer la tolérance, le respect d'autrui, l'humanité.*

J'ai cru devoir consacrer tout un livre à cette place de la douceur dans la pensée grecque ; et peut-être ne suffit-il même pas ; car on découvre là les débuts de cet immense héritage qui marquera toute notre civilisation occidentale. De même que les Grecs, en défendant de telles valeurs, s'opposaient à la barbarie, de même l'Europe moderne se construit autour de notions comme les droits de l'homme, la tolérance, le respect des personnes et des idées. On l'a dit, souvent ; on ne le dira jamais assez. Et j'aimerais, pour prolonger un peu cette douceur d'Hector, citer ici un texte de Chateaubriand, qui lui-même cite Cicéron, de sorte que cette longue lignée de culture est ainsi comme paraphée en deux moments d'hommage lucide : « Je ne connais rien qui soit plus à la gloire des Grecs que ces paroles de Cicéron : "Souvenez-vous, Quintius, que vous commandez à des Grecs, qui ont civilisé tous les peuples, en leur enseignant la douceur et l'humanité et à qui Rome doit les lumières qu'elle possède" » [33].

Ah ! si notre époque voulait bien, parfois, s'en souvenir !... Si les héros des films policiers ou de science-fiction, retrouvaient parfois un peu de cette humanité ! Notre époque, je crois, se reconnaît volontiers en Alcibiade ; mais c'est d'Hector qu'elle a besoin.

Hector qui souriait, en regardant son fils, en silence : on semble s'en être beaucoup écarté, par ces comparaisons multipliées. Mais ce n'était que pour mieux apprécier le sens qu'Homère attache au personnage.

Quand on l'a vu chez lui, avec Andromaque et l'enfant, quand on a entendu Hélène, Hécube, les autres, peut-on souffrir qu'il aille se faire tuer ? Si Homère voulait rendre dans toute sa force le pathétique de la mort à la guerre, il ne pouvait faire plus.

Car Hector va combattre, être tué, et être maltraité après la mort. Oui : cet Hector qui souriait, en silence, à son fils.

DEUXIÈME PARTIE

HECTOR AU COMBAT

INTRODUCTION

Il faut bien commencer par la guerre : l'*Iliade* est un poème de guerre ; et Hector est avant tout un guerrier.

Cela peut nous paraître décourageant ; et nous risquons de prendre des airs supérieurs par rapport à ces goûts, considérés comme d'un autre âge. Nous le pouvons d'autant plus qu'Homère décrit avec une sorte d'intérêt allègre et un grand réalisme les coups réussis, les blessures, les dents qui sautent hors des mâchoires, les entrailles qui se répandent et, quand une tête est coupée, la moelle qui s'échappe des vertèbres [1]. Il fait aussi entendre — joie pour le vainqueur — le bruit sourd des corps qui tombent, frappant lourdement le sol.

Cette franchise nous heurte, c'est entendu. Mais est-il sûr que notre sensibilité soit si bien affranchie du goût de la violence ? Il y a des violences de jeunes, des guerres sans merci. Il y a la presse et la télévision, qui nous donnent à longueur de journée des images d'horreur. Peut-être ce qui a changé est-il plutôt ailleurs : dans la disparition du combat individuel, de la gloire du tournoi, et du panache qui l'accompagne.

Parce qu'en fait Homère, déjà, détestait la guerre. Comme la détesteront les tragiques. Et il le dit, le répète.

Tous les adjectifs qui la qualifient disent le deuil et la douleur. Elle est « atroce » ; et le dieu même qui l'incarne, Arès, est « le fléau des humains ». Zeus ne l'aime pas : « Tu m'es le plus odieux de tous les immortels qui habitent l'Olympe. Ton plaisir, toujours, c'est la querelle, la guerre et les combats »[2]. De même la Lutte, terrible, fait résonner partout ce qu'Homère appelle « la plainte humaine ».

Du reste, la pitié n'est jamais absente, ni le regret du temps de paix. Dès l'ouverture du poème, Homère parle des morts de la guerre et des héros devenus la proie des chiens et des oiseaux. Lorsqu'un guerrier tombe, il n'est pas rare que soit évoquée sa famille qui ne le reverra pas. Ailleurs, les malheureux qui cèdent à la force sont comparés à la colombe, au faon, à la biche[3]. Et les corps, les morts : ils sont la conclusion de ces combats — témoins les vers sur lesquels s'achève le chant IV, évoquant lourdement ces corps qui « le front dans la poussière, côte à côte étaient étendus… ». La plainte et le deuil sont à chaque instant présents. Et parfois, en pleine action, on voit percer le regret du temps de paix — par exemple quand, dans la poursuite qui s'achèvera par la mort d'Hector, le poète cite comme repère, d'un mot lourd de nostalgie, « ces beaux lavoirs de pierre, où les femmes et les belles filles de Troie lavaient leurs vêtements brillants, jadis, au jour de la paix, avant que vinssent les fils des Achéens »[4].

L'*Iliade* est donc à la fois poème de la force, comme le disait Simone Weil[5], et poème de la pitié, comme j'ai tenté de le montrer. L'une et l'autre vont ensemble.

C'est sans doute là un cas rare dans la littérature. Et l'on ne peut qu'être frappé par le contraste avec nos attitudes modernes. L'écrivain est aujourd'hui, trop souvent, tout l'un ou tout l'autre — pessimiste ou optimiste, pour ou contre, en un mot : engagé. L'idéologie pèse sur les uns, la sentimentalité sur les autres.

> *On a parfois envie de leur appliquer la formule où Homère enferme tant de pitié pour ceux qui ne savent pas :* nèpioi, *« pauvres aveugles »*[6].
>
> *La guerre a donc une double face, chez Homère. Elle est belle ; et elle est horrible. Surtout, elle est les deux ensemble. Car on parle quelquefois de « l'ambiguïté » de la guerre homérique : le mot me choque dans la mesure où il suggère un flottement, une complication quelque peu subtile, en fait, les deux traits se complètent, aussi francs l'un que l'autre, en une association naturelle, dont nous n'avons plus le pouvoir de sentir l'évidence*[7].

Un mot doit cependant être ajouté, et un trait gardé en mémoire : c'est que toutes les épopées des autres civilisations sont des poèmes de guerres, décrivant des combats héroïques et des exploits meurtriers. L'*Iliade*, à cet égard, rentre dans la norme. Mais elle s'en distingue précisément par cet élément de pitié et d'humanité, qui vient toujours se mêler à l'autre. La comparaison sert ici à déceler le plus important.

⋆

Cet aspect est plus sensible que nulle part ailleurs dans le cas d'Hector. Car Hector a une famille qui l'aime et qui tremble pour lui.

Elle tente même, dans son angoisse, de le retenir. Andromaque essaie au chant VI, avec une tendre insistance, parce qu'elle a peur : « Pauvre fou ! ta fougue te perdra. Et n'as-tu pas pitié non plus de ton fils si petit, ni de moi, misérable, qui de toi serai bientôt veuve ? »[8]. Au moment décisif, quand il va rester seul hors des murs pour affronter Achille, et qu'il va être tué, ce sont son père et sa mère qui interviennent, depuis les remparts, pour tenter de le retenir : « Hector, crois-moi, et n'attends pas cet homme, mon enfant, seul ainsi, loin des autres ; sans quoi bien vite tu seras au terme de ton destin... » : Priam supplie ainsi, pendant près de quarante vers. Il parle de sa propre mort. Il s'arrache les cheveux. Puis Hécube lui parle à son tour ; elle lui montre le sein qui l'a nourri, et elle évoque ce qui sera, quand, près des nefs, les chiens dévoreront le cadavre de son fils.

Dans le cas d'Hector, par conséquent, les dangers de la guerre et ses deuils sont fortement mis en lumière.

Il part, malgré ces supplications. Il fera la guerre, avec rage, voire avec imprudence, mais l'idée de la mort l'accompagne depuis le début. Et notre pitié l'accompagne elle aussi.

L'*Iliade* est un poème de guerre, mais non un poème belliqueux ; Hector est un héros guerrier, mais qui, même au combat, demeure proche de nous et nous touche. Il est, avant tout, humain.

CHAPITRE III

LE BRUIT ET LA FUREUR

> « That's Hector, that, that, look you, that ! There's a fellow ! — Go thy way, Hector ! There's a brave man, niece. O brave Hector ! Look how he looks ! »
>
> SHAKESPEARE, *Troïlus and Cressida*, Acte I, Scène 2

Hector au casque étincelant va entrer dans la mêlée. Il va terrifier. Il va tuer. Mais, avant de le voir à l'œuvre, il faut rappeler une circonstance capitale, et émouvante : Hector défend sa patrie attaquée. Il doit sauver les siens, sauver ses compagnons, sauver la ville. Il parle de « mourir pour la patrie » et tombe effectivement, dira Priam, « pour la défense de sa patrie ». Ce sont des mots dont nous connaissons le prix ; et si, en France, ils semblent avoir moins d'écho qu'il y a quelques années, quel Serbe ou quel Croate, quel Nigérien ou quel Kurde ne serait, aujourd'hui, sensible à ces accents.

Ce que défend Hector, c'est la liberté de son pays. Et le fait est que le mot désignant la liberté d'un pays — mot appelé à un tel destin dans la pensée grecque — apparaît pour la toute première fois dans la bouche d'Hector quand il parle, soit à sa femme, soit à son frère, du « jour de la liberté » ou du « cratère de la liberté » [1]. Le mot était assez neuf et riche de sens pour frapper les esprits : dans la seule pièce tragique où paraisse Hector, le *Rhésos,* faussement attribuée à Euripide, c'est le dernier mot que fait sonner Hector, tout à la fin : « le jour libre ».

> *Et quel étrange destin que ce mot ait été lancé ainsi, au seuil de notre histoire et de notre culture ! Il devait s'épanouir sur le sol grec avant de refleurir avec tant de force sur le nôtre. Dans* Les Perses *d'Eschyle, le cri d'encouragement aux forces grecques, au moment du combat, est : « Allez, enfants des Grecs, libérez la patrie »*[2]*. Déjà, notre* Marseillaise *!... Les échos se propagent, se multiplient. Parce que* l'Iliade *nous apporte le premier témoignage du mot, à propos d'un pays menacé par une armée étrangère, comment ne pas reconnaître là l'esprit d'une époque toute récente, quand Éluard écrivait : « Sur les marches de la mort, j'écris ton nom : liberté... » Tout commence en Grèce ; et ce qu'a semé la Grèce ne cesse de revenir, de resurgir.*

Ces caractères et cet esprit intérieur prêtent à la vaillance d'Hector un rayonnement qui la purifie.

*

La première fois qu'il apparaît au combat, son entrée en scène est éclatante : « Brusquement de son char il saute à terre en armes. Brandissant des piques aiguës, il va par l'armée en tous sens, stimulant chacun au combat... » Et bientôt se multiplient les images fulgurantes du héros que rien n'arrête. Ainsi on le voit comparé à un astre : « Tel un astre sinistre sort des nuées, resplendissant, qui ensuite se replonge dans les nuages ténébreux, tel apparaît Hector au premier rang. » Ou encore : il va « furieux comme Arès » ; « l'écume est sur ses lèvres ; ses yeux luisent sous ses sourcils terribles, et son casque, autour de ses tempes, s'agite effroyablement »[3]. Ce casque d'Hector est évoqué des dizaines de fois ; il sert à désigner l'homme : « Hector au casque étincelant » ; et l'adjectif employé dans cette formule ne se rencontre, en dehors d'Hector, que pour le dieu de la guerre[4]. Éclat du guerrier, lancé en pleine action ! Tout au long du récit, les images surgissent, renforçant l'impression d'une irrésistible violence : Hector est comparé au sanglier, au lion, à l'épervier mettant en fuite les petits oiseaux. Il est aussi comparé aux forces de la nature : à l'ouragan, à la tempête, à l'incendie qui ravage la forêt. À chaque comparaison, Hector est comme rehaussé.

Elles peuvent produire cet effet, les comparaisons si chères à Homère ; elles peuvent aussi s'exercer de façon inverse, rapprocher un héros des animaux de la ferme ou du travail de l'artisan[5] *: dans les deux cas, le même contrepoint intervient, la même résonance très large s'établit.*

Et c'est cela, la littérature. Aujourd'hui, l'image nous révèle, de façon quotidienne, les violences du monde animal ; on s'ingénie à les filmer, à les montrer, de tout près. Mais imaginons un film qui présenterait côte à côte les violences humaines et animales, l'effet semblerait forcé et arbitraire. Il manquerait toujours cette cheville qui associe les deux termes et permet de les voir fondus en un seul. Il manquerait ce « comme si... » qui nous mène d'ici vers ailleurs et donne à voir les deux réalités ensemble, comme un objet avec son double. Ce n'est pas là façon de s'exprimer naturelle ; mais c'est déjà, tangible, la transposition poétique.

Les lecteurs d'Homère vivent ainsi dans un monde où chaque notation en éveille une autre : comme Giraudoux s'en est tendrement moqué, dans Elpénor *: « Voici le jour, beau comme la nuit... »*

*

Le voilà donc lancé, pareil au lion ou à l'ouragan. En lui, il a la fougue, le *menos*, que les dieux vous accordent ou vous retirent. Il a aussi le savoir ; et il s'en vante à l'occasion : « Je me connais en combats et tueries. Je sais mouvoir à droite, à gauche, la peau de bœuf séchée [...]. Je sais charger dans la mêlée des chars rapides. Je sais danser, au corps à corps, la danse du cruel Arès »[6].

L'évocation de la danse guerrière a quelque chose d'archaïque, mais le « je sais », cinq fois répété, implique une expérience maîtrisée. Hector fonce, mais il ne fonce pas en aveugle : il voit, il comprend. Comme il le dit ailleurs, il a « appris à être brave »[7]. Alors qu'Achille apparaît presque toujours comme une force de la nature, Hector a le courage lucide du guerrier formé à bonne école — de l'homme accompli.

Le poème le suit dans tous ses exploits, qui montent progressivement pour culminer lorsqu'il entreprend de mettre le feu aux navires achéens, au chant XV. Mais, même là, cet aspect humain est toujours présent.

Il l'est peu dans la mêlée. Là règne une sorte de violence pure. Hector s'y jette, souvent au premier rang ; et tout entre en action, les piques, l'épée, les grosses pierres. On voit à peine les coups ; mais les hommes tombent. D'un mot, Homère évoque ces hommes frappés tour à tour, et les noms se pressent. Hector s'y distingue, mais sans que rien de surnaturel ou d'extravagant le caractérise. On cite ici deux héros tués, ailleurs un, ou plus : au total, le même nombre de victoires, à peu près, qu'Achille ou Patrocle[8]. Le rythme du combat se poursuit, sans jamais atteindre à l'invraisemblance.

Ce bruit des corps qui tombent, dans la mêlée, ce bruit des armes qui sonnent contre le sol, a quelque chose d'émouvant dans sa répétition même. Et l'on ne sait ce qui l'emporte, si c'est l'éclat du succès ou la pitié pour celui qui tombe. Encore une fois, les deux se rejoignent derrière la poignante objectivité d'Homère.

Il est vrai qu'il y a parfois quelques mots pathétiques, pour évoquer le mort, que les siens ne reverront pas ; mais, il faut le reconnaître, le cas demeure exceptionnel[9]*. En revanche, cette succession de tués, dont le nom résume parfois toute l'histoire, évoque un peu ces longues listes de morts que l'on retrouvera dans* Les Perses *d'Eschyle, et qui frappent d'autant plus que leur consonance barbare leur donne du poids sans leur donner d'individualité : « Où sont tes lieutenants, Pharandakès, Sousas, Pélagôn, Dotamas et Agdabatas, Psammis, Sousiskanès qui naguère quitta Ecbatane ? — Perdus ! Je les laissais là-bas, tandis que, tombés d'une nef tyrienne, près des rives de Salamine, ils allaient heurtant la rude falaise ! — Las ! Hélas ! Et où est ton Pharnoukos ? et le pieux Ariomardos ? Où donc, sire Seuakès », etc.* [10]*. Les noms à eux seuls mettent en contraste l'éclat de la gloire récente et la mort.*

Dans ces mêlées, Hector est, le plus souvent, en tête. C'est bien ce qui inquiète Andromaque, lorsqu'elle ne le voit pas revenir et qu'elle évoque la « triste vaillance » qui le possède tout entier : « Jamais », dit-elle, « il ne restait au milieu de la masse ; il courait bien au-delà et, pour la fougue, il ne le cédait à personne » [11].

Qui plus est, Hector n'est pas seulement un guerrier que rien n'arrête, qui fonce et qui tue. Il est le chef. Il est responsable. Et il ne cesse de veiller à l'intérêt de tous — ce qui déjà le distingue des autres.

Il sait user de ruse quand il faut ; c'est lui qui, « par un subtil dessein », fait partir Dolon comme espion pour observer le camp achéen, au chant X. C'est lui qui, lorsqu'un combat singulier intervient, règle le déroulement des opérations[12]. C'est lui aussi qui décide s'il y a lieu de camper sur place ou de rentrer en ville, qui s'en explique, et veille au ravitaillement[13].

Mais aussi il gourmande, il crie, il encourage. Et voilà, après la fureur, le bruit — après les coups, les fortes voix.

Tous les héros crient, chez Homère. Ils crient pour faire peur ; ils crient pour rallier les leurs. Le « cri puissant » est l'apanage du guerrier — que ce soit Diomède ou Ménélas, ou bien notre Hector[14]. On peut ainsi penser au grand cri d'Achille, qui vient terrifier les Troyens, en attendant qu'il ait des armes pour lutter contre eux. Athéna l'aide, crie avec lui : on dirait, dit Homère, la voix éclatante de la trompette. Et aussitôt, c'est la panique : les chevaux font demi-tour, les cochers s'affolent, des hommes tombent sous leurs propres chars[15]...

Ce vacarme de la bataille, c'est l'*aütè*, la « huée guerrière » — un mot qui désigne d'abord le cri et bientôt la bataille elle-même — un glissement de sens qui en dit long... Et ce vacarme revêt dans la poésie homérique une grandeur cosmique. De même qu'Hector était semblable à l'ouragan, à l'incendie, voici le bruit, voici l'*aütè*, qui produit le même fracas : « Ni le flot de la mer ne crie aussi fort en heurtant la terre, quand, de tous côtés, il se lève au souffle du cruel Borée, ni le feu bruyant qui flamboie dans les gorges de la montagne, quand il s'est mis à embraser une forêt, ni le vent qui se fait entendre autour des hauts chênes feuillus et qui, dans ses jours de colère, a des mugissements à nul autre pareils — tant la voix est puissante des Troyens et des Achéens, lorsqu'avec des cris effroyables ils se ruent les uns sur les autres »[16].

La poésie magnifie le fracas. Celui-ci, cependant, peut sembler déconcertant. N'est-ce pas façons de sauvages que de crier ainsi à pleine voix, pour se faire peur les uns aux autres ? Sans doute, sans doute... Et pourtant, ce fracas est-il si loin de notre expérience ? Nos moyens se sont accrus au point que la voix humaine est désormais couverte par le tonnerre des bombes, du canon, des explosions ; et les ordres se transmettent en général par d'autres procédés que cette voix humaine. Il n'empêche que je lisais récemment un récit d'événements de la dernière guerre, rapportés par un général, et voici que je découvre le même bruit, les mêmes ordres : « Dominant un fond sonore de rageuse fusillade, la demande de correction de tir lancée par le lieutenant s'échappe du récepteur radio au poste central de tir... » [17]*. Le bruit de la bataille et les ordres du chef s'entrecroisent dans la même urgence qu'au pied des murs de Troie !*

Mais Hector, ici encore, ne crie pas seulement en combattant qui veut faire peur. Chef des Troyens, il se doit de maintenir leur ardeur. Et, à chaque instant, on le voit parcourir l'armée et stimuler chacun. Sans même parler de ses reproches à Pâris [18], les chants retentissent de ses objurgations — qui sont celles d'un commandant responsable : « Troyens, Lyciens et Dardaniens, montrez-vous des hommes ! Rappelez-vous votre valeur ardente ! », « Troyens, Lyciens et Dardaniens, experts au corps-à-corps, tenez bon : les Achéens ne m'arrêteront pas longtemps... », ou bien le voilà qui « joue des pieds, des jarrets, pour aller stimuler ses meneurs de chars » ; ou encore il lance, à grande voix, un appel aux Troyens : « Aux nefs ! en avant ! laissez les dépouilles sanglantes. À celui que je verrai autre part que près des nefs, je promets la mort sur place... » Et les appels reprennent : « Troyens et Lyciens et Dardaniens experts au corps-à-corps, ne quittez pas de sitôt la bataille, quand le danger nous presse... » Il stimule de même ses frères, en bloc ou individuellement : « Allons-nous donc mollir ainsi, Mélanippe ? Et ton cœur n'a-t-il nul souci du cousin que l'on t'a tué ? Ne vois-tu pas comme on s'agite autour des armes de Dolops ? Suis-moi !... »[19].

Il arrive bien, à l'occasion, qu'Hector lui-même reçoive des admonestations — de son allié lycien, Sarpédon, fils de Zeus[20] ! Ainsi sont ménagées cette humanité et cette égalité qui préservent Hector d'une anormale supériorité. Mais, habituellement, c'est lui qui stimule, qui encourage, qui insuffle le courage aux autres.

Comme elle est grecque, cette habitude des exhortations perpétuelles, des appels, des exclamations.

Elle est, d'abord, plus largement méditerranéenne. Elle va avec le goût des querelles. Quelque chose s'y libère, joyeusement, comme pour des enfants qui s'époumonent. N'y a-t-il pas quelque chose d'exaltant dans ces insultes retentissantes et exagérées que se lancent les héros ? C'est le cas dès le chant I avec ces fameux échanges entre Agamemnon et Achille, où sonnent des mots de quatre syllabes : « cœur vêtu d'effronterie qui ne sait songer qu'au gain » (onze mots français pour trois en grec !) ; puis « Sac à vin ! œil de chien et cœur de cerf ! »... Il y a de la jeunesse et une belle ardeur, dans ces algarades !

Peut-être y a-t-il aussi le goût des mots, et cette perpétuelle présence de la parole à côté de l'acte, qui est si caractéristique de la Grèce. Et il y a plus encore. Car il est émouvant de voir comme la morale d'alors, si largement fondée sur l'opinion d'autrui, trouve un appui constant dans les éloges, les conseils, les remontrances. Cet aspect subsistera chez Platon. Ce grand bruit de mots n'est donc pas comparable aux hurlements aveugles de nos publics sportifs : il est encouragement au bien et générosité. Hector montre à chacun la voie du vrai courage. D'où l'utilité de lire de tels textes dans les classes.

*

Ce trait, cependant, n'est qu'une des manières par où se marque le mérite éclatant d'Hector. Car parfois les mêlées s'interrompent pour laisser la place au combat singulier, qui ressemble à un tournoi. Laissant de côté les grands affrontements de la fin, on peut citer, dans la première moitié de l'*Iliade*, deux combats de cette sorte, l'un où Hector intervient, mais non comme combattant, l'autre où il est, directement, opposé au redoutable Ajax[21].

Dans la première scène (Pâris contre Ménélas), il n'est que l'organisateur. Tout se passe bien au début ; mais voici que la déesse Aphrodite s'en mêle et tout se brouille : elle rompt la courroie d'un casque, enveloppe Pâris d'une vapeur et, tout tranquillement, le transporte chez lui, en lui amenant, pour faire bonne mesure, son Hélène, qui le rejoint au lit ! Comment ne pas penser que l'air d'Offenbach avait raison : « Que ces déesses ont de drô-ôles de façons » !

Tout cela n'est guère glorieux et fera un beau contraste avec le combat livré par Hector. En attendant, que se passe-t-il ? les dieux (toujours eux !) suggèrent à un Lycien, allié de Troie, de rompre le pacte en lançant une flèche, qui s'en va blesser Ménélas !

Pactes rompus, trêves violées : on croirait entendre les nouvelles quotidiennes de la Bosnie écartelée. Mais qui dirait, aujourd'hui, qu'il faut l'intervention d'un dieu pour pousser un homme à cette infraction ? Dans Homère, celui qui l'a fait, obéissant à cette inspiration funeste, comprendra vite sa faute et la paiera ! Au chant suivant il a déjà mesuré son tort : « Point de doute, c'est pour mon malheur que j'ai détaché de son clou cet arc recourbé » ; bientôt, Diomède l'abat et il croule de son char, dont les cavales s'enfuient, le laissant mort, sur place. Avis à ses imitateurs éventuels ! Homère apprend aussi cette morale-là, qui semble nous avoir échappé.

Ce premier combat et ses suites sont donc une triste histoire : le combat entre Hector et Ajax vient corriger cette impression. Cette fois le récit est plus ample. Il y a assaut verbal, puis les piques sont lancées, puis des pierres... Un moment d'angoisse : Hector tombe ! Soulagement : Apollon le relève...

Quelle autre issue à un tel combat, qu'une double mort ? Eh bien, non ! Les choses sont plus belles. C'est la nuit qui vient arrêter le combat. Ajax s'en remet à Hector ; Hector accepte ; et le tournoi s'achève par un échange de présents. Il y a même des négociations en vue de la paix et une nouvelle trêve...

Ô merveille ! avec Hector triomphe le respect des règles, la courtoisie, la chevalerie. Le courage, désormais, s'allie au respect des règles. On est entre hommes civilisés.

*Civilisés, oui ! Puisque tout se termine par un échange de cadeaux ! L'un donne une épée à clous d'argent, l'autre une ceinture où éclate la pourpre. Mais ces mots mêmes éveillent dans l'esprit le souvenir d'autres œuvres, qui nous entraînent du genre épique au genre tragique. Car l'*Ajax *de Sophocle évoque ces présents en les doublant d'une ombre sinistre. La pièce raconte le suicide d'Ajax, déshonoré. Or voici qu'Ajax se tue en se jetant sur cette épée-là, cadeau de son ennemi. Et il le rappelle, disant qu'elle « est le don du plus détesté de mes hôtes, du plus odieux à ma vie, d'Hector ». Et, s'attardant sur cette idée, le demi-frère d'Ajax ajoute que, de même, c'est avec la ceinture donnée par Ajax qu'Hector fut* *attaché au char d'Achille, pour être traîné jusqu'au camp achéen*[22]*. Or il n'y a rien de tel dans Homère. Et l'on peut apprécier cette sombre ironie de la tragédie, comme le rôle quasiment magique prêté aux objets. On retrouvera cette version dans des textes de l'*Anthologie grecque[23] *; elle a de quoi séduire... Mais comment nier que, par contraste, l'échange de cadeaux, dans Homère, n'étant lié à rien de funeste, garde une lumière sereine, qui est tout à la gloire de celui qui en eut l'initiative — d'Hector ?*

Ce respect des règles et de la parole donnée complète la conduite d'Hector au combat, sans affaiblir en rien la fougue qui l'anime.

*

On s'en lasserait presque. Malgré le soin qu'apporte Homère à ne jamais forcer l'éloge et à rendre la vaillance d'Hector vraisemblable et humaine, on pourrait penser que cette perfection est trop grande pour nos goûts et nos habitudes.

Que l'on ne s'inquiète pas ! Homère jamais ne se détache de notre vie familière, et moins que jamais pour Hector.

Ce héros qui fonce, qui crie, et que rien n'arrête — il connaît la peur. Et, par là, il nous touche : car la pitié et la sympathie prennent alors la place de la simple admiration.

Tous les héros d'Homère ont peur, une fois ou une autre.

Pâris est du nombre ; et cela surprend peu. Lorsqu'il voit s'avancer Ménélas, au chant III, il est pris d'effroi et recule vers les siens[24]. Pâris, sans doute, n'est pas un brave. Mais voici Diomède : il peut frissonner de peur, lui aussi ! Lorsque Hector avance avec les Troyens, soutenu par les divinités de la guerre, « Diomède au puissant cri de guerre à cette vue frissonne. Tel un homme qui va à travers une vaste plaine, soudain s'arrête, impuissant, devant un fleuve impétueux... ». Ou bien voici Achille et Énée qui s'affrontent : le premier s'effraie à l'idée que le trait va percer son bouclier ; le second s'effraie, devant l'arme qui a failli l'atteindre. Le mot est *tarbèsas*, un mot fort, qui surgit une bonne vingtaine de fois dans l'*Iliade*. Certains supplient leur puissant adversaire — comme Lycaon[25]. Mais, surtout, nombreux sont les héros qui, devant le danger, éprouvent un moment d'hésitation et songent à fuir, puis se reprennent. C'est le cas d'Ulysse au chant XI, de Ménélas au chant XVII, d'Agénor au chant XXI. Les formules se ressemblent, peignent la même brève tentation ; et puis le courage du héros l'emporte, ou bien les circonstances décident pour lui[26].

Et Hector ?

Ah ! Il est temps de le dire : Hector connaît ces moments-là plus que les autres. Le sort qui le menace est, on le sait, plus redoutable et son cœur est humain.

Il a peur à la fin, au chant XXII. Il faut se rappeler qu'il est seul : tous les Troyens sont rentrés à l'abri des remparts ; et, contre lui, s'avance Achille, le premier des Achéens, empli à son égard d'une fureur violente. Aucun héros d'Homère ne s'est trouvé dans une pareille situation. Mieux : depuis les remparts, son père et sa mère le voient, mesurent le danger, et le conjurent de rentrer. Ici se place le long plaidoyer de Priam : « Hector, crois-moi, et n'attends pas cet homme, mon enfant, seul ainsi, loin des autres [...]. Il est cent fois plus fort que toi » ; et sa mère y joint une supplication brûlante... Hector ne les écoute pas. Il reste.

Il reste ; mais, à son tour, il hésite : « Ah ! misère !... » ; les propos qu'il s'adresse à lui-même sont ceux que prononçaient Ulysse, Ménélas ou Agénor. Il pourrait rentrer dans la ville. Il pourrait offrir à Achille de traiter. Il pourrait... Non ! Il ne pourrait pas. Il reste.

Il reste parce qu'il a honte par rapport aux siens de

n'avoir pas pris la bonne décision[27] et parce qu'il redoute une offense s'il tente de traiter. L'honneur fait qu'il doit risquer le tout pour le tout.

On voit à quel point cette hésitation est pathétique. Le discours qu'il se tient à lui-même est bien plus long que ceux des autres héros dont on a ici cité les moments de doute : Ulysse prononce six vers, Ménélas dix, Agénor vingt et Hector trente. D'autre part les sentiments y sont plus personnels : le regret d'une faute, l'espoir, la compréhension de ce que seront les réactions d'Achille... Bref, en ce moment où se joue sa vie, Homère nous invite à nous identifier à lui, à comprendre son doute, à comprendre son courage final, aussi.

Mais ce courage final n'est pas la fin. Hector a décidé, dans sa raison et dans son cœur. Mais voici qu'Achille s'avance dans l'éclat de ses armes et de sa colère. Alors, Hector faiblit et, en petites phrases brèves, avec un enjambement hâtif, Homère le montre prenant la fuite.

« Dès qu'il le voit, la terreur prend Hector. Il n'a plus le cœur de rester où il est ; laissant derrière lui les portes, il part et prend la fuite. »

Alors, la poursuite commence. Hector fuit. Achille le poursuit. Hector est devenu la palombe pourchassée par le milan, le faon poursuivi par le chien. Achille interdit à Hector de rechercher la protection des remparts. Bientôt les balances divines annonceront l'heure de la mise à mort.

D'autres héros avaient hésité : aucun n'avait fui ainsi. Aucun n'avait été, il faut le dire, soumis à pareille menace.

Certains ont voulu mettre ces peurs d'Hector sur le compte d'un hypothétique nationalisme du poète[28] : rien ne nous paraît plus contraire à l'impression que laisse le texte ; et ce « nationalisme » irait absolument à l'encontre de tous les traits les plus frappants du poème. Mais on peut en tirer au moins l'idée que le trait a paru étonnant, voire exceptionnel.

Et c'est un fait qu'à l'époque du classicisme français, il s'est trouvé des puristes pour être choqués de ces moments de faiblesse et les juger indignes d'un héros, ou peu en rapport avec l'extrême bravoure que montre ailleurs Hector[29].

Merveille que ces fluctuations du goût ! elles aident à saisir les originalités de l'œuvre. Elles aident à voir avec quelle force et quelle franchise Homère a voulu un Hector demeurant en tout un homme, avec les faiblesses d'un homme.

> *Cela le rapproche de nous. Et il est clair que notre époque répugnerait à l'image des héros plus qu'humains. Nous risquerions même de tomber dans l'excès inverse, à nous détourner des héros au nom du réalisme et d'un sens aveugle de l'égalité. À cet égard, Homère pourrait bien nous être plus accessible que nos propres classiques. Et j'ajoute que ces touches humaines contribuent à faire passer, dans les classes, le principe même d'un héroïsme poussé à la limite.*

Les peurs d'Hector nous le rendent plus proche ; elles rendent aussi son sort plus émouvant. Mais, en même temps, elles rehaussent le prix de son courage.

Car enfin, patience ! Tout n'est point fini. Ce n'est pas ici le lieu de raconter la mort d'Hector — encore que tout y conduise presque irrésistiblement. Mais nous savons tous que, trompé par un dieu, Hector s'arrête enfin pour faire face, et qu'abandonné par ce dieu, il connaît un second sursaut et fait face malgré tout.

Il fait face, et l'on y viendra ! Pour l'instant, c'est assez de savoir que cette fuite unique n'est point la conclusion, et que ce moment de panique bien compréhensible peut s'allier avec l'héroïsme. C'est même le secret d'Homère que de proposer de telles alliances, qui semblent associer la grandeur et la faiblesse de l'homme.

Pour compenser cette impression, on peut rappeler ce regret qu'exprimait Achille au chant précédent, alors qu'il se voyait englouti par le fleuve : « Ah ! pourquoi n'est-ce pas plutôt Hector qui m'a tué, lui qui a grandi ici le meilleur de tous ! »[30].

> *Combien on a de peine, pour parler d'Hector, à ne pas tout de suite en venir à sa mort : tout y conduit, tout est mis en œuvre pour la rendre émouvante !*
>
> *Ce trait m'enchante sur l'art d'Homère. Mais il prend un relief accru quand on constate que, dans le* Roman de Troie *de Benoît de Sainte-Maure, au XIIe siècle, Hector est tué en pleine bataille, sans que paraisse plus rien de cette hésitation, de cette frayeur, de cette solitude. Les aventures de la guerre de Troie subsistent, mais non pas son sens — qui est précisément ce qui, aujourd'hui, nous émeut.*
>
> *Cette humanité d'Hector a été sentie par Giraudoux, même si, dans sa pièce, il n'y a pas de place pour une mort d'Hector. Du moins y a-t-il place pour le sentiment d'Hector à propos de la guerre, qui fait se sentir parfois presque un dieu, et « très souvent moins qu'un homme ».*

Hector est bien « le meilleur de tous », Achille mis à part. Mais son courage exceptionnel s'allie avec une frayeur également exceptionnelle ; et le contraste est déchirant.

Il faut du reste avouer qu'il peut aussi commettre des erreurs au combat. De même qu'Homère lui prête une grande peur, une fois, il lui attribue aussi une grave imprudence, une fois. Et, par un beau paradoxe, cette autre faille dans son héroïsme, dont il faut à présent parler, nous le rend, elle aussi, plus proche et plus cher.

CHAPITRE IV

LE PRIX D'UNE IMPRUDENCE

« Tu abuses de ton rang, Hector. »
GIRAUDOUX, *La guerre de Troie n'aura pas lieu*,
Acte II, Scène 5

On n'attendait pas d'Hector qu'il sût toujours prendre à lui seul les meilleures décisions pour la conduite de la guerre : en ces temps où la valeur individuelle du combattant prenait tant de place, on admettait que les qualités du guerrier et de l'homme avisé étaient bien distinctes et ne se rencontraient pas, en général, chez les mêmes personnes.

Cela pouvait arriver ; surtout, on pouvait signaler une telle rencontre quand on voulait être courtois et flatter son interlocuteur. Ainsi dans ces propos adressés à Énée et à Hector : « Vous êtes les meilleurs pour combattre et pour décider » ; ainsi encore quand Nestor, avant de présenter des suggestions à Diomède, lui dit qu'il est fort au combat et l'emporte au Conseil sur ceux de son âge [1]. Mais ce cas est exceptionnel, et la dernière formule citée amène aussitôt une réserve.

En effet, Nestor, qui dépasse Diomède en âge, le dépasse, du coup, en sagesse. Et tout le monde admet la supériorité du vieillard en ce domaine. Agamemnon proclame qu'avec dix conseillers comme lui, il serait sûr de vaincre. Et Nestor lui-même admet son mérite : il n'a plus la vigueur d'antan, « mais les dieux aux hommes n'octroient pas tout à la fois »[2].

De même Ulysse s'oppose à Achille et sait en quoi : « Tu es certes plus fort que moi, et tu me dépasses de beaucoup à la javeline, mais je vaux beaucoup plus que toi, en revanche, pour la raison. Donc que ton cœur se résigne à mes avis ! »[3]. Achille voulait foncer au combat : Ulysse lui rappelle qu'il faut d'abord permettre aux troupes de se restaurer — ce qui est aussitôt réalisé.

Que ce soit une question d'âge ou de tempérament, ou les deux, la distinction est donc nette et incontestée. Or Hector, comme Achille, est d'abord un guerrier, et un jeune guerrier.

Je ne voudrais pas m'appesantir ; mais on voit là, déjà, l'idée que la sagesse est l'apanage des vieillards. On la retrouve chez Eschyle, par exemple. Et elle est admise par tous jusqu'aux dernières décennies du Ve siècle, puis jusque vers 1968. Mais je me souviens encore de ce Conseil universitaire d'alors, où l'on employait la formule classique « au bénéfice de l'âge » et où j'ai dû faire préciser si ce bénéfice allait aux plus vieux ou aux plus jeunes. Il est vrai que je n'avais pas encore l'âge de Nestor. Mais je l'ai à présent dépassé et nul Agamemnon n'est là pour voir dans ce fait un signe de supériorité…

Alors, dans la pratique ? Comment faisait-on, chez ces héros homériques, si le commandement n'était pas exercé par le plus sage et le plus avisé ? Eh bien, nous débouchons là sur un trait éminemment caractéristique de la Grèce et qu'il est émouvant de rencontrer aussi tôt : nous débouchons sur le rôle du débat et des conseillers.

L'a-t-on assez remarqué ? Il y a des réunions où l'on échange des avis, du côté achéen comme du côté troyen.

Les chefs consultent. Il y a même de ces réunions chez les dieux : le roi des rois consulte, et demande des avis avant de décider. C'est là une donnée que l'on trouve dans d'autres épopées très anciennes, comme *Gilgamesh* ou le chant hittite de Ullikummi ; la notion est orientale ; on la trouve en Mésopotamie et en Syrie ; mais les assemblées grecques sont plus proches du débat humain. Il y a également des assemblées à Ithaque, avec des discours bien argumentés. La démocratie athénienne n'est pas née encore, mais la notion de Conseil est déjà partout présente. On aura remarqué que, pour désigner les sages avis, c'est ce mot qui était employé, et qu'on lui accordait, en français, la majuscule : le « Conseil », c'est bien un peu la future *Boulè* des institutions athéniennes.

Que ce soit sous cette forme collective et sur consultation du chef, ou bien sous la forme d'avis privés, donnés de façon spontanée, le rôle du conseiller est donc considérable dans les textes anciens. Et la sagesse d'un chef se reconnaît à la façon dont il sait accueillir les bons conseils. Voilà, par conséquent, où nous attendons Hector.

Avant de le voir réagir aux conseils qui lui sont donnés, comment ne pas s'arrêter à ce thème du conseiller qui n'est pas écouté ? Il constitue comme un archétype dans la littérature grecque[4]*. Que l'on pense seulement à la façon dont, dans Hérodote, Crésus, au moment de mourir, soupire de n'avoir pas compris plus tôt les sages avis de Solon ? Comment ne pas penser aux avis qu'Artabane donne au roi Xerxès, son neveu ? Comment oublier les mauvais conseillers qui ont perdu ce même Xerxès dans* Les Perses *d'Eschyle, et les chefs des Sept contre Thèbes dans* Les Suppliantes *d'Euripide ? Et comment oublier l'ultime apparition d'Alcibiade, à la veille de la bataille d'Aigos-Potamoi, et ses conseils donnés en vain ?*

Cette importance du conseiller est indéniablement liée au sens du débat qu'avaient les Grecs. Mais elle est sans doute liée aussi au manque d'habitude qu'ils avaient, à l'origine, pour dépeindre les débats intérieurs. Les deux solutions opposées se présentaient souvent, à l'époque homérique, comme défendues par deux personnes différentes. De même, les tentations ou les bonnes résolutions pouvaient se ramener à un conflit entre deux personnages. Dans la tragédie, il se pourrait bien que toutes ces nourrices et tous ces confidents aient trouvé là leur origine : ce qui nous paraît aujourd'hui une facilité littéraire refléterait alors une tournure d'esprit aujourd'hui disparue…

*Tout cela pour dire qu'Hector, dans l'*Iliade, *allait se trouver confronté à divers conseillers, à divers conseils.*

★

Tout commence bien ; et Hector semble avoir le mérite rare d'écouter les conseils, courtoisement, pour en faire son profit.

Au chant VI, Hector reçoit ainsi un conseil de son jeune frère Hélénos, le devin. C'est un long conseil dont le résultat sera de faire rentrer Hector dans la ville, où se placeront les scènes avec Hécube, Pâris et Andromaque : contre la fureur ennemie, il faut, en effet, demander l'aide des dieux. Hector, aussitôt, obtempère et écoute Hélénos : « Il dit ; Hector n'a garde de dire non à son frère. Brusquement, de son char, il saute à terre, en armes… »[5].

Même réaction au chant suivant. Apollon a décidé de stimuler Hector pour un combat singulier. Hélénos, cette fois encore, comprend, en tant que devin, l'intention des dieux, et la traduit en conseil pratique. Réaction d'Hector à ces mots d'Hélénos ? « Il dit, et Hector a grand joie à ouïr ses paroles. Lors, il s'avance entre les lignes… »[6].

La docilité est parfaite. Il est vrai qu'Hélénos parle toujours au nom des dieux. Mais voici bientôt Cébrion, le demi-frère d'Hector, qui lui sert de cocher : il constate que les Troyens sont mis en difficulté par Ajax ; il le dit à Hector et ajoute : « Crois-moi, dirigeons donc ces chevaux et ce char vers le point où... »[7]. Puis, sans attendre la réponse, il fait prendre au char la direction indiquée : il est sous-entendu qu'Hector accepte le conseil.

Il est parfait, Hector ! Il sait écouter les bons avis.

Mais, encore un chant, et c'est à Polydamas qu'il va avoir affaire. Il va recevoir ses conseils trois fois. Or Homère lui-même précise leurs rapports à la troisième fois (la plus importante). Il déclare, en effet, à propos de Polydamas, que seul il voit à la fois le passé et l'avenir ; il est camarade d'Hector, sans être de la famille royale. « Tous deux sont nés la même nuit. Mais le premier (Polydamas) l'emporte de beaucoup par ses avis, l'autre par sa lance »[8]. Nous sommes donc prévenus : les avis de Polydamas ne sont pas à prendre à la légère.

Or c'est précisément avec lui que les choses se gâtent.

Et encore, pas tout de suite !

Au chant XII, les Troyens sont arrivés au fossé qui garde le mur achéen. Hector parcourt les rangs, encourageant les siens ; mais, devant la difficulté, les chevaux hésitent et hennissent. Alors Polydamas intervient : « Hector, et vous tous, chefs troyens et alliés, c'est sottise de pousser, comme nous faisons, nos chevaux rapides à travers le fossé. Il est trop malaisé à franchir : des pieux aigus s'y dressent, et, tout contre eux, le mur des Achéens. » Il évoque les risques et conclut qu'il faut arrêter les chars et forcer le passage à pied. Très bien ! « Ainsi parle Polydamas ; et ce parfait avis agrée à Hector. Aussitôt, de son char, il saute à terre, en armes... »[9] ; il était plein de passion, mais il accepte, aussitôt. Tout va bien !

Tout ira bien encore au chant suivant, quand Polydamas

conseille à Hector de regrouper les forces troyennes et de chercher alors la meilleure solution. Hector accepte aussitôt.

Mais entre ces deux acceptations, se place une autre intervention qui va amener un premier refus, et aussi quelque surprise.

Il s'agit toujours du chant XII ; et l'épisode met en cause un présage. Un aigle, tenant en son bec un serpent encore vivant, se fait piquer en plein vol, et lâche le serpent, qui tombe parmi les Troyens : présage, selon Polydamas ! L'armée troyenne est comme l'aigle : elle croit son succès assuré en fonçant vers les nefs, mais elle s'en verra frustrée et en pâtira...

L'idée pouvait se défendre ; et l'on verra comment Hector l'accueille. Mais avant même de la formuler, Polydamas s'est lancé dans des insultes qui ont de quoi nous stupéfier. Pour qui a lu les textes précédents (auxquels se joint une nouvelle acceptation d'Hector au chant suivant), la gerbe de récriminations qui ouvre le discours est fort inattendue.

« Hector », dit Polydamas, « à l'assemblée, toujours, tu trouves à me blâmer quand j'y ouvre de bons avis. Aussi bien ne sied-il pas, quand on est du peuple, qu'on parle autrement que toi, au Conseil comme à la guerre : il n'est qu'une chose qui siée, toujours renforcer ta puissance »[10].

Cette sortie a tout pour surprendre. D'abord les mots sont forcés. Polydamas n'est pas de la famille de Priam ; mais il n'est pas non plus « du peuple » : il combat parmi les héros[11]. Et la « puissance » d'Hector (*kratos*) n'est que celle d'un fils. Cette rancœur sociale, plus précise que les sarcasmes du vilain Thersite, paraît comme hors de place. En plus, toutes ces doléances politiques en pleine bataille ? On ne saurait qu'approuver Leaf : « This exordium is quite inexplicable. »

Une seule explication, aux yeux de Leaf (et de divers

autres) : ce passage appartient à une couche de rédaction différente.

Rien d'impossible à cela : les poèmes homériques n'ont évidemment pas été rédigés en une fois. Il faut néanmoins remarquer que le passage n'est pas isolé. Au chant suivant, alors qu'Hector va, en fait, accepter le conseil de Polydamas, on retrouve le même ton : « Hector, sur toi rien n'a prise, s'il s'agit de te faire écouter un avis. Sous prétexte que le Ciel t'a plus qu'à tous accordé l'œuvre de guerre, tu prétends aussi au Conseil en savoir plus que les autres. Tu ne peux pas cependant avoir, seul, pris tout pour toi. À l'un le Ciel octroie l'œuvre de guerre... »[12]. Le ton est moins acrimonieux, mais le reproche est bien le même, et n'est, apparemment, pas plus justifié.

Alors, pourquoi ? On ne retiendra pas les explications psychologiques, sur l'amertume du conseiller qui ne décide pas en dernier ressort. Ou du moins elles ne sauraient que passer au second plan. En revanche, il est évident que c'est l'expérience à venir qui, ici, inspire le texte. Deux fois, dans l'œuvre, Hector repousse un avis de Polydamas ; et la seconde fois sera grave. Assez grave pour hanter la mémoire. On peut supposer qu'une rédaction postérieure (d'Homère ou d'un autre) ait été inspirée par cette pensée. On peut aussi imaginer qu'à l'avance elle ait pesé, ou que le poète, par cette insistance même, ait voulu introduire, avant ce moment-là, l'idée d'un Hector peu accessible aux conseils de Polydamas... De toute façon, il est clair que seule la suite donne un sens aux récriminations de Polydamas. De même que la mort d'Hector plane sur tout ce qui précède et qui la prépare, de même l'erreur d'Hector, la grande, celle du chant XVIII, colore et commande les récits antérieurs et le ton des personnages.

*

Insultes mises à part, quel était donc ce premier refus — le refus du présage ? Et quelle était sa portée ?

On se souvient qu'Hector veut foncer contre les nefs : l'affaire de l'aigle et du serpent incite le sage Polydamas à lui demander de renoncer.

Renoncer ? Alors que tout va si bien ? Alors que les dieux sont ouvertement du côté d'Hector ? Celui-ci n'y songe pas ! Il lève un œil sombre et tranche : « Polydamas, tu ne tiens plus là un langage qui me plaise. Tu sais avoir pourtant des idées plus heureuses. Es-tu sérieux, vraiment, en parlant de la sorte ? Alors, les dieux mêmes t'ont ravi le sens... »[13].

Hector ne discute même pas le présage : il l'écarte, résolument. Et il a pour le faire une formule qui, en un sens, inquiète par son audacieuse impiété, mais qui sonne aussi de façon magnifique. On y reconnaît toute la passion d'Hector, défenseur de Troie et des Troyens. « Il n'est », dit-il, « qu'un vrai, qu'un bon présage, c'est de défendre son pays »[14].

Le patriotisme et la responsabilité humaine sont ici opposés au respect des signes prophétiques ; la foi dans l'homme passe avant la foi dans les présages d'origine surnaturelle.

En un sens, ce sursaut éveille la sympathie. Et il n'est pas sûr que cette déclaration d'Hector n'ait pas déjà eu la sympathie d'Homère[15]. D'abord, il la formule si bien... Et puis, il faut le reconnaître, les présages sont volontiers traités, dans les poèmes homériques, avec quelque suspicion. Dans l'*Odyssée,* par exemple, un des prétendants refuse de croire aux prédictions reposant sur le vol des oiseaux : « Mes prophéties à moi valent cent fois les tiennes. Des oiseaux ? Que de vols sous les feux du soleil ! Sont-ce tous des présages ? » De même Télémaque déclare peu se soucier des oracles dus aux devins que fait venir sa mère[16]. Hector lui-même ne tient pas davantage compte du présage, en principe favorable aux Achéens, que constitue un aigle paraissant à la droite d'Ajax : il ne doute pas pour autant que les dieux soient pour lui [17].

Son attitude, dans les deux cas, n'est donc pas présentée comme une monstrueuse impiété. Il n'empêche qu'elle est un signe d'excessive confiance [18]. Que les dieux soient avec lui n'implique pas, hélas, qu'ils doivent le rester toujours. Nous savons, nous qui l'entendons revendiquer si fièrement la valeur de son action, que tous ses succès ont, en fait, pour fonction de faire reparaître Achille, qui lui donnera la mort. Il ne le sait pas. Il a confiance. Et sa confiance est à la fois sympathique et pathétique.

En mineur, déjà, elle préfigure un peu l'imprudence de son second refus — celui du chant XVIII.

*

Lors de son premier refus, Hector avait en tout cas une excuse : celle de se trouver en plein succès et de sentir la victoire toute proche. Il n'en est plus de même lors du second. Patrocle a été tué. Achille a poussé son grand cri et s'apprête à rentrer en action. On sent le retournement imminent. Aussi les Troyens tiennent-ils une assemblée, le soir, avant même de songer à se nourrir. Ils sont terrifiés.

Tout est donc présenté de manière à rendre sensibles la gravité de l'occasion et celle de la décision qui va être prise : se replier ou affronter Achille. D'ailleurs c'est ici que se trouve la présentation flatteuse de Polydamas qui a été citée plus haut. De plus, il ne s'agit pas de brefs conseils, jetés en pleine action : il y aura deux discours, détaillés et riches d'arguments, trente vers pour le conseil de Polydamas, vingt-cinq pour la réponse d'Hector. Tout indique donc une affaire d'importance. Et le fait est que la scène a été abondamment commentée et discutée [19].

Que l'idée défendue par Polydamas soit juste et raisonnable, nul ne le conteste : il propose de rentrer en ville et, étant donné le tour nouveau pris par le combat, de se protéger derrière les remparts.

À cette seule pensée, Hector sursaute : « Polydamas, tu ne tiens plus là un langage qui me plaise. Ainsi tu nous conseilles d'aller nous enfermer de nouveau dans la ville. Vous n'en avez donc pas assez d'être amassés derrière les remparts ? » Il donne des raisons — comme l'épuisement des réserves. Il rappelle aussi — hélas ! le pauvre ! — que Zeus l'a constamment aidé. Et il tranche, fermement. « Ne va donc pas, pauvre sot, ouvrir devant le peuple de tels avis ; nul des Troyens, d'ailleurs, ne les écoutera : je ne le tolérerai pas. » Et il donne des ordres pratiques et des encouragements, concluant avec résolution : « Moi, je ne fuirai pas la sinistre bataille, je me camperai bien en face de lui (Achille) ; et nous verrons qui, de lui ou de moi, remportera un grand triomphe. Ényale est pour tous le même : souvent il tue qui vient de tuer »[20].

Comme il est sûr de lui, notre Hector ! Comme il calcule peu ! Le voilà qui s'imagine qu'il a sa chance contre Achille ! Un homme — contre le fils d'une déesse ! Déjà, lors de la mort de Patrocle, il avait osé formuler cet espoir : « Qui sait si ce n'est pas Achille, fils de Thétis aux beaux cheveux, qui, frappé par ma lance, perdra le premier la vie ? » Il veut y croire ; il doit y croire. Il ne peut écouter d'autre voix que celle qui le pousse à combattre.

Certes, les critiques relèvent dans ses propos des traits raisonnables où se reconnaît le bon chef[21]. Mais qu'il prenne le mauvais parti, qu'il commette une imprudence grave, nul ne saurait le nier. Homère lui-même le dit, et le dit avec force. Car il précise : « Ainsi parle Hector, les Troyens l'acclament. Pauvres sots ! Pallas Athéné à tous a ravi la raison. Ils approuvent Hector, dont l'avis fait leur malheur, et nul n'est pour Polydamas, qui leur donne le bon conseil ! »[22].

Ce jugement si sévère, cette anticipation si audacieuse, qui vient interrompre le récit, en un moment si grave, vise évidemment à éviter tout malentendu ; mais, en même temps, quel art de souligner l'importance du moment et de mettre en relief ses conséquences ! Quand Thucydide interrompt de même son récit à la mort de Périclès, pour laisser entrevoir la suite, le procédé est un peu le même. Il est seulement, chez Homère, plus chargé de tragique, car ni les Troyens ni Hector ne savent encore ce qui les attend : ils le sauront bientôt.

En tout cas, aucun doute n'est permis : Hector, ici, commet une faute. Et celle-ci s'avérera grave — puisque les Troyens finiront par rentrer dans la ville, mais vaincus et en déroute, et qu'Hector restera seul pour affronter Achille.

Et, là, voici que tout à coup la gravité de la faute commise apparaît à Hector lui-même. Juste au moment où il va, contrairement aux supplications de ses parents, accepter ce risque, qui presque certainement conduira à sa mort, c'est à ce refus d'écouter Polydamas qu'il revient, dans un amer regret.

« Ah ! misère ! si je franchis les portes et la muraille, Polydamas sera le premier à m'en faire honte, lui qui me conseillait de diriger les Troyens vers la ville, dans cette nuit maudite qui a vu se lever le divin Achille. Et je ne l'ai pas cru... Comme cela eût mieux valu pourtant ! Et maintenant que j'ai, par ma folie, perdu mon peuple, j'ai honte en face des Troyens, des Troyennes aux robes traînantes. Je ne veux pas qu'un moins brave que moi aille dire un jour : “Pour avoir eu trop confiance en sa force, Hector a perdu son peuple.” C'est là ce qu'on dira... »[23] ; et mieux vaut affronter la mort et risquer le tout pour le tout que laisser dire cela.

Ce regret a ici quelque chose de brûlant et ouvre droit sur ce qu'on peut appeler la conscience d'Hector.

Il faut en dire un mot, de cette conscience. Car ce n'est pas la seule fois que l'on voit notre héros, dans l'*Iliade*, se régler sur l'idée de ce que l'on dira de lui. Il en est de même au chant VI, quand il évoque devant Andromaque ce que l'on dira de lui si jamais Troie est prise. Et encore au moment de mourir, il acceptera la mort en pensant au récit qui sera fait, jusque dans l'avenir, de sa conduite. Le trait est trop constant pour n'avoir pas été relevé et commenté. On a reconnu là une marque de la morale héroïque. Et l'on a même regretté qu'en un moment comme celui qui nous occupe, Hector ait plus songé au jugement des gens qu'à sa responsabilité envers la cité et au prix qu'elle paie pour son erreur[24].

C'est là, je crois, se montrer injuste. L'opinion, pour un ancien, est la forme extérieure de la conscience ; l'éloge et le blâme rythment la vie morale ; et, en l'occurrence, c'est chaque fois sa responsabilité qu'Hector reconnaît en imaginant les propos des gens. D'ailleurs les mots l'expriment : on dira qu'il a perdu son peuple.

Perdu son peuple : qu'y a-t-il de pire pour le défenseur de Troie qu'est Hector ? Or l'expression revient deux fois, à trois vers de distance. Et elle est accompagnée, la première fois, d'un complément très fort : « par ma folie » (*atasthalièsin émèsin*) — une fin de vers accablante.

Atasthaliai : un article récent[25], étudiant ce mot, tente de définir le rapport entre cette forme d'erreur et les autres : le terme impliquerait une erreur de jugement et serait toujours associé à un sentiment de responsabilité. Bien qu'une idée de violence et d'orgueil y soit liée, rendant l'accusation plus sévère, telle est bien la nuance qui apparaît lorsque l'on évoque, à propos de Diomède, l'expédition des Sept contre Thèbes, et ces hommes qui périrent « par leur propre sottise » ; c'est encore le cas lorsqu'Ulysse « par sa folie » causa la mort de ses compagnons lors de l'épisode du Cyclope[26]. Ce qui n'était qu'un moment d'aveuglement devient alors, dans la bouche du coupable, un égarement fatal.

Et combien nous émeut cet Hector, qui voulait si bien faire et qui déplore avec tant d'amertume son erreur ! Il va en mourir. Nous le savons et il le devine ; mais c'est aux autres qu'il pense, à sa mission manquée, à sa cité menacée : « J'ai, par ma folie, perdu mon peuple. »

Il existe, dans l'*Iliade*, d'autres exemples de regrets, en général moins intenses et moins forts que celui d'Hector. Ainsi Pandaros, avec des formules comparables, regrette de n'avoir pas écouté son père (« Et je ne l'ai pas cru : comme cela eût mieux valu pourtant ! »[27]). Ou bien Agamemnon regrette son obstination contre Achille. Et là, l'insistance est déjà plus grande : ce regret s'exprime en une longue tirade du chant IX, où le roi énumère tout ce qu'il pourrait offrir à Achille, pour réparer (« Ces erreurs, je ne les nie pas ! [...] Mais, si j'ai commis des erreurs, j'en veux faire amende honorable... »[28]).

Un seul regret a le même caractère douloureux que celui d'Hector, et il appartient précisément à l'autre responsable de la querelle, Achille. Une fois de plus, par conséquent, un parallélisme s'instaure ; car Achille se juge responsable de la mort de Patrocle, comme Hector de la défaite infligée à son peuple.

Achille est couché à terre, désespéré ; et il explique à sa mère qu'il vaudrait mieux pour lui mourir : « Je vois qu'il était dit que je ne pourrais porter aide à mon ami devant la mort ! Il a péri loin de sa terre, et il ne m'a pas trouvé là pour le préserver du malheur [...]. Je n'ai su être la lumière du salut ni pour Patrocle ni pour aucun de ceux des miens qui, par centaines, sont tombés sous les coups du divin Hector, tandis que je restais ainsi, inactif, près des nefs, vain fardeau de la terre... »[29]. Achille maudit sa propre colère, qui fut cause de tout.

Mais cela même aide à cerner la différence : Achille regrette une vraie faute, un acte de passion et d'obstination ; il la regrette parce qu'il souffre dans son affection pour un être cher : Hector, lui, regrette un bref aveuglement involontaire, et il souffre dans son attachement à sa cité. Le regret d'Achille, au reste, le pousse d'abord à la vengeance (même s'il ne doute pas que la mort soit au bout du chemin) : celui d'Hector le pousse à un combat désespéré qui va entraîner sa mort immédiate.

Son regret nous touche et accroît le pathétique de la mort à venir.

> *J'écris « regret », soigneusement, parce que l'on enseigne, non sans raison, que la notion de remords n'est pas grecque — pas plus que celles de péché, de repentir, de rachat. Les hellénistes font donc bien attention et s'en tiennent aux mots intellectuels. Mais n'est-ce pas un scrupule excessif ? Le regret d'Achille et celui d'Hector sont si déchirants !...*
>
> *Et ce ne sont pas des cas isolés. Je pense ainsi à ce beau texte d'Eschyle qui commente la leçon enseignée par Zeus aux hommes ; leçon qui se résume en la formule « souffrir pour comprendre ». Il dit, ce texte : « Quand, en plein sommeil, sous le regard du cœur, suinte le douloureux remords, la sagesse en eux, malgré eux, pénètre. Et c'est bien là, je crois, violence bienfaisante des dieux assis à la barre céleste »*[30]*. P. Mazon a employé, ici, le mot « remords », au risque de heurter les puristes. Le grec dit, exactement : « la peine d'un douloureux souvenir » ; et, pour cela, il emploie un terme qui, n'étant pas attesté ailleurs en grec, prend un relief puissant. Un simple « regret » ? Eh ! non ! C'est plus...*
>
> *De même pour l'Électre d'Euripide, lorsqu'elle vient de tuer sa mère. En une réaction brutale et passion-*

née, elle perçoit l'horreur de ce qu'elle a fait. Même, le chœur s'en étonne : « Quel changement dans tes pensées. Tu tournes au souffle du vent qui se lève. Tes sentiments sont pieux à présent ; mais tantôt ils ne l'étaient guère »[31]*. Déjà se prépare le vrai remords — celui de Lady Macbeth, dont nul parfum, jamais, ne pourra laver la main criminelle. Et, après tout, est-ce un hasard si Jean-Paul Sartre a choisi l'histoire d'Électre et d'Oreste pour stigmatiser ce rôle du remords, figuré par les mouches ?...*

Ce sont là des voies diverses ouvertes à la sensibilité : la brève et dévastatrice lucidité d'Hector sonne, dans sa sobriété, plus proche de nous et plus poignante. Qui de nous ne s'est dit un jour, le cœur ravagé, même sans avoir la responsabilité de toute une ville : « Et je ne l'ai pas cru : comme cela eût mieux valu, pourtant »...

Cependant, patience, encore une fois ! Hector approche de la mort ! Mais, bien que tout nous projette toujours vers la fin, il faut la garder pour son heure, sans anticiper : le regret qui l'oblige à affronter Achille ne doit représenter pour nous que l'ombre de la faute commise au chant XVIII ; et il doit seulement nous aider à mieux en mesurer la nature.

*

Les avis des critiques divergent, sur cette fameuse imprudence. Certains parlent de stupidité, ou de démagogie, voire de tempérament tyrannique et buté : ils sont heureusement une minorité. Ce qui est vrai, c'est qu'Hector cède ici à l'impatience, au sentiment, au besoin d'action. Ce qui est vrai, c'est qu'il a, une fois de plus, trop de confiance. Il espère pouvoir triompher d'Achille, avoir sa chance. Il se trompe, mais ce n'était ni stupide, ni même vraiment blâmable : c'était simplement la réaction héroïque — un peu celle que justifient des formules comme celle du Tasse : « Le vrai courage fait braver la mort et ne permet jamais qu'on désespère de la victoire »[32].

Et pourtant cette erreur, si compréhensible soit-elle, ouvre des perspectives remarquables sur la psychologie grecque en général : car l'excès de confiance aboutit à ce que l'on nomme l'*hybris*.

Hector est fougueux par nature. Il l'est depuis le début. On nous dit même, en passant, que, dans les premiers temps, il avait voulu se battre et avait été retenu par la prudence des anciens[33]. Mais, naturellement, avec les succès que lui accordent les dieux, sa confiance s'accroît. Lors de l'ambassade auprès d'Achille, on remarque qu'il « croit n'avoir plus de rival à sa taille parmi les Danaens »[34]. Bientôt, on l'a vu, il écarte les présages. Et les Grecs savent qu'il a juré de ne pas reculer avant « d'avoir mis le feu aux nefs et d'avoir massacré les hommes »[35]. Peu à peu, Hector est entraîné, et ne peut s'arrêter. Bientôt, il tue Patrocle et n'hésite pas à revêtir les fameuses armes, prêtées par Achille ; Zeus lui-même s'étonne alors de cette audace : « Ah ! malheureux ! La mort ne t'obsède guère, qui est pourtant si près de toi... »[36]. C'est au chant suivant qu'il refusera d'écouter Polydamas : Hector n'est plus un homme que l'on puisse arrêter.

Ce schéma est bien connu et on le retrouve dans les textes grecs postérieurs. Il n'est pas nécessaire d'avoir été, toute sa vie, spécialiste de Thucydide pour songer à le citer à l'appui : c'est déjà ce que fait J. Redfield[37] ; et le rapprochement est lumineux : « C'est ainsi que, tout à l'heureuse fortune qui était alors la leur, les Athéniens entendaient ne plus rencontrer aucun obstacle : ils entendaient aboutir en tout état de cause — que l'entreprise fût possible ou difficile à l'excès et leurs moyens importants ou par trop réduits ; la faute en était aux succès imprévisibles qu'ils connaissaient dans tant de cas, et qui prêtaient de la force à leurs espérances. »

Pauvre Hector ! Ne serait-il qu'une des applications de cette loi qui préside aux pires erreurs ? Non pas ! Car, précisément, la relation ainsi établie permet de mieux cerner les différences.

Hector n'est pas, comme les Athéniens, sûr du succès : Ényale est pour tous le même ; il veut seulement courir sa chance. Et ce n'est pas, comme les Athéniens, par l'ambition d'acquérir plus : c'est pour arracher les siens à un enfermement désespéré qui, à ses yeux, ne peut mener à rien. *Hybris* si l'on veut — mais si légère et compréhensible ! Amorce d'*hybris* ; peut-être même *hybris* du désespoir...

Chacun, dans Homère, est soumis à ses tentations : Agamemnon veut toujours céder et renoncer[38]. Hector est l'opposé. En un sens, on peut le comparer à Patrocle, qui, lui non plus, n'a pas su s'arrêter à temps, comme le lui avait recommandé Achille. Ces tentations rendent les héros plus humains. Ils portent tous en eux cette « faute tragique » qu'Aristote nous oblige à chercher dans la tragédie. Mais la « faute tragique » d'Hector est peut-être la plus compréhensible, la plus émouvante — et, en vérité, la plus tragique.

De même qu'il est le courage même, mais prend un jour la fuite, Hector est et restera aux yeux de tous les auteurs[39] le chef sage, raisonnable, responsable : un jour, encouragé par le succès, il a commis une imprudence ; il est un homme, sujet aux erreurs des hommes.

Et puis, il faut le dire : les dieux ont bien tout fait pour l'égarer ainsi. Car on suit les façons d'agir d'Hector, au combat, comme guerrier, ou comme stratège ; mais au-dessus de lui, autour de lui, toujours, les dieux sont là qui décident tout. Et les dieux se sont joués de lui.

CHAPITRE V

QUAND LES DIEUX S'EN MÊLENT

> « Hector se présente, conduisant avec lui les dieux. »
>
> OVIDE, *Métamorphoses*, XIII, 82

Quiconque cite les combats de l'*Iliade*, ou décrit ses héros, ou se penche sur leurs caractères sans s'occuper des dieux se trouve fausser tout dès le départ, en coupant arbitrairement entre deux mondes qui se pénètrent sans cesse, et où celui d'en haut a la haute main sur l'autre.

Ce sont les dieux qui inspirent la fougue ou le désarroi ; ce sont eux qui décident du succès ou de l'échec, eux qui conseillent ouvertement les hommes ou leur inspirent leurs décisions.

Encore faut-il distinguer. Car il y a diverses formes d'interventions, et, au reste, des dieux également divers. Et notre Hector aura affaire à toutes et à tous.

Zeus est souverain. Hector lui-même a une belle formule pour le dire — une formule digne d'Eschyle : « Le vouloir de Zeus porte-égide toujours est le plus fort ; c'est lui qui met le vaillant même en fuite et lui arrache la victoire, sans effort, comme d'autres fois il le pousse lui-même au combat »[1]. Mais il existe, à côté de Zeus, d'autres dieux eux aussi fort puissants et qui sont en conflit les uns avec les autres, — ce qui constitue un premier niveau d'interventions, étrangement désordonnées.

*

Ces dieux ne se soucient pas de la justice : ils ont leurs protégés auxquels ils se sont parfois liés, par le sang, et qu'ils soutiennent passionnément.

Poséidon et Apollon soutiennent Troie, et de même Aphrodite, mère d'Énée ; inversement, Héra et Athéna soutiennent les Achéens, tout comme Thétis, mère d'Achille. Chez les uns il s'agit d'un lien de parenté, chez les autres de rancunes anciennes : certaines sont liées au jugement de Pâris, mais l'*Iliade* n'en dit rien, laissant ces passions sans explication. En tout cas, ces dieux sont engagés, et à fond. Ils tentent de se contrecarrer entre eux, de sauver leurs protégés, voire de les aider directement. Seul Zeus met — parfois — un frein à ce zèle.

Dans les moyens, rien ne les arrête, ces dieux ! Les interventions les plus contraires à l'ordre des choses leur sont possibles. Elles leur sont même faciles ; et Homère emploie souvent, de façon insistante, cet adverbe « facilement », qui porte sa charge d'amertume pour les tours ainsi joués aux hommes.

Le héros lance-t-il un javelot ? Une divinité hostile le détourne, et le coup est manqué. Ou bien voici Athéna qui dirige la pique de son protégé droit au but ! Ou encore un dieu vient à propos briser une courroie ou détacher une armure [2]. Si le protégé est par trop menacé, qu'à cela ne tienne ! Un dieu peut le cacher derrière un brouillard ou l'emporter au loin, à l'abri. Ou il peut frapper de stupeur son adversaire [3]. Comme c'est simple !

C'est là un monde étrange, et qui nous déroute ; mais n'a-t-il donc aucun écho dans notre psychologie actuelle ? J'ai déjà rappelé ailleurs [4] le regard stupéfait du joueur de tennis vers sa raquette, apparemment tenue pour responsable d'un coup manqué. De même pour les invocations ou les remerciements à la Madone, voire pour l'incrédulité devant la faiblesse dont on a fait preuve (« Je ne sais pas ce qui m'a pris »). La poésie d'Homère anime seulement ces croyances toujours latentes en leur donnant les visages multiples que permettait le polythéisme. Et il est amusant de constater que les œuvres inspirées par Homère, au Moyen Âge ou à la Renaissance, ont très naturellement introduit des démons, agissant à la façon des dieux d'Homère.

Je ne suis donc pas aussi choquée que d'autres. Ce qui me surprend plus, peut-être, est le fait que ces dieux homériques, si âprement opposés entre eux, soient cependant les mêmes dieux, pour les deux camps, et que leurs différends restent, en fin de compte, des différends de famille. Il y a là, par-delà la diversité qui d'abord nous déroute, une singulière tendance à l'unité.

Elle rejoint ce que nous savons des habitudes grecques, selon lesquelles il n'y avait aucune difficulté à reconnaître dans les dieux étrangers des formes à peine différentes des dieux grecs : Hérodote pratique ces transpositions pour les dieux égyptiens, par exemple, sans aucune gêne. Il y a, en somme, d'un peuple à l'autre et d'une divinité à l'autre comme une promesse d'œcuménisme.

Un Grec n'aurait pas songé à écrire l'équivalent de « Dieu est-il français ? » Peut-être la multiplicité des dieux facilitait-elle échanges et glissements — du moins pour les Grecs.

Ces dieux multiples s'occupaient d'Hector comme des autres, en bien ou en mal. Mais on décèle déjà, dans la protection dont il est l'objet, le reflet d'un destin, et d'un dessein, qui, eux, sont tout à fait exceptionnels.

Dans toute la première partie de l'*Iliade* Hector est aidé, et avant tout par Apollon.

Au chant V, quand Hector avance, Arès est à ses côtés — Arès, le dieu de la guerre, « dont les mains agitent une pique gigantesque, va et vient, tantôt devant, tantôt derrière Hector ». C'est une aide saisissante[5]. Mais Arès a été envoyé par Apollon.

Et Apollon, dès lors, agit lui-même, ne perdant jamais Hector de vue. On dirait presque que le dieu est le double de l'homme, ou son ami. Lors du combat singulier avec Ajax, Hector est atteint par une énorme pierre ; il tombe à la renverse : « À l'instant, Apollon l'a remis debout »[6]. Plus loin, il va être atteint par une flèche : Apollon la détourne. Dans un nouvel affrontement avec Ajax, Hector est blessé, gravement : une pierre l'a atteint à la poitrine, « l'envoyant rouler comme une toupie ». Ses camarades l'emportent ; il crache un sang noir et s'évanouit. Laissant l'intérêt en suspens, Homère retourne au récit de la bataille ; mais, au chant suivant, Apollon est auprès d'Hector : « N'aie plus peur maintenant : puissant est l'allié que le fils de Cronos dépêche de l'Ida pour t'assister et te défendre : c'est Phoebos Apollon, le dieu à l'épée d'or ; c'est moi qui depuis longtemps te protège, toi et ta haute cité »[7]. Et il renvoie Hector au combat.

Bientôt, il va précéder Hector lors de l'attaque du mur, investi pour cela d'une force sacrée : « Un nuage couvre ses épaules. Il tient l'égide impétueuse, terrible, velue, éclatante, qu'Héphaistos, le bon forgeron a donnée à porter à Zeus, pour mettre en fuite les hommes »[8].

Et comment oublier ce qui va suivre, le combat avec Patrocle ? C'est Apollon, là, qui fait tout. Il frappe l'écu de Patrocle « de ses mains immortelles »[9]. Puis il prend des traits humains pour aller stimuler Hector. Enfin, c'est lui qui désarme Patrocle, le livrant sans défense à Hector [10].

C'est beaucoup ; et c'est loin d'être tout. Apollon l'empêche de se battre avec Achille au chant XX, puis, comme le combat s'engage pourtant, un peu plus tard, et qu'Achille s'élance contre Hector, Apollon le lui ravit, en l'entourant d'une épaisse vapeur : « C'est un jeu pour un dieu ! » Et, dépité, Achille se plaint : « Cette fois encore, Phoebos Apollon t'a mis à l'abri... » [11].

Il y a, dans cet appui constant, un éclat digne du dieu de la lumière ; et quelque chose de cet éclat rejaillit sur Hector lui-même. Comment, alors, Apollon a-t-il pu l'abandonner ? Pour une raison que l'on aura perçue au hasard des citations : de même qu'Arès était envoyé par Apollon, Apollon lui-même n'agissait qu'avec l'accord de Zeus et en son nom. Il l'affirmait d'ailleurs. Et le fait qu'il ait porté l'égide en était le signe.

Or, dès que Zeus entre en scène, une autre perspective apparaît : derrière les querelles entre dieux engagés de part et d'autre, on découvre un dessein d'ensemble et déjà comme un arbitrage ; et, là, Hector reçoit un traitement plus généreux et plus cruel qu'aucun autre. C'est Zeus qui préside à ce que J. Redfield appelle fort bien « la tragédie d'Hector ».

⋆

Curieusement, Hector est aussi le seul pour qui Zeus éprouve une forme d'attachement — qui ne doit, pour une fois, rien à la parenté, puisque Hector n'est qu'un homme.

Cet attachement va donc aux qualités d'Hector. Mais attention ! Il ne s'agit pas d'affinités, comme il en existera, dans l'*Odyssée*, entre Ulysse et Athéna. Zeus apprécie Hector pour sa piété, et pour la ponctualité des sacrifices qu'il lui a toujours offerts. Il le dit d'abord, avec insistance, de Troie en général[12]. Mais il le dit aussi d'Hector et dans deux occasions qui donnent du poids à ses propos. Quand Hector est à la veille d'être sacrifié, qu'il n'a plus aucune chance, Zeus éprouve une brève tentation en sa faveur. Il interroge les dieux : « Ah ! L'homme m'est cher que je vois de mes yeux poursuivi autour du rempart ; et mon âme se désole pour Hector : il m'a brûlé tant de cuisseaux de bœufs, tantôt sur les cimes de l'Ida aux replis sans nombre, tantôt sur son acropole [...]. Allons, réfléchissez, dieux, et consultez ; le sauverons-nous de la mort ? »[13]. C'est un regret — juste de quoi faire mieux sentir ce qu'a de tragique et d'immérité la mort qui s'apprête, juste de quoi rappeler au passage l'homme accompli qu'était Hector. Zeus le redira même après la mort d'Hector, en précisant encore : « Hector était pour les dieux le plus cher des mortels qui sont dans Ilion ; il l'était pour moi aussi... »[14].

Il y a quelque chose d'émouvant dans ces déclarations, qui précèdent ou suivent une mort à laquelle le roi des dieux n'a pas pu faire obstacle. Il a hésité un moment — à peine. Son pouvoir n'est pas une toute-puissance permettant l'arbitraire. On le sait d'ailleurs par l'épisode de Sarpédon, son propre fils, qu'il a aussi été tenté de sauver, et qu'il a laissé mourir.

On pense au vers de Racine : « Vous êtes empereur, Seigneur, et vous pleurez ! »

Mais, si l'émotion est spontanée dans le cas de Sarpédon, on peut être plutôt surpris du côté étroitement matériel de l'attachement de Zeus pour Hector. Mais peut-être est-ce oublier un peu vite, en plein monde moderne, les offrandes faites aux saints et les messes payées pour demander, ou remercier, ou tout simplement se concilier la bonne volonté divine. Le temps d'Homère était, en règle générale, plus franc, plus simple dans ses formulations. Après tout, l'amour d'Hector et d'Andromaque est bien connu, mais Homère nous présente Andromaque comme l'épouse « qu'il a jadis payée de si riches présents »[15] *! En tout cas, si ce matérialisme nous gêne, c'est un fait que déjà le Ve siècle athénien avait réagi : Socrate montre, dans l'*Euthyphron, *que le culte et les offrandes ne sont pas tout et doivent s'accompagner d'un hommage de l'âme à la divinité. Quant aux dieux homériques, on sait assez les critiques qu'en a faites Platon. Au point — horreur ! — de bannir les poètes de sa cité...*

Ce sentiment de Zeus pour Hector ajoute une note tragique, mais il ne joue aucun rôle dans l'action de Zeus envers lui.

Qu'est-ce qui compte, alors ?

C'est d'abord son dessein.

Ce dessein est clair ; il résulte d'une promesse faite à Thétis. Thétis lui a demandé de donner la victoire aux Troyens jusqu'au jour où les Achéens rendront hommage à son fils, actuellement offensé. D'un signe de son front, Zeus a accepté. Donc il soutiendra les Troyens — et Hector — jusqu'au moment où Achille reviendra au combat. Ce dessein est rappelé à plusieurs reprises, de façon nette[16]. Et les autres dieux ont beau se quereller, lui désobéir, tenter de passer outre, le dessein se poursuivra inexorablement.

Remarquable, ce dessein, et pour diverses raisons, chacune également révélatrice des grandes tendances de la pensée grecque !

D'abord ce « jusqu'à ce que », cette limite clairement posée ! Elle se rencontre en d'autres passages de l'*Iliade*. Au chant XI, Zeus décide qu'Hector doit patienter « jusqu'à ce qu' » Agamemnon soit blessé : alors, qu'il se lance — jusqu'au soir ! De même Achille recommande à Patrocle de lutter sans poursuivre l'ennemi jusqu'à Troie, et sans affronter Hector[17]. On reconnaît là un tour d'esprit qui se retrouve dans la tragédie, où l'on rencontre, par exemple, des oracles annonçant un danger valable pour un seul jour[18], et où l'idée constante est que l'on n'a droit qu'à une part bien délimitée de bonheur. Hector est le premier à connaître cette loi, dans toute sa force.

Mais en même temps, ce partage qu'établit Zeus entre les souhaits de Thétis, les siens, ceux d'Héra et des autres dieux, en décidant d'honorer Achille, mais après avoir, auparavant, longtemps honoré Hector, représente comme un essai d'arbitrage. En régentant sa turbulente famille, en établissant ainsi deux parts, Zeus ne fait pas régner la justice, bien entendu, mais il fait régner un certain ordre, qui déjà s'en inspire[19].

Les deux idées indiquées ici se rejoignent d'ailleurs, car c'est en franchissant la limite (comme Patrocle, et comme Hector) ou en formulant des souhaits aveugles (comme Achille) que chacun attire sur soi le malheur, et, en un sens, le justifie.

*

Ainsi s'expliquent les deux temps, si différents, de l'attitude de Zeus par rapport à Hector.

Pour commencer, une aide éclatante, exceptionnelle.

Elle s'exerce d'abord, on l'a vu, par l'entremise d'Apollon. Mais Zeus, ce qui est rare, agit aussi lui-même. Quand une flèche va être lancée contre Hector, au chant XV, cela « ne trompe pas l'esprit subtil de Zeus, qui veille sur Hector » : il brise la corde de l'arc[20]. Il suit tout. Il réveille, quand il faut, la fougue des Troyens. Et pourquoi ? Pour honorer Hector et réaliser son dessein : « Son cœur est désireux d'offrir cette gloire à Hector, fils de Priam. Hector ainsi pourra... accomplir le vœu funeste de Thétis »[21]. C'est le moment du combat pour les navires —

le moment qui, bientôt, amènera le retournement. Dans l'aide accordée par Zeus, il y a le désir de parvenir à ce retournement et aussi de le compenser. Homère le dit un peu plus loin : « Zeus — du haut de l'éther vient lui-même à son aide, Zeus qui l'honore et qui le glorifie, seul entre beaucoup d'autres. C'est qu'il doit avoir la vie brève... »[22].

Résultat : c'est — pour un temps — une sorte de présence sacrée. Bientôt on nous dit que les Achéens prennent la fuite devant ce couple nommé en fin de vers, de façon retentissante : « devant Hector et Zeus Père ». De fait, quand Hector se rue en avant, Homère dit que « Zeus le pousse, par-derrière, de sa grande main »[23].

J'aime citer ces formules, si puissantes. J'aimerais pouvoir les citer en grec, où l'on verrait l'éclat que prennent les mots, en fin de vers, par exemple. Rien que le nom d'Hector, dans toute cette partie du poème, comme on le voit se détacher, parfois en rejet. La poésie, c'est aussi cela.

Et cette « grande main » de Zeus ! Oui, elle a choqué certains critiques. Oui, elle a un caractère matériel qui surprend. Mais, par une belle rencontre, elle fait penser aux Psaumes : « Que votre main s'appesantisse sur tous vos ennemis ; que votre droite se fasse sentir à ceux qui vous haïssent. » Cette main qui pousse Hector est déjà cette « droite » dont Victor Hugo se souvient quand il écrit : « Seigneur, votre droite est terrible »[24]*. Elle est terrible pour les ennemis d'Hector, et le sera bientôt pour lui.*

Cette coopération, cette aide divine, nous sont d'ailleurs familières, ou l'étaient aux temps des guerres chrétiennes. Flamboiement de signes sacrés, apparition d'anges et d'archanges, les épopées évoquant les croisades connaissent cette forme de surnaturel. Mais, je me le demande, est-il une autre épopée au monde où l'aide accordée soit si étroitement liée à un retournement imminent ? Chez Homère, on l'a déjà dit, la puissance suprême n'est pas liée à un groupe ou à un peuple : c'est un des traits de l'homme que d'être couvert de gloire quand les dieux l'aident, mais de devoir toujours attendre que cette aide cesse, sans bien savoir quand ni pourquoi.

★

Pour Hector, l'aide de Zeus va bientôt cesser. Celui-ci l'avait décidé, c'est entendu. Nous le savions, si Hector l'ignorait. Mais ici se pose un problème : Zeus l'avait décidé ; et cependant, au dernier moment, on dirait qu'il cède à contrecœur et n'est pas seul à décider.

Déjà, on a cité ici son moment de regret et de doute quand, au chant XXII, il consulte les dieux : « Le sauverons-nous de la mort ? ou allons-nous à cette heure, pour brave qu'il soit, le faire tomber sous Achille, le fils de Pélée ? »[25]. Or la réponse d'Athéna lui rappelait qu'il s'agissait d'un simple mortel, « depuis longtemps voué à son destin ». Son destin ? Serait-ce son destin de mortel en général ? ou bien le dessein de Zeus ? Ou bien serait-ce plus ?

Ce même destin avait été mentionné par Zeus lui-même au chant VIII, quand, rappelant sa propre décision, il ajoutait : « Ainsi en a décidé le destin » (*thesphaton*)[26].

Mais voici qu'au chant XXII, il prend soudain une réalité tangible. Zeus a laissé faire. La poursuite a continué ; et lorsqu'arrive le moment du quatrième passage des deux héros (la quatrième fois étant toujours, chez Homère, décisive), que fait Zeus ? « Cette fois, le Père des dieux déploie sa balance d'or ; il y place les deux déesses du trépas douloureux, celle d'Achille, celle d'Hector, le dompteur des cavales ; puis la prenant par le milieu, il la soulève, et c'est le jour fatal d'Hector qui, par son poids, l'emporte et disparaît dans l'Hadès ; alors Phoebos Apollon l'abandonne »[27].

Zeus, après avoir décidé, consulte-t-il ici un destin qui lui serait étranger ?

En fait cette idée de la balance du destin est certainement ancienne. Il semble qu'on en ait une image sur un vase mycénien[28]. Dans l'*Iliade* même elle intervient de façon directe au chant VIII, lorsque, vers le milieu du deuxième jour de bataille, Zeus sort sa balance d'or, pour y peser, cette fois, non pas le sort de deux héros, mais celui des deux peuples alors en lutte ; et c'est le sort des Achéens qui penche...

On dirait vraiment une consultation.

Qui plus est, Zeus semble se référer à une loi inamovible. Dans les deux cas où il éprouve un élan de regret et de doute — pour son fils Sarpédon et pour Hector — la formule employée est la même : « Quoi ! un simple mortel, depuis longtemps voué à son destin... » Et Zeus, dans les deux cas, s'incline.

Il y a là un problème qui, naturellement, a fort occupé les critiques, et que l'on ne saurait ici reprendre dans son ensemble[29]. Mais il concerne trop le sort d'Hector pour que l'on puisse le passer entièrement sous silence.

Une première remarque, souvent faite et cependant juste, est qu'il ne faut pas chercher trop d'ordre dans ces idées : Homère n'est pas un métaphysicien et se soucie peu de pensée abstraite. De plus, même nous, nous mêlons souvent des idées mal délimitées, et dont nous soulevons soit l'une soit l'autre au gré des jours et des circonstances : à plus forte raison peut-il en être de même dans les poèmes homériques, qui combinent quantité de traditions de dates diverses ; ces poèmes trahissent bien un flottement en ce qui concerne l'armure ou la sépulture : comment en serait-il autrement de Zeus et du destin ?

Cela est vrai ; mais l'image est ici trop grandiose, et trop étroitement liée à l'idée maîtresse de l'*Iliade* : l'on aimerait donc dépasser un peu cette fin de non-recevoir. Et, littérairement du moins, quelques faits s'imposent.

Tout d'abord le fait que, dans les poèmes, le destin, et même la balance figurant le destin, sont toujours confondus avec Zeus et sa décision — comme s'il avait édicté le destin, ou ne pouvait avoir d'autre voix que la sienne.

Car il en est question ailleurs, de cette balance. Au chant XVI, Zeus suit les combats et hésite entre divers plans : tuer Patrocle tout de suite, ou plus tard ? Il adopte le dernier parti. Il ruine le courage d'Hector, qui s'en retourne vers la ville : « Il a reconnu la balance sacrée de Zeus ! »[30]. Pas de doute, donc : la balance, ici, n'est que la figuration concrète du libre choix de Zeus.

Cette balance revient au chant XIX, dans une réflexion générale d'Ulysse qui parle de la lassitude du combat « à l'heure où Zeus fait pencher la balance, Zeus seul arbitre de tous les combats humains »[31]. Ici encore, le nom de Zeus est en rejet ; et il est donné comme la cause d'un sort que la balance ne fait qu'annoncer.

Comment, alors, peut-il y avoir, dans le cas de Sarpédon et dans celui d'Hector, ce mouvement de regret ? Le savant allemand A. Dihle a insisté[32] récemment sur le fait que, dans les deux cas, le regret porte sur l'aspect temporel : « Déjà ? » s'inquiéterait Zeus. Pour Sarpédon, il demande s'il faut vraiment l'abattre « à l'instant » (*èdè*)[33]. On peut avoir décidé quelque chose, ou l'avoir accepté, et, quand le moment approche, souhaiter le retarder.

Mais surtout, parlant de l'aspect temporel, le lecteur reste saisi par la solennité que l'apparition de la balance donne au récit. C'est le moment — le moment où Zeus va abandonner Hector ; et déjà le texte insiste : « Mais lorsque vint le moment où..., à ce moment-là... » On peut dire, en somme, que le surgissement de la balance, plutôt que de marquer ou une consultation ou une décision, marque la solennité du moment — prévu de tout temps, mais enfin arrivé. La balance a moins un rôle métaphysique qu'un rôle littéraire et dramatique ; et sa présence est un trait de plus qui accroît le pathétique de l'abandon dont Hector va désormais être l'objet. Dans une même phrase, sans coupure, d'un trait, le fidèle Apollon, déjà, a disparu.

*Cette pesée solennelle a eu de nombreux échos dans la littérature grecque et dans notre culture. Peut-être d'ailleurs faut-il remonter avant l'*Iliade *pour en trouver le modèle, s'il est vrai que l'auteur de l'*Iliade *a pu s'inspirer d'une* Memnonide *aujourd'hui perdue. Car nous savons que, dans cette épopée, Zeus pesait les sorts des deux adversaires, Achille et Memnon : le sort de Memnon s'enfonçait, comme celui d'Hector dans l'*Iliade. *La similitude a été un des arguments avancés en faveur de cette filiation.*

Mais, quelques siècles après, on retrouve cette balance dans la tragédie ; et, justement, Eschyle, dans une tragédie perdue appelée la Psychostasie *ou « Pesée des âmes », montrait Zeus pesant les sorts d'Achille et de Memnon, cependant que leurs deux mères divines se trouvaient de part et d'autre, priant et suppliant chacune pour son fils : la tragédie s'est emparée de deux données épiques — la pesée et la mère dans l'angoisse — pour en faire une image inoubliable. D'après certaines scholies anciennes, la* Psychostasie *aurait pesé des âmes, non des sorts ; et c'est ce que suggère le titre même de la tragédie ; mais il ne s'agissait pas, pour autant, d'un jugement après la mort ; ces « âmes » étaient en réalité les « vies » des deux personnages — les sorts, sous une forme, pour le théâtre, plus concrète. Rien d'étonnant, par conséquent, si l'on peut aisément rapprocher Hector et Memnon — ce qui justifie le choix de l'image de couverture, où la mère en deuil n'est pas celle d'Hector mais de son double épique, Memnon, fils de l'Aurore*[34].

Hector intervenait aussi en liaison avec une pesée, dans une autre tragédie perdue : Les Phrygiens, *ou* La Rançon d'Hector : *— cette fois, il s'agissait de peser en or le poids d'Hector, en vue d'une rançon, au demeurant refusée. Mais surtout, la balance divine se retrouve, sans Hector, ailleurs : le messager des* Perses *d'Eschyle déclare qu'un dieu a détruit l'armée, « en faisant de la chance des parts trop inégales dans les plateaux de la balance »*[35].

Peu à peu on s'écarte de la pesée homérique. Et l'on se rapproche de la notion moderne, qui donne bien à la balance une valeur symbolique, mais où prédomine l'idée de justice. D'où est-elle venue, cette idée de justice ? On la trouve, bien des siècles avant Homère, dans l'ancienne Égypte, où la « pesée des âmes » déterminait leur sort après la mort[36]. *Et ceci illustre bien la différence d'orientation entre les deux civilisations, l'une plus intéressée par la vie et la mort, l'autre par l'au-delà. On voit tout juste s'esquisser en Grèce l'idée d'une pesée des talents, dans la parodie de la fin des* Grenouilles *d'Aristophane. En tout cas, dans nos habitudes de pensée judéo-chrétiennes, le Seigneur pèse, en effet, mais des mérites, et non des sorts. Enfin, dans notre vie quotidienne, la balance est devenue le symbole même du droit.*

Une image homérique émouvante et solennelle a vécu et évolué. La culture, avec ses orientations successives s'en est emparée et l'a modifiée ; mais le point de départ demeure, sans aucun doute, cette pesée solennelle, qui condamne Hector.

C'est presque la fin. Zeus se détourne d'Hector ; Apollon l'abandonne. Pourtant les dieux n'en ont pas encore fini avec lui. Car, à peine ce tournant franchi, les mauvais tours des autres dieux reprennent : on retrouve le premier type d'interventions divines, mais poussé au comble de la cruauté.

Athéna surgit pour aider Achille. Elle sait, elle dit qu'Hector est perdu : « Il ne peut plus à cette heure nous échapper. » Elle va donc seconder Achille, pour cette mise à mort. On va la voir, dans le combat, lui rendre sa pique, comme cela se fait ailleurs. Mais elle fait bien pire. Elle leurre Hector, en prenant les traits de son frère Déiphobe, un vaillant guerrier.

Que l'on se représente la situation :

Hector hors d'haleine, seul devant Achille supérieur à tous, et furieux. Il a fui. Les dieux semblent l'avoir condamné. Et tout à coup, de façon inespérée, surgit un frère prêt à l'aider, présent, empressé, l'encourageant à affronter Achille. Naturellement, il s'émerveille ; naturellement, il dit sa gratitude. Athéna en rajoute même, faisant dire au faux Déiphobe, que tout le monde l'a supplié de rester, mais qu'il a tenu à rejoindre Hector. Hector le croit : comment ne le croirait-il pas ? Et le faux Déiphobe pousse Hector au combat : « perfidement », remarque Homère [37].

Et alors ? alors le combat commence. Bientôt Hector a lancé sa pique en vain. Personne ne la lui rend, comme Athéna a fait pour Achille. Il est seul, désarmé. C'est le moment ultime : aussi, d'un grand cri, il appelle Déiphobe. Et Déiphobe n'est plus là.

Certes, des dieux peuvent jouer ce genre de tour. Achille, croyant poursuivre Agénor, est leurré par Apollon, qui a pris l'aspect de ce dernier [38]. Mais peut-on comparer avec la duperie dont est victime Hector ? Achille sera vexé d'avoir été dupe : Hector saura qu'il est cette fois vraiment seul et vraiment condamné. Il ne poussera ni plaintes ni protestations, mais il comprendra, aussitôt : « Hélas, point de doute : les dieux m'appellent à la mort. Je croyais près de moi avoir le héros Déiphobe. Mais il est dans nos murs : Pallas Athéné m'a joué »[39].

Celui que Zeus poussait en avant de sa grande main et que la poésie ultérieure devait représenter « conduisant avec lui les dieux »[40], finit non seulement seul et abandonné des dieux, mais plus durement dupé qu'aucun autre héros. Il est seul pour affronter la suite, sachant les dés pipés d'avance.

> *« Mon Dieu, mon Dieu, pourquoi m'avez-vous abandonné ? »*
>
> *Hector ne pose pas la question. Il n'est pas le fils de Zeus. Et il est en pleine action. Mais abandonné, oui : il l'a été par celui qui le protégeait, sur qui il comptait. Et pas seulement abandonné, mais trahi, joué, pris au piège.*
>
> *Les héros d'Homère savaient bien qu'ils ne pouvaient compter sur rien sinon sur eux-mêmes, et qu'il fallait l'accepter. La tendresse d'Homère pour Hector se double d'une grande leçon de dignité.*

Il mourra, en fait, dignement. Mais, patience ! Bien qu'encore une fois tout conduise vers cette mort, elle n'est point encore là, point tout à fait. Et le dernier mot d'Hector n'est pas dit.

Cependant en dehors de l'éclat que lui confèrent cette protection, puis cet abandon, en dehors du pathétique qu'ils jettent sur sa mort à venir, on peut dire qu'ils le montrent plus que tout dans son humanité fondamentale. Jouet entre les mains des dieux, conduit par eux, perdu par eux, il figure à jamais le type du héros tragique si bien défini dans l'*Œdipe Roi* de Sophocle : « Il avait visé au plus haut. Il s'était rendu maître d'une fortune et d'un bonheur complet [...]. Et maintenant, qui pourrait être dit plus malheureux que toi ? Qui a subi désastres, misères plus atroces, dans un pareil revirement ? »[41].

Schéma d'une destinée tragique, le sort d'Hector est aussi, par son rapport même avec les dieux, comme le schéma de la condition humaine. Hector a tous les mérites que l'on peut avoir quand on n'est qu'un homme ; mais tout dépend des dieux et ses mérites mêmes n'y pourront rien changer.

TROISIÈME PARTIE

PITIÉ POUR QUI VA MOURIR

INTRODUCTION

Hector au combat a donc tout pour nous toucher et pour rendre sa mort émouvante. Courageux et hardi, il n'est pas un surhomme : il peut avoir peur, comme tout un chacun ; il peut céder à une impulsion imprudente, comme tout un chacun ; et il est, plus que tous, soumis, en tant qu'homme, à la décision impitoyable des dieux.

Cela pourrait suffire. Et tous ces traits font attendre avec angoisse, au bout de ce chemin, la mort.

Mais, encore une fois, patience ! On y vient, que nul n'ait crainte !

Il faut seulement encore un détour. Car ces caractères d'Hector au combat sont encore rendus plus émouvants par la présence d'autres vertus, qui sont propres à Hector et concernent sa vie en général. Et cette progression de l'angoisse, qui se dégage du récit, est encore rendue plus intense par le choix que fait le poète de dessiner à chaque instant l'image de ce vers quoi on s'achemine. Dans la personne d'Hector, dans la façon dont est annoncé son destin, il y a donc là de nouveaux fils conducteurs, qui mènent, eux aussi, au pathétique de cette mort.

De détour en détour, notre tendresse et notre pitié s'accroissent ; et à ces sentiments se joindra, quand viendra le moment fatal, un sursaut d'admiration : Hector n'est qu'un homme, mais il peut incarner aussi toute la grandeur de l'homme.

CHAPITRE VI

L'OMBRE DE LA MORT

« Vous ne croirez jamais la prophète Cassandre. »
MONTCHRESTIEN, *Hector*, Acte I, Scène I

Pour rendre les choses plus poignantes encore, Homère nous a, dès le début, prévenus.

C'est par une sorte d'artifice que, racontant l'histoire, nous lui rendons, nous autres modernes, ses péripéties et ses surprises. L'art d'Homère vise plus haut. Comme la tragédie, dont on sait à l'avance la fin, son récit laisse peser, de bien des façons, l'annonce du malheur à venir. En pleine bataille, en plein espoir, plane, de plus en plus nette, l'ombre de la mort.

*Cela semble un trait essentiellement tragique, entendons : propre au genre tragique, par contraste avec le drame. Et des auteurs modernes, reprenant des thèmes du théâtre grec, ont joué sur cet aspect. On pense ainsi à l'*Antigone *d'Anouilh : « Et puis, surtout, c'est reposant, la tragédie, parce qu'on sait qu'il n'y a plus d'espoir, le sale espoir ; qu'on est pris, qu'on est enfin pris comme un rat, avec tout le ciel sur son dos. »*

Mais par-delà ces raffinements littéraires, il existe un choix initial, qui consiste à préférer le sens à l'anecdote, et à mesurer les événements humains dans la perspective de la mort à venir. Curieusement, la littérature de notre temps semble de plus en plus souvent revenir à une vision comparable en commençant, d'emblée, par la mort. L'auteur dont j'ai cité le nom au début de ce livre, Hector Bianciotti, pourrait servir d'exemple. Le personnage principal d'un de ses romans est ainsi présenté au seuil de la mort : on le voit à l'hôpital ; il regarde une bête à bon dieu sur la paume de sa main, « cette paume accueillante où désormais ne s'inscrivait que le passé »[1]. *Et c'est seulement ensuite que l'on remonte de dix ans dans le temps pour faire la connaissance du personnage. L'ombre de la mort confère alors à ses folies une fragilité émouvante et dessine pour le lecteur la fin que, déjà, ménage le destin.*

La littérature moderne peut faire cela : elle s'est libérée des contraintes du récit chronologique. Homère, lui, ne le fait pas. En revanche, il coupe ce récit de brèves échappées, où il annonce l'avenir. Aucune difficulté à cela : l'avenir est connu des dieux ; et connu aussi du poète : une allusion, un mot, et la mort à venir, souvent à l'insu du héros lui-même, jette soudain un feu sombre, qui fait avec l'action en cours un contraste saisissant.

La première façon, la plus naturelle, de lancer ainsi l'annonce de l'avenir est le recours aux oracles et aux prophéties. Ils existaient dans la vie grecque ; ils devaient jouer un rôle considérable dans la tragédie. Et ils permettaient de soulever un coin du voile sans tout dire. Quelquefois même ils laissaient à l'homme une part de liberté, quand ils ne donnaient pas lieu à de tragiques malentendus. Enfin, ils pouvaient être connus de tous, ou seulement de quelques-uns.

Homère n'en a pas beaucoup joué[2] : il en a joué surtout

pour la mort. Et il faut le dire aussitôt : Hector n'est pas le seul pour qui cette annonce de la mort à venir prenne une grande place dans le poème : le cas le plus frappant serait plutôt celui d'Achille.

On comprend bien pourquoi : Achille ne devait pas mourir dans l'*Iliade* ; sa mort se place au-delà ; il fallait donc, pour que le personnage acquît une dimension tragique, que cette mort que l'on ne verrait pas fût présente sous la forme d'une image au futur, précise et certaine.

Dès le chant I, on sait, on dit qu'Achille est voué à une vie brève. Puis, lorsqu'il va retourner au combat, l'ombre soudain grandit et se précise. Thétis rappelle à son fils (elle est déesse, elle sait !) que la mort est préparée pour lui et qu'il la subira « tout de suite après Hector ». Achille aurait pu l'éviter, renoncer à la gloire du combat et à la mort [3] : il ne l'a pas fait. Il a accepté son lot, comme un tout. Il l'a même annoncé à ses hommes. Lorsque Patrocle est tué, il se désole en déclarant qu'il croyait être le seul des deux à devoir tomber devant Troie. Bientôt son cheval, miraculeusement doué de la parole pour un court instant, précise la révélation et l'impression d'urgence : « Le jour fatal est proche pour toi », « ton destin à toi est d'être dompté de force par un dieu et un homme » [4]. À quoi Achille répond qu'il le sait bien, et qu'il l'accepte.

Même en dehors de ces moments solennels, les allusions ne manquent pas : Thétis parle de ce destin tragique à Héphaistos, Héphaistos le mentionne aussi [5] ; plus loin des allusions, parfois vagues et parfois précises, reviennent, comme une menace obstinée, que l'on ne peut oublier [6]. La mort d'Achille, étrangère au poème, couvre de son ombre les derniers chants.

Les mêmes raisons ne jouent pas dans le cas des deux morts parallèles qui occupent la seconde moitié du poème — celles de Patrocle et d'Hector. Pourtant la même tendance se retrouve, brièvement pour l'un, et de façon plus étoffée pour l'autre — avec, dans les deux cas, un effet pathétique certain.

Pour Patrocle, on ne pouvait pas trop annoncer sa mort à venir : Achille, s'il avait su ce qui l'attendait, ne l'eût jamais laissé partir ; et il le dit bien. Mais, sans qu'Achille ni Patrocle sachent rien, le lecteur est pourtant averti ; car le poète le met dans la confidence de Zeus.

Achille prie Zeus afin que Patrocle connaisse le succès et qu'il s'en revienne sain et sauf. Zeus l'entend, mais, s'il accorde le premier vœu, il refuse le second. Le lecteur sait donc que Patrocle ne reviendra pas. De fait, après des succès divers, Apollon lui-même intervient, en personne, contre lui : Homère, alors, annonce brusquement l'issue ; et, comme pour donner à ce moment une charge d'émotion plus grande, il a recours au tutoiement — un tutoiement rare et saisissant : « À ce moment se lève pour toi, Patrocle, le terme même de ta vie »[7]. Ce tutoiement reviendra avec le premier trait lancé contre Patrocle, un peu plus loin. De toute façon, la solennité du moment, la pitié pour l'homme sont ici présentes ; et le commentaire renforce l'attente de cette mort désormais imminente.

En deux indications seulement, mais chargées d'émotion, l'issue du combat est donc révélée, avant que celui-ci n'ait lieu. Le tragique des faits est préféré au pathétique de la surprise.

Bien des œuvres classiques ont repris de tels procédés. Par exemple, dans l'œuvre de Purcell, les sorcières sont montrées, décidant à l'avance du piège où elles vont faire tomber Énée, pour l'obliger à quitter Didon. On a donc le même effet de certitude tragique, venue d'interventions surnaturelles. — Une différence, pourtant : nulle voix qui vienne, à la seconde personne, plaindre Énée du malheur qui va le frapper. La certi-

tude ne se colore plus, comme chez Homère, d'une brûlante pitié.

De même, ce destin qui approche se retrouve chez Giraudoux, dans Électre *: n'y voit-on pas les Euménides comme des petites filles qui ne cessent de grandir, pour atteindre, à la fin, la taille d'Électre ? Dès le début, elles l'annoncent : « Demain, nous serons grandes. » Or elles sont le destin, l'annonce du drame à venir. Simplement, on ne sait pas encore en quoi il consistera, ni qui il frappera : l'annonce a subsisté, mais non pas la poignante pitié pour un homme qui va mourir.*

Achille donc, et Patrocle ; mais celui qui nous intéresse est Hector. Or le même procédé se retrouve pour lui, mais beaucoup plus poussé et nuancé. Car, pour lui, il y a une progression (celle des petites Euménides que l'on voit grandir !). Cette progression comporte des phases successives, de plus en plus précises et de plus en plus angoissantes, au fur et à mesure que l'on approche de la fin. La pitié exprimée pour Patrocle se retrouve, accrue par cette progression même, qui ne cesse de monter.

Au début, ce qui règne est seulement la certitude vague de la chute future de Troie. Celle-ci est impliquée dans le dessein de Zeus, dès le début. Agamemnon ne l'ignore pas : « Sans doute je le sais en mon âme et en mon cœur : un jour viendra où elle périra, la sainte Ilion, et Priam, et le peuple de Priam à la bonne pique... »[8]. Et comment douter ? Au chant VI, quand les Troyennes supplient Athéna de protéger la ville, Athéna, comme Zeus avait fait pour Patrocle, et plus rudement encore, « fait non ». Aussi bien, cette prescience pèse-t-elle sur les adieux d'Hector et d'Andromaque. Il suffit de les entendre tous deux : « Moi qui de toi bientôt serai veuve », dit Andromaque, qui précise : « Car les Achéens bientôt te tueront »... Et Hector, plus serein qu'elle, reprend dans sa douleur les mots mêmes d'Agamemnon : « Sans doute je le sais en mon âme et mon cœur : un jour viendra où elle périra la sainte Ilion, et Priam, et le peuple de Priam à la bonne pique »[9]... La seule consolation qu'il offre à leur commune angoisse est que nul ne meurt avant l'heure fixée. L'ombre de la mort est là, précise, accablante. Et, pour qu'il ne subsiste aucun doute, Homère présente en conclusion le deuil des servantes qui préfigure de façon avouée le deuil qui accompagnera la mort d'Hector... : « Toutes sanglotent sur Hector encore vivant dans sa maison : elles ne croient plus désormais qu'il puisse rentrer du combat, en échappant à la fureur et aux mains des Achéens »[10].

L'intention du poète est nette, l'évocation poignante. Pourtant il ne s'agit encore que de craintes, de pressentiments, d'une menace encore imprécise.

Suivent les scènes de combat ; suivent les succès d'Hector. Mais on sait, dès le début, qu'ils ne dureront pas toujours. Et bientôt, lorsqu'approche le temps du retournement, la menace reparaît, plus précise, connue de tous les dieux. C'est d'abord Poséidon qui annonce à Agamemnon que ce retournement va se faire. Puis c'est Zeus qui promet à Héra que bientôt Achille tuera Hector. Bientôt on voit Zeus aider encore Hector, mais le poète en dit la raison : « C'est qu'il doit avoir la vie brève, et déjà Pallas Athéné pousse vers lui le jour où il doit succomber sous la force du Péléide »[11]. Les allusions, les annonces se multiplient donc : nous approchons là de la fin du chant XV ; au chant suivant, Hector scellera son destin en tuant Patrocle.

Il y a peu de pitié dans ces annonces, qui concernent surtout les ennemis de Troie : mais la pitié surgit dans celle de Zeus, la dernière, qui n'est pas la moindre : Zeus s'apprête à perdre Hector, mais il voudrait l'honorer avant, pour compenser, parce que l'heure approche. L'urgence même éveille la compassion.

Et, là, on s'écarte de la tragédie qui ne nous offre jamais un roi des dieux si proche de nous. Le Zeus d'Homère sait avoir pitié des hommes — et, en l'occurrence, des deux adversaires.

Car Zeus a pitié — on l'a vu — de Patrocle ; mais il a aussi pitié d'Achille, et même des chevaux d'Achille. On le voit lorsque ceux-ci pleurent et que Zeus s'écrie : « Pauvres bêtes ! Pourquoi vous ai-je données à sire Pélée, un mortel ? » et qu'il regrette de les avoir ainsi associés au sort « des plus misérables entre tous les êtres qui respirent et qui marchent sur la terre ! »[12]*. Ces mots, il est vrai, se placent à un moment où Zeus ne protège plus Hector et ne le laissera pas s'emparer des chevaux. C'est après la mort de Patrocle. Mais ces divers passages où, à travers la rigueur du destin, perce ainsi l'humanité des dieux homériques, n'ont jamais cessé, au cours de ma vie, de m'émouvoir*[13]*. Certes, on rencontre, tout autour, un peu partout, dans le poème, la cruauté, la dérision, la mort. Mais le miracle, avec Homère, est justement cette coexistence, cette double face. Il n'ignore rien du mal qui règne ; mais ce mal, lucidement dénoncé, attire tendresse et pitié. Et ainsi s'explique sans doute la force de cette pensée grecque à ses débuts.*

Peut-être en retrouve-t-on comme un écho dans le paradoxe que Giraudoux prête au jardinier, dans Électre *: « C'est une entreprise d'amour, la cruauté… pardon, je veux dire la Tragédie. »*

Avec la mort de Patrocle, le pas est franchi : on va passer aux prophéties directes, à la menace immédiate.

Patrocle est frappé par Apollon et son casque tombe. Son casque, ou plutôt le casque prêté par Achille ; et, déjà, Homère ajoute un commentaire : « C'était d'Achille alors qu'il protégeait la tête et le front charmants. Mais aujourd'hui Zeus l'octroie à Hector, afin qu'il le porte sur son propre front, à l'heure où sa perte est proche »[14] : six chants sont ici anticipés, en deux vers, qui font que la mort d'Hector se dessine à l'horizon de celle de Patrocle, qui alors se prépare.

À peine Patrocle frappé à mort, Hector triomphe. Mais il a tort de triompher si fort ; et Patrocle mourant trouve encore la force de le lui rappeler, en lui annonçant l'avenir qui l'attend : « Tu ne vivras pas bien longtemps non plus. Déjà, à tes côtés, voici la mort et l'impérieux destin, qui veut te voir dompté sous le bras d'Achille, l'Éacide sans reproche »[15].

C'est la seule prophétie, directe, annonçant à Hector sa mort. Le fait qu'elle émane d'un mourant lui donne un poids assez redoutable. Mais, par un merveilleux paradoxe, devant cette unique annonce, solennelle et terriblement précise, dont tous les lecteurs ou les auditeurs d'Homère reconnaissent l'éclatante certitude, Hector, qui semblait croire sa mort prochaine au chant VI, ne veut pas croire ce que Patrocle lui dit ! « Qui sait ? » répond-il. Il croit encore possible de triompher d'Achille. On le sent à partir de là, aveuglé par l'erreur.

> *Quelquefois, j'ai des doutes. Homère, on le sait, n'entre jamais dans le détail de la psychologie. Mais ses petites phrases sont chargées d'échos et il faut savoir les entendre. Dans le chant VI, lors des adieux entre Hector et Andromaque, Hector rassure sa femme ; mais avec quelle réserve ! Il dit que nul ne meurt avant son heure. Il veut avoir confiance, lui inspirer confiance. Mais le texte, dans sa pudeur, est aussi nuancé et riche de résonances que le fameux « rire en pleurs » d'Andromaque. De même ici « qui sait ? » : est-ce vraiment de la confiance, de l'arro-*

gance ? Ou bien le désir courageux d'aller jusqu'au bout de son destin ? Pour moi, qui ne suis pourtant pas une adepte de la polysémie à la mode, j'entends là deux réponses qui se situent sur des plans différents ; pour ce qui est de l'action, Hector ne saurait à aucun moment désespérer : son rôle, son tempérament, son devoir même le lui interdisent. Mais il ne répond pas : « Je suis sûr de triompher » ; il répond : « Qui sait ? »

Combien de fois avons-nous vu, dans une vie qui n'a rien d'héroïque, le courage se traduire ainsi : « Ne t'inquiète pas : je vais beaucoup mieux » ; et nous entendons alors, déchirante, l'autre voix : « Cela va plus mal, mais je saurai n'en pas parler »...

Jusque dans son aveuglement apparent, Hector garde cette volonté de tenir qui fait sa dignité.

Et pourtant sa perte est désormais imminente — qu'il le sache ou non. Bientôt, Zeus lui-même va le dire.

C'est au chant suivant, lorsqu'Hector revêt les fameuses armes qu'il vient d'arracher au corps de Patrocle — les armes qui étaient celles d'Achille. Ce temps de victoire, ce geste de fierté triomphante sont comme le signe de ce qui l'attend. Zeus, le voyant faire, secoue la tête. Et la prédiction tombe, sans appel, teintée d'une sorte de lointaine pitié pour l'imprudent : « Ah ! malheureux ! la mort ne t'obsède guère, qui est pourtant si près de toi. Tu vêts les armes d'un héros devant qui tous frissonnent... » Et, s'il consent à l'aider encore, c'est, comme auparavant, par une sorte de pitié qu'inspire sa mort prochaine. Celle-ci est, en effet, rappelée par son aspect le plus douloureux et en même temps le plus précis ; car ce dernier triomphe, dit Zeus, « compensera le sort qui t'attend, puisqu'Andromaque n'aura pas à recevoir de toi, revenant du combat, les armes illustres du fils de Pélée »[16].

Tout mène donc à cet ultime combat, à cette mort irrévocable. On dirait qu'à partir de là elle se tient aux côtés d'Hector, en réserve. Dès le chant XVIII (nous étions à l'instant au chant XVII), Thétis annonce à Achille, en parlant d'Hector : « La mort est tout près de lui »[17]. Plus tard, c'est Poséidon qui dit au même Achille : « Puis tu arracheras la vie à Hector, avant de revenir aux nefs. » On approche ; le moment vient ; on brûle. On arrive, en effet, au chant XXII. On arrive à la poursuite d'Hector par Achille ; et, là encore, Homère ne nous laisse pas ignorer que l'issue est certaine : « Comment Hector eût-il pu se dérober aux déesses du trépas, si une fois encore — une dernière fois — Apollon n'était venu à lui pour stimuler sa fougue et ses jarrets agiles »[18].

« Une dernière fois » : l'expression grecque est insistante, les mots redoublés. Elle justifie, à elle seule, cette sorte de parenthèse dans le récit de la poursuite, qui a parfois choqué les commentateurs. En fait, dans la mention de l'aide apportée, c'est surtout cette « dernière fois » qui compte. Et elle dit tout. Dix vers plus loin, Zeus déploie sa balance d'or ; cent vers plus loin, Hector est mort — non sans avoir auparavant découvert la ruse divine qui le laisse seul devant son adversaire. Et, alors, lui-même comprend : « Hélas, pas de doute : les dieux m'appellent à la mort »[19]...

Impossible de mieux préparer l'événement ultime. Impossible de lui donner plus de relief. Impossible de montrer plus nettement la façon dont l'étau se resserre. Jusqu'à l'instant final qui lui ouvre les yeux, Hector est le seul à vouloir ignorer cette ombre de plus en plus sombre et proche. Avec cette mort qui le menace et va le rejoindre, il devient comme le symbole douloureux de la condition humaine : Homère aurait dit : « la condition des mortels ».

« Le Roi se meurt » ? Si l'on veut, en ce sens qu'une mort annoncée et prévue par tous devient là aussi le thème même d'une œuvre. Mais le rapprochement me fait grincer des dents. Quoi ? Comparer ce jeune et vaillant Hector, qui se fait tuer en pleine action, en combattant, hardiment, avec ce vieillard confus qui succombe sous le poids des ans ? Je ne cite le rapprochement que pour faire mesurer l'abîme qui sépare ces deux univers. Le Roi d'Ionesco devait évidemment mourir : c'est notre fin à tous. Et le fait peut être peu agréable : il n'est pas pour autant tragique, ni inattendu. Mais mourir comme Hector, dans la gloire de la jeunesse, alors que l'on pouvait espérer vaincre, et vivre ? Rappelons-nous sa réaction à la prédiction de Patrocle : « Qui sait si ce n'est pas Achille, fils de Thétis aux beaux cheveux, qui, frappé par ma lance, perdra le premier la vie ? » Qui le savait, en effet, hormis les dieux ? Le tragique n'a rien à voir avec la désespérance. Peut-être même la présence aveugle de l'espoir est-elle nécessaire au tragique.

On pourrait ajouter qu'indépendamment des signes annonciateurs, Homère a eu l'idée d'ajouter comme une préfiguration de la mort d'Hector. Non seulement les femmes de Troie le pleurent, vivant, comme s'il était déjà mort [20] : à deux reprises des images surgissent, qui déjà nous le montrent mort.

Dès le chant XI, frappé par Diomède, il est atteint à la tête. Il s'écroule. « Une nuit sombre enveloppe ses yeux » [21] et l'on s'étonne qu'il soit encore en vie. Puis, au chant XIV, Hector est frappé par Ajax, qui l'atteint à la poitrine, près de la gorge, « l'envoyant ainsi rouler comme une toupie » : Hector court, tournoie, tombe. Ses armes sonnent autour de lui. Vite, on l'emporte, poussant de lourds sanglots. On le dépose à terre ; on lui jette de l'eau ; il rouvre les yeux pour cracher du sang noir ; « après quoi, il retombe sur le sol, en arrière, et la nuit noire enveloppe ses yeux ; le trait dompte toujours son cœur »[22]. Mort ? Peut-être !... Le récit le laisse là, sur ce vers alarmant, et passe à autre chose. On ne reviendra à Hector qu'au chant XV, lorsqu'il reprendra enfin conscience. Alors, Apollon viendra lui rendre vie. Et lui aussi, Hector, parlera d'une sorte de mort : « J'ai cru vraiment que j'allais en ce jour voir les morts, les demeures d'Hadès : je sentais s'exhaler mon cœur »[23].

La mort d'Hector n'est pas seulement annoncée et prévue : elle est préfigurée, préparée. Elle pèse sur tout le récit, du commencement à la fin. Certaines images ouvrent la voie à la crainte ; mais la crainte, de proche en proche, se transforme en certitude. Et le faible espoir que le héros oppose à tant de signes ajoute à cette certitude une couleur d'ironie tragique.

J'ai dit que c'était la mort d'un guerrier, tué en pleine action : il est clair qu'il faudrait dire « d'un soldat tué à la guerre ». Car s'il est vrai qu'Hector est comme le symbole des deuils dus à la guerre, tout ce qui met en relief le pathétique de sa mort, et éveille pour lui une pitié si poignante, est aussi, au seuil de l'histoire littéraire de l'Europe, comme une immense déploration des deuils que sème la guerre.

Mon père, le frère de mon père, le frère de ma mère, plus tard un bon nombre de mes camarades : tous sont partis joyeux et pleins d'espoir — plus joyeux qu'Hector. Et sans doute ceux qui ne sont pas tombés tout de suite devaient-ils garder l'espoir d'Hector : « Qui sait... ? » À tort, comme Hector.

*

Ces annonces et ces signes divins ne sont pas tout. Et Homère emploie un autre procédé pour laisser entrevoir, en pleine action, cette mort qui se prépare. En plus, il lui permet de faire sentir, de façon aiguë, le contraste entre ce destin à venir et l'ignorance des hommes qui en seront les victimes. Ce procédé consiste en un bref commentaire du poète sur cette ignorance et se résume dans l'emploi d'un mot — le mot *nèpios* ou *nèpioi*, désignant l'inconscience du petit enfant.

Quelle que soit l'origine exacte du mot, il désigne couramment en grec ce petit enfant ; mais il se charge aussi d'une valeur qui découle de ce sens, et qui est celle de puérilité, de naïveté. Un homme qui ne réfléchit pas, un sot, un fou, peut être, par rapport aux autres hommes, un *nèpios* ; tout homme devient, par rapport aux dieux, un *nèpios*, car il ne connaît pas l'avenir, quand il part, confiant, vers sa perte. Que l'on traduise par « pauvre fou », par « insensé », ou de toute autre façon, on perd toujours, en français, cette nuance d'indulgence et de pitié qui s'attache au mot chez Homère, et désigne, tout simplement, une des limites de l'homme, qui fait, dans son aveuglement, confiance à la vie.

Toutes les illusions peuvent être soulignées par ce commentaire du poète, empreint de pitié, mais laissant prévoir la désillusion. Ainsi, au chant II, Agamemnon s'imagine qu'il va, ce jour même, prendre la cité de Priam : « Le pauvre sot (*nèpios*) ! Il ne sait pas l'œuvre que médite Zeus, ni ce qu'il entend infliger encore et de peines et de sanglots aux Danaens comme aux Troyens... »[24]. Ou bien, un peu plus loin, on voit surgir un guerrier couvert d'or : « Le pauvre sot (*nèpios*) ! l'or n'écartera pas de lui le cruel trépas : il tombera près du fleuve sous les coups de l'Éacide aux pieds rapides, et c'est le belliqueux Achille qui rapportera tout cet or. » Ailleurs, Athéna déchaîne Diomède contre Aphrodite : « Le pauvre sot (*nèpios*) ! il ne sait pas, ce beau fils de Tydée, il ne sait pas en son cœur qu'il ne vit pas longtemps, l'homme qui fait la guerre aux dieux »[25]. Ou bien c'est un fier combattant qui, n'écoutant pas Polydamas, se lance à l'assaut : « Le pauvre sot (*nèpios*) ! Il ne doit pas échapper aux cruelles déesses du trépas et, fier de son char et de son attelage, s'en revenir, des nefs, à Ilion battue des vents... »[26]. Toujours la confiance aveugle, toujours la mort qui guette !

On ne saurait ici citer tous ces *nèpioi*, qui scandent le récit. Ils peuvent s'appliquer aux dieux qui s'imaginent pouvoir lutter contre Zeus, ou bien à Patrocle, qui veut aller au combat, et continuer ce combat, au-delà même de ce qu'avait prévu Achille[27]. Ils peuvent viser le trop de confiance en autrui — comme lorsqu'un Troyen supplie en vain Achille de l'épargner : « Pauvre sot (*nèpios*) ! Il ne sait pas qu'il ne sera pas écouté ; il ne s'agit pas ici d'un homme doux et facile »[28]. Pour tous, il y a aveuglement — et, presque toujours, cet aveuglement conduit à la mort.

Étonnants, ces commentaires, si fréquents et si directs, si proches, aussi, les uns des autres !

Au moment même où l'homme agit, ils laissent entrevoir la triste issue de son entreprise. En ce sens ils sont mêlés à l'action et contribuent à l'intérêt qui s'y attache. Mais, en même temps, ils prennent, par rapport à elle, une soudaine distance. En cet instant où l'action s'amorce, ils obligent brusquement à voir les choses de plus haut, à confronter l'ignorance des acteurs à l'omniscience du poète, à s'arracher au temps pour s'élever à la connaissance de l'avenir et accéder à une sorte de sagesse.

*À cet égard, c'est déjà la même rupture que l'on retrouve, pour le genre tragique, dans la façon dont le chœur commente de loin l'action. Ainsi du chœur d'*Agamemnon*, qui remonte, dès le premier chant, au présage qui avait marqué le départ de l'expédition, et*

> *ne cesse de dire ensuite sa crainte, ses pressentiments, sa certitude que le malheur approche. La différence est qu'Homère y met moins d'irrationnel ; il n'en a pas besoin, puisque, comme les dieux, il connaît la suite. Mais il reste que — pressentiment ou connaissance sûre — cette idée du désastre à venir jette sur l'action en cours un jour proprement tragique.*

Or cet emploi de *nèpios* s'applique, entre autres, à Hector ; et il prend même pour lui une valeur doublement tragique.

En effet, il y a, dans le récit, deux temps bien marqués. Lors des succès d'Hector — ah ! comme il est confiant, le pauvre ! Et c'est lui qui, sûr de lui, se moque des espoirs ennemis, et en traitant ceux-ci de *nèpioi* ! On le voit ainsi au chant VIII se rire des défenses ennemies : « Les pauvres sots, qui ont imaginé ces piteux remparts, bons à rien ! Ce ne sont pas ces remparts-là qui arrêteront notre élan... »[29]. Il est dans son rôle : Achille s'était moqué, lui aussi, des défenses troyennes. Mais le mot *nèpioi*, avec son ironie, fait déjà signe à la suite et au retournement que marqueront ses emplois.

La suite — c'est évidemment la mort de Patrocle. Et là, alors qu'Hector triomphe et que son ennemi n'a plus qu'un souffle de vie, voici de nouveau cette confiance, et ce triomphe (en lui-même alarmant), et ce *nèpios* insolemment jeté à la face de celui qui meurt : « Ah ! Patrocle, tu croyais sans doute que tu allais emporter notre ville, ravir aux femmes troyennes le jour de la liberté et les emmener sur les nefs aux rives de ta patrie. Pauvre sot (*nèpios*) ! pour les sauver, voici les chevaux rapides d'Hector... »[30].

Pour qui est habitué à reconnaître au passage les signes de l'*hybris* et à s'en effrayer, cette certitude est déjà inquiétante. On sent qu'elle appelle un retournement : celui-ci ne tarde pas ; et l'annonce du désastre devient soudain plus nette et solennelle. Patrocle mourant l'annonce. Bientôt, Achille va rentrer au combat. Tout va changer pour Hector et pour Troie. Bientôt Polydamas conseille à Hector de faire se retirer les Troyens. Et c'est là qu'Hector commet son erreur, en refusant d'écouter Polydamas[31]. Alors, Homère, intervenant directement, condamne cette erreur, en retournant contre Hector le mot *nèpios*.

Et là, aussi, se marque le retournement, en quelques vers. Hector, trop sûr de lui, traite Polydamas de *nèpios* : « Ne va donc plus, pauvre sot (*nèpié*), ouvrir devant le peuple de pareils avis... » Et les Troyens l'acclament, en effet. Mais Homère ajoute : « Pauvres sots (*nèpioi*) ! Pallas Athéné à tous a ravi la raison. Ils approuvent Hector, dont l'avis fait leur malheur, et nul n'est pour Polydamas, qui leur donne le bon conseil »[32].

C'en est alors fini. Bientôt Hector sera mort. Et, par un raffinement suprême, il sera une dernière fois traité de *nèpios* — par son vainqueur même.

Souvenons-nous ! Il avait traité Patrocle mourant de *nèpios*, pour son excessive confiance. Or c'est, à présent, son tour. Alors qu'il s'écroule, frappé par Achille, celui-ci triomphe de lui en reprenant presque la même formule que lors de la mort de Patrocle : « Hector, tu croyais peut-être, quand tu dépouillais Patrocle, qu'il ne t'en coûterait rien ; tu n'avais cure de moi : j'étais si loin ! Pauvre sot !... Mais à l'écart, près des nefs creuses, un défenseur — bien plus brave — était resté en arrière : moi ! »[33].

Comme si souvent avec les œuvres grecques, on découvre ainsi quantité de liens subtils, qui apparaissent d'autant mieux que le procédé est plus constant et l'expression plus simple. Mais, par-delà ces échos chargés de signification, ce qui frappe est la perspective humaine exprimée dans ces formules.

Le mot *nèpios* porte en lui une certaine vision de la condition de l'homme.

Il n'a pas toujours continué à l'exprimer. On trouve encore dans l'*Odyssée* quelques emplois comparables à ceux de l'*Iliade*[34] ; mais, de plus en plus, le mot prend un sens purement concret. En revanche, la philosophie qu'il exprimait chez Homère reste éminemment grecque.

Elle l'est dans la mesure où elle trace une frontière entre l'homme et les dieux. Elle l'est aussi, secondairement, par le fait que cette frontière est avant tout affaire de connaissance ou d'ignorance. Au seuil de la philosophie grecque, Héraclite a formulé des pensées où l'on retrouve cette double tendance : il dit, en particulier, que l'homme est *nèpios* par rapport aux dieux, comme l'enfant est *nèpios* par rapport à l'adulte[35]. C'est un peu la pensée sous-jacente que l'on retrouve, sans le mot *nèpios*, dans bien des tragédies, dont *Œdipe Roi* est peut-être le meilleur exemple.

> Œdipe Roi *est l'image même de cette trop grande confiance de l'homme, qui croit pouvoir déjouer jusqu'aux oracles, mais découvre après coup tout ce qu'il ignorait et qui le conduit à un total désastre.* Œdipe Roi, *où l'on voit le devin Tirésias, qui sait la vérité, souffrir de devoir la dire, et, pour finir, annoncer quand même les maux encore cachés.* Œdipe Roi *où, comme Hector en face de Patrocle, Œdipe se refuse d'abord à croire ce qui doit le perdre.* Œdipe Roi *qui montre la plus haute gloire abattue en un tournemain comme l'exigeait l'oracle divin.*
>
> *Il n'est nullement nécessaire d'employer ou de connaître le mot d'Homère pour avoir été pénétré, directement ou indirectement, par sa vision du monde. Et il n'est pas sûr que nos modernes n'aient pas absorbé en eux-mêmes, sans le savoir, un peu de cette sagesse, amère et apitoyée, qu'exprimait son mot* nèpios.
>
> *Ne pas connaître l'avenir ? On en est loin. Et l'on*

> *peut s'attendrir de cette ignorance, en pensant à la dernière phrase du dernier livre de Jean d'Ormesson* (Presque rien sur presque tout) *: « Car sur presque tout, pauvres, pauvres enfants, pauvres génies imbéciles, vous ne savez presque rien. Et sur le Tout, comme sur l'être, vous ne savez rien du tout. »*

Pour en revenir aux Grecs, et à ceux qui employaient le mot, comment ne pas ajouter que cette frontière entre l'ignorance de l'homme et l'omniscience des dieux a aussi fourni la base des efforts faits pour améliorer la condition humaine, pour l'éclairer et l'armer le mieux possible ? Quand le Prométhée d'Eschyle raconte comment il a apporté aux hommes la civilisation, il dit qu'il les a trouvés *nèpioi* : « Des enfants qu'ils étaient, j'ai fait des êtres de raison, doués de pensée »[36]. Et de même Pindare, souhaitant enseigner un peu de sagesse aux hommes, dit que les *nèpioi* sont incapables de supporter les maux comme il convient, et comme le font les gens de bien[37]. *Nèpioi* par rapport aux dieux, les hommes peuvent du moins s'efforcer de l'être le moins possible. Ils ne franchiront pas la frontière : ils peuvent tenter, en tout, de s'en approcher.

Si l'Hector d'Homère est celui à qui s'applique le mieux cette vision de la vie, elle est plus généralement sentie comme une définition de la condition humaine : c'est donc bien elle, une fois de plus, qu'incarne le défenseur de Troie, voué à vaincre, puis à mourir. C'en est là un signe de plus.

En un sens, sa mort en est rendue plus émouvante, et cela longtemps avant qu'elle ne s'inscrive dans les faits.

*

La longue montée de la menace, combinée avec le retournement du *nèpios*, aboutit à une mort qui est la dernière du poème, qui le clôt, le conclut, et concentre ainsi sur elle toute la douleur propre à la mort.

Cette mort, sur laquelle tout attire l'attention, nous l'avons, en fait, rencontrée à la fin de chaque chapitre — rencontrée et différée, rencontrée et redoutée, entrevue, amorcée : cette composition était à l'image de la longue attente qu'est le poème lui-même. Vers elle tendent tous les fils conducteurs que nous avons suivis. Chaque fois, nous l'avons laissée imminente : la mort d'Hector ne peut plus être différée. Tout l'appelle et les cœurs sont prêts à la douleur de cette fin.

Celle-ci, pourtant, laissera encore place à des surprises.

CHAPITRE VII

LA MORT D'HECTOR

Que cette mort d'Hector ait été longuement préparée et que cette attente même lui donne du relief, on a pu le constater dans tous les chapitres précédents. Elle occupe le chant XXII ; et les anciens ne s'y sont pas trompés, qui ont donné pour titre au chant « La mort d'Hector » et non pas, par exemple, « La victoire d'Achille ». C'est bien autour d'Hector que tout s'ordonne ; et le chant s'achève sur le deuil que suscite sa mort.

Celle-ci est si centrale que l'on retrouvera ici bien des éléments que l'on a déjà rencontrés dans ce livre. Mais on les retrouvera agencés l'un à l'autre, combinés, préparés, avec un art si sûr que chacun d'eux apporte un surcroît de pathétique dans un récit dont l'objet même est, en soi, déchirant [1].

Les circonstances de la rencontre, d'abord. Celle-ci aurait pu, aurait dû se produire plus tôt. Au chant XX, elle a failli avoir lieu, mais Apollon l'a empêchée en enveloppant Hector d'une vapeur [2]. Elle est donc retardée jusqu'au chant XXII, et va avoir lieu dans les pires conditions pour Hector.

Tous les Troyens sont rentrés dans la ville ; Hector reste tout seul pour affronter la fureur d'Achille. Et les premiers mots du chant rendent bien sensible ce contraste : « Eux étaient rentrés dans la ville, apeurés comme des faons [...]. Mais Hector reste, lié par un destin funeste... »

Et voici Achille qui, un moment égaré dans une vaine poursuite où l'entraîne Apollon, revient, plein de superbe, courant comme un cheval vainqueur...

Hector pourrait encore rentrer dans la ville. Et pour rendre cette probabilité, ou cette tentation, plus évidente, Homère a imaginé de présenter ici et Priam et Hécube suppliant leur fils de rentrer. Aucun guerrier de l'*Iliade* n'est soumis à de telles pressions, et pour cause ! Et aucun guerrier de l'*Iliade* n'apparaît, avant sa mort, si pathétiquement entouré d'affection et d'angoisse.

On se souvient que déjà Andromaque, au chant VI, avait tenté de retenir Hector. Il est le seul à être l'objet de telles supplications. Or il est clair qu'à chaque fois, celles-ci rehaussent son héroïsme. De même les efforts d'Hécube, au dernier chant, pour retenir son mari, qui part trouver Achille, mettent en relief l'audace de l'entreprise et le courage du vieux Priam[3].

L'on pense à la tragédie, où, si souvent, un chœur ou bien un personnage cherche à retenir le héros qu'entraîne son héroïsme. On pense aux sœurs timides et effrayées que Sophocle a prêtées à Antigone ou à Électre, et qui voudraient en vain les retenir.

Mais, dans le cas d'Hector, ces efforts viennent d'êtres proches qui vont perdre ce qu'ils ont de plus cher : aux personnages de Priam et d'Hécube suppliant Hector au début du chant vont répondre leurs plaintes de deuil, à la fin de ce même chant.

En attendant, déjà, leur frayeur attire notre sympathie et renforce le pathétique. Chacun vivra la scène animé par l'angoisse des parents.

À ces supplications, Hector résiste. Mais c'est là, quand il pourrait encore renoncer, que se placent son hésitation, le regret de sa faute, et sa brusque décision, prise au nom de l'honneur[4], puis cette panique soudaine qui le fait fuir, poursuivi par Achille.

Fait remarquable, cette poursuite est longuement décrite, avec des repères, avec des métaphores. Mais, pour éviter un récit qui traînerait en longueur, le poète a eu l'idée de le couper deux fois, en tournant l'attention vers les dieux.

La première interruption (168-187) est consacrée — est-ce assez beau ? — à une ultime hésitation de Zeus lui-même, qui souffre de devoir perdre Hector, mais qu'Athéna rappelle à son devoir royal : « Ah ! l'homme m'est cher [...]. Mon âme se désole pour Hector. » On ne saurait mieux préparer notre pitié. Et l'interruption — qui reste, pour finir, sans effet — n'a évidemment pas d'autre rôle.

La seconde interruption est celle où Zeus déploie sa balance et où Apollon se retire : Hector est abandonné par les dieux ; et Athéna prend soin d'en avertir Achille.

Le moment est donc venu. Il est solennellement marqué. Et il semble que l'on touche ici au pire. Et pourtant, non ! Puisque — on a relevé déjà[5] cette ruse cruelle et sans équivalent — Athéna prend ensuite les traits d'un jeune frère d'Hector, prétendument venu à son aide.

Si bien qu'Hector, trompé, reprend un moment espoir. Il a confiance ; il remercie ; il s'attendrit sur ce feint dévouement. Et Athéna le pousse, le trompe : « Allons donc, tous deux, maintenant droit devant nous et combattons avec furie... » Elle suggère même qu'Achille pourrait encore être vaincu.

Hector était seul. À présent, les choses sont pires encore : il se croit soutenu par son frère, alors qu'il est berné par une divinité.

Et voilà dans quelles conditions il va enfin affronter Achille.

*

Le combat va s'engager.

Qu'il soit précédé d'échanges verbaux n'a rien de surprenant, ni d'inhabituel. Mais, pour une fois, il ne s'agit pas de provocations ni d'insultes : il s'agit, cette fois, du sort réservé au corps de celui qui succombera. Hector propose un accord, avec les dieux pour garants : de part ou d'autre, le survivant rendra le corps de son adversaire, afin qu'il soit enseveli. Achille, naturellement, refuse. Ainsi Homère prépare-t-il le problème qui se posera dans les chants suivants.

En attendant, le combat commence : chacun lance sa javeline : en vain. La différence est qu'Athéna rend son arme à Achille : Hector, lui, reste désarmé.

C'est alors qu'il fait appel à son prétendu frère et qu'il découvre la vérité : il n'y a plus personne.

Seul, sans arme, déçu dans son ultime espérance, et trompé par les dieux ! Hector comprend la situation : « Hélas, point de doute : les dieux m'appellent à la mort. Je croyais avoir près de moi le héros Déiphobe. Mais il est dans nos murs : Pallas Athéna m'a joué. »

Or c'est là que l'on peut parler de surprise. Car, en cette minute d'abandon total, Hector, qui avait hésité à attendre Achille, Hector qui avait pris la fuite, Hector, dans cette situation désespérée, retrouve son courage et ne s'effondre pas. L'héroïsme tout extérieur des mêlées tonitruantes se change ici en vrai courage.

« C'était donc là depuis longtemps le bon plaisir de Zeus, ainsi que de son fils, l'Archer, eux qui naguère me protégeaient si volontiers. Et voici maintenant le Destin qui me tient. Eh bien ! non, je n'entends pas mourir sans lutte ni sans gloire, ni sans quelque haut fait dont le récit parvienne aux hommes à venir. »

Le courage — pour la gloire.

Il faut le dire : d'autres héros d'Homère montrent des sursauts comparables lorsqu'ils se voient placés en face d'une mort plus ou moins imminente : c'est le cas des plus grands, Ajax et Achille[6]. Ajax, au chant XVII, voit que Zeus est contre les Achéens : « Las, un simple enfant cette fois le comprendrait : c'est Zeus Père en personne qui aide les Troyens… » ; et il se résout à agir quand même : « Eh bien, soit ! Voyons par nous-mêmes le meilleur parti à prendre. » Le danger est moindre ; la résolution moins affirmée ; mais le mouvement intérieur est le même.

Quant à Achille, il sait que le prix de sa vengeance sera sa propre mort ; mais il passe outre et le dit à sa mère : « Aujourd'hui, donc, j'irai, je rejoindrai celui qui a détruit la tête que j'aimais, Hector ; puis la mort, je la recevrai le jour où Zeus et les autres dieux immortels voudront bien me la donner » ; et il pense, lui aussi, à la gloire : « Aujourd'hui, j'entends conquérir une noble gloire »[7]. Il répétera des propos équivalents à son cheval Xanthos, au chant suivant[8].

Le ton semblable de ces divers textes indique bien la nature de l'héroïsme homérique, qui est le sursaut d'un homme en face d'une situation désespérée, où il reconnaît la volonté divine à l'œuvre contre lui. Cet héroïsme ne consiste pas à affronter, avec témérité, des dangers hors de proportion. Il ne se traduit pas en exploits légendaires. Il ne se fie pas en une quelconque bonne étoile. Il se manifeste, au contraire, lorsque la partie semble perdue, les dieux hostiles, la mort proche. C'est un héroïsme de l'homme seul.

Et jamais ce trait n'a été plus évident que pour Hector, ni plus saisissant. Les autres, que l'on vient de citer, pouvaient avoir une chance. Ajax ne se trouvait confronté qu'à des signes inquiétants, ne comportant aucune certitude. Achille se savait promis à la mort, mais ne savait pas pour quand, et comptait bien remporter auparavant des victoires. Hector, lui, est seul, abandonné par les hommes et par les dieux, confronté à un ennemi qui le hait et va le tuer, tout de suite. Son sort est certain et va se régler dans l'immédiat. La fermeté de sa décision, dans de telles conditions, prend un relief exceptionnel. On dirait qu'en lui, à ce moment-là, se combinent ce que la condition humaine peut avoir de plus cruel et ce que la valeur humaine peut avoir de plus grand. Il est, ici encore, l'homme. Et lui qui avait d'abord fui à toutes jambes devant Achille (« comme c'est humain », avions-nous pensé) offre ici l'image d'un courage plein de dignité, quoique sans espoir : le mot « humain » peut devenir un mot fier et rayonnant.

Car il n'espère rien, que la gloire. Et c'est un autre trait qui le distingue, le met à part. Son ambition est d'autant plus haute que son destin est plus bouché. Il veut une gloire durable, prolongée. Cette fois, il ne s'agit plus seulement de ce que diront ou penseront les Troyens et les Troyennes : la résolution d'Hector échappe au présent pour viser le domaine universel de la mémoire des hommes : « quelque haut fait dont le récit parvienne aux hommes à venir ».

Cette idée de la mémoire des hommes à venir est caractéristique de l'âge des aèdes, pour lequel les hauts faits et les grands malheurs aboutissent finalement au poème. Et tout se passe un peu comme si les héros d'Homère vivaient plus ou moins constamment sous le regard de la postérité. Agamemnon, au début, évoquant la possibilité de renoncer et de rentrer en Grèce, s'écrie : « Quelle honte à faire connaître aux générations à venir ! »[9].Cette pensée sera plus répandue encore dans l'*Odyssée*, où divers personnages se préoccupent de même de ce que sauront et penseront les générations à venir[10]. Mais il appartient à Hector de l'avoir formulée avec le plus de force — parce que cet idéal lointain s'impose quand tout le reste sombre. Cet idéal, qui est grec, commence avec lui et reste lié à sa mort.

Il est permis de parler ici d'un idéal proprement grec. Au lieu de se soucier de l'éternité, comme, par exemple, les Égyptiens, ou de tout donner au moment présent, comme, sans doute, beaucoup de peuples nomades ou qui ne pratiquèrent pas l'écriture, le peuple grec a constamment voulu laisser une trace, un exemple — en un mot, une mémoire.

On pourrait en citer bien des preuves, à commencer par ce goût des pierres gravées et des inscriptions qu'ils ont dressées partout : même pour faire l'histoire des peuples voisins, qui n'ont pas laissé les mêmes traces, c'est aux documents grecs que l'on s'adresse bien souvent. Aux documents et aux historiens. Car ils ont aussi voulu écrire l'histoire. Et ceux qui l'ont fait ont, à l'occasion, justifié leur entreprise par ce souci de servir une mémoire. Hérodote, le premier d'entre eux, dit qu'il a écrit « afin que le temps n'abolisse pas les travaux des hommes et que les grands exploits accomplis soit par les Grecs soit par les Barbares ne tombent pas dans l'oubli ». Thucydide dit, plus précisément, qu'il veut que son histoire soit utile pour comprendre les événements qui, à l'avenir, pourraient être comparables…

Mais le même Thucydide nous révèle aussi que, trois siècles après Homère, l'idéal grec continuait d'être le même, acceptant la destruction mais préservant une certaine image pour les générations à venir. Périclès, en effet, déclare dans Thucydide que l'empire athénien restera beau, même si un jour il est détruit : « pour les générations à venir, même si à présent il nous arrive un jour de fléchir (car tout comporte aussi un déclin) le souvenir en sera préservé éternellement. Il dira que… »[11]*. Périclès développe longuement toutes les beautés du souvenir laissé par les vertus d'Athènes. De même « les générations à venir » connaîtront les mérites d'Hector.*

Ainsi l'ont voulu et Hector et Athènes. J'écris sur l'un et sur l'autre, vingt-cinq ou vingt-huit siècles plus tard.

Cette ambition est sans nul doute une des causes expliquant l'épanouissement de la littérature grecque. Mais la fierté qui sonne chez Hector, ou chez Périclès, est aussi d'ordre moral. La gloire à laquelle ils aspirent est la récompense du courage, de la vertu. Dans notre époque où la notoriété immédiate a remplacé l'admiration des générations à venir, et a perdu, de ce fait, toute valeur d'exemple ou d'enseignement, quels meilleurs compagnons offrir à une jeunesse sans amarres que l'Hector imaginé par Homère ? L'héroïsme du bruit et de la fureur peut sembler périmé : celui de l'épreuve acceptée ne saurait l'être. Et je ne connais pas de vie où il ne puisse, en cas de crise, apporter une aide.

Cet héroïsme d'Hector s'exprime en quelques vers, d'une parfaite sobriété ; mais il transforme en destin assumé ce qui aurait pu être un inéluctable massacre.

★

Hector se sait condamné mais s'élance au combat. Va-t-on avoir une nouvelle série de coups échangés ? Non pas !

La scène commence par une description des deux guerriers, avec leurs armes resplendissantes — un simple glaive pour Hector, une pique acérée pour Achille. Chacun des deux est emporté par un élan impétueux. Chacun des deux a droit à une comparaison développée : l'aigle de haut vol pour Hector, l'étoile du soir pour Achille, ou plutôt pour cette pique d'Achille, qui va tuer Hector.

Ils s'élancent, et en cinq ou six vers tout est achevé. Achille n'a qu'à choisir où frapper ; et il choisit : il frappe au seul point que ne protègent pas les armes qu'Hector a enlevées à Patrocle, au seul endroit vulnérable, au cou. « C'est là que la vie se laisse détruire au plus vite », dit

Homère. Et, en effet, « la pointe va tout droit à travers le cou délicat ». Dans la technicité même de la description, ce mot de pitié, au passage, pour la chair lacérée [12] !

Hector est frappé à mort.

*

Il peut cependant encore parler. Et, comme au moment de la mort de Patrocle, un dialogue s'engage alors entre le vainqueur et le vaincu. Or le parallélisme entre les deux scènes, qui est voulu et manifeste (il a déjà été signalé dès le début du livre [13]), devient singulièrement révélateur.

Le premier à parler est, dans les deux cas, le vainqueur ; et il commence par un sarcasme, interpellant l'ennemi qu'il vient d'abattre et le confrontant à ses illusions passées.

« Ah ! Patrocle, tu croyais sans doute que tu allais emporter notre ville [...]. Pauvre sot ! [...] C'est toi qu'ici mangeront les vautours... » Ainsi s'exprimait Hector dans la joie de la victoire. Et voici ce qu'il entend, quatre chants plus loin :

« Hector, tu croyais peut-être, quand tu dépouillais Patrocle, qu'il ne t'en coûterait rien [...]. Pauvre sot ! [...] Les chiens, les oiseaux te mettront en pièces outrageusement, tandis qu'à lui les Achéens rendront les honneurs funèbres » [14].

Le parallélisme est si étroit, la rétorsion si éclatante que l'on serait tenté de penser qu'il y a faute et châtiment. Homère aurait-il donc voulu montrer par là que l'orgueil insolent d'Hector trouve ici sa réponse, dans une belle ironie du sort ?

Avant de se laisser entraîner vers ces vues moralisatrices, il faudrait d'abord s'assurer du sens que prennent, dans le poème, ces sarcasmes.

En fait, ils n'ont rien d'exceptionnel, et ne sont pas plus cruels que d'autres. Les héros homériques n'ont pas le triomphe modeste ; ils se déchaînent, même contre des mourants !

Patrocle lui-même, avant de se voir ainsi traité par Hector, avait montré le même ton à l'égard du frère d'Hector, Cébrion. Frappé d'une pierre à la tête, Cébrion, qui conduisait le char d'Hector, est tombé de ce char à terre, « comme un plongeur ». Et Patrocle de s'écrier :

« Ah ! Qu'il est souple, celui-là ! Quelle aisance dans les sauts ! S'il se trouvait un jour sur la mer poissonneuse, ce chercheur d'huîtres-là nourrirait bien des gens en sautant ainsi du haut d'une nef, même par gros temps, à voir l'aisance avec laquelle il saute d'un char dans la plaine. Il est vraiment de bons sauteurs chez les Troyens ! »[15]. Le doux Patrocle ! Oui, c'est lui qui rit ainsi de la mort qu'il vient de donner...

Et il n'est pas le premier ! Au chant XIII, Idoménée, un chef crétois, ami de Ménélas, avait tué un guerrier venu se battre pour les Troyens afin d'épouser une fille de Priam. Il l'avait frappé en plein ventre et s'était écrié :

« Ah ! Othryonée, je te félicite comme je ne ferai pour aucun autre au monde, si tu penses vraiment tenir les promesses que tu as faites à Priam [...]. Allons ! Suis-moi ! nous allons sur nos nefs marines nous entendre pour la noce : nous ne regardons pas, je t'assure, aux présents ! »[16]. Or aucun sentiment personnel n'anime ici le personnage ; et aucun retournement de situation n'aura lieu : ce n'est que l'allégresse du triomphe.

Et déjà Ulysse (le prudent Ulysse !) avait ainsi triomphé au chant XI, avec moins de cruelle insolence, mais un mépris et une dureté équivalents[17].

Le sarcasme, qui choque nos habitudes modernes (et chrétiennes), va de pair avec les injures et les menaces : il fait apparemment partie des habitudes guerrières.

Mais ce qui compte, ce qui est propre à la mort d'Hector, c'est la manière dont Homère a utilisé ce thème pour dégager le retournement tragique, qui fait passer, presque sans transition, de l'insolent triomphe à la chute, et de la victoire à la mort.

Une fois de plus, Homère allie donc la violence la plus brutale avec une pitié latente. Dans tous les autres cas qui viennent d'être cités, les sarcasmes du vainqueur serrent le cœur pour le vaincu — cela sans qu'il soit besoin du moindre commentaire. Mais dans le cas de Patrocle et surtout d'Hector, il y a plus : la certitude que l'on a alors d'un retournement imminent suscite une pitié supplémentaire : elle serre le cœur pour le vainqueur. Car cette certitude est là ; ce retournement imminent est annoncé ; Homère a pris soin de le rappeler, de le faire prédire, dans les vers qui suivent. On ne peut donc échapper au sentiment d'une ironie tragique, commandant l'ensemble.

Passer, en un court moment, du triomphe au désastre est à peu près l'image que la tragédie offre du sort humain. Sophocle l'a bien dit : « Un jour suffit pour faire monter ou descendre toutes les affaires humaines »[18]*. Et ses héros — Œdipe, Héraclès, Ajax — en sont les exemples inoubliables. Mais le parallélisme entre les deux scènes de Patrocle et d'Hector va plus loin. Le redoublement de la scène, le retournement des rôles : tout concourt à suggérer comme une loi, faisant passer chaque vainqueur à son tour vers la défaite et vers la mort.*

L'écho, très fort, qui s'établit entre les deux scènes ne témoigne donc pas contre un héros ou bien un autre : il témoigne sur la condition des hommes et sur sa précarité.

*

Normalement, si l'on peut dire, le mourant doit répondre et, doué au moment de sa mort d'un bref don de prophète, il doit annoncer au vainqueur les malheurs qui l'attendent à son tour. C'est ce qui se passe pour Patrocle. C'est aussi ce qui se passera pour Hector. Mais pas tout de suite, pas encore !

Alors que le parallélisme des deux scènes faisait attendre cette riposte, Hector répond, de façon bouleversante, non pas par une riposte menaçante, mais par la plus humble des supplications. « D'une voix défaillante », précise Homère, il adresse à Achille une prière : « Je t'en supplie, par ta vie, par tes genoux, par tes parents... » Quoi ? Va-t-il le supplier de l'épargner ? Certes non : il est mourant. Sa supplication concerne son cadavre et la possibilité que les siens, contre rançon, puissent l'ensevelir. Il l'a déjà demandé une fois. Il recommence au moment de mourir. Et le refus d'Achille est d'une brutalité sans appel. Il traite Hector de chien et déclare qu'aucune rançon ne lui fera rendre le corps. On reviendra sur ce texte terrible. Mais il importait ici de relever cette différence avec la mort de Patrocle : elle révèle le prix qu'attachait Hector à la sépulture ; elle prépare les deux derniers chants ; et elle accroît encore le pathétique de cette scène, en montrant un Hector à qui est refusé ce dernier espoir. Chien il est ; et il sera traité comme un chien, livré aux chiens. Tels sont les derniers mots qu'il entendra au moment de mourir.

Après quoi on revient au schéma de l'autre mort, on revient à la prédiction. Mais le parallélisme, justement, met en valeur les différences.

Il est vrai que les deux hommes, au moment de mourir, sont soudain capables de voir l'avenir. Ce trait, qui sera repris par Virgile dans son *Énéide*[19], n'apparaît que pour ces deux morts dans l'*Iliade*, ce qui souligne encore la parenté entre les deux scènes.

Pour Patrocle, la prédiction est solennelle, précise, formelle : « Mais j'ai encore quelque chose à te dire : mets-le toi bien en tête. Tu ne vivras pas bien longtemps non plus. Déjà, à tes côtés, voici la mort et l'impérieux destin, qui veut te voir dompté sous le bras d'Achille, l'Éacide sans reproche »[20].

Pour Hector, il s'agit bien aussi d'une prédiction : il sait comment Achille mourra, sous les coups de Pâris et d'Apollon, devant les portes Scées. Mais sa menace garde quelque chose de plus vague et sous-entend l'idée d'une colère divine : « Prends garde seulement que je ne sois pour toi le sujet du courroux céleste, le jour où... » De façon imprécise, l'idée est suggérée que les dieux ne sauraient admettre ce refus de sépulture que vient de clamer Achille ; or c'est précisément ce qui se confirmera dans les derniers chants : aucun mot n'est là au hasard, tout nous oriente, sans cesse, vers la suite, et vers ce traitement indigne qui menace Hector après sa mort.

Enfin, dernière différence : ces deux prédictions faites par les deux mourants sont toutes deux acceptées, mais en suscitant des réactions qui ne sont pas les mêmes.

Hector, en entendant Patrocle, avait émis un doute : « Qui sait si ce n'est pas Achille, fils de Thétis aux beaux cheveux, qui, frappé par ma lance, perdra le premier la vie ? » Il gardait espoir. Il devait continuer, en tout cas. Mais Achille, quand il entend les derniers mots d'Hector, ne saurait avoir de surprise. Il n'ignore pas qu'il doit mourir devant Troie. Sa mère le lui a dit. Il le savait déjà avant de tuer Hector. Il accepte donc, avec une sorte de superbe indifférence, la prophétie d'Hector : tout ce qu'il voulait était le tuer : « Meurs ! La mort, moi je la recevrai le jour où Zeus et les autres dieux voudront bien me la donner. »

Cette indifférence n'est pas nouvelle dans sa bouche : il avait répondu de façon assez semblable aux prédictions de son cheval Xanthos, à la fin du chant XIX ; mais, ici, cette sobriété dans l'acceptation présente un avantage dramatique certain : elle empêche que l'attention se détourne le moins du monde d'Hector et de sa mort. Au moment où Achille parle, au moment où il conclut : « Meurs ! », Hector est déjà mort. Il a lancé cette allusion à la colère des dieux avec ses dernières forces ; et son âme s'en est allée « abandonnant la force et la jeunesse ».

Ce bref dialogue est en un sens une fin. Les combats de l'*Iliade* sont terminés. On ne discutera plus que sur ce corps sans sépulture — le corps d'Hector.

★

Mais ce dialogue, s'il marque la fin d'Hector, et, du coup, la fin des combats, n'est point celle de l'épisode — ce qui constitue une nouvelle différence avec la mort de Patrocle.

On les voit tous deux mourir, en un groupe de vers identiques, puis la dernière réplique du vainqueur, très brève ; après quoi celui-ci ôte sa pique du corps et, dans le cas d'Hector, le dépouille de ses armes. Tout cela se ressemble[21]. Mais, pour Patrocle, c'est pratiquement la fin de l'épisode : Hector bondit aussitôt contre un autre guerrier, cependant que vont commencer de violents combats pour le corps de Patrocle. Au contraire, Hector une fois mort, tout s'arrête ; et l'attention se porte sur lui, en deux scènes qui lui sont consacrées : l'une sur le champ de bataille, l'autre à Troie.

La première ouvre la série des avanies imposées au cadavre. Tout d'abord, une image du mort livré au triomphe des Achéens. Hector, mort et dépouillé, demeure beau. Mais la haine se mêle à l'admiration. Chacun y va de son coup, de son sarcasme : « Oh ! oh ! cet Hector-là est vraiment plus doux à palper que celui qui naguère livrait nos nefs à la flamme brûlante ! » Une fois de plus, le contraste entre vie et mort. Mais surtout, déjà, les insultes généralisées, et un grand bruit de foule insolente, qui désormais ne craint plus rien.

Et puis Achille entre en action.

Un moment entraîné par la rage de vaincre, il avait failli (comme Hector l'avait fait aussitôt Patrocle mort) poursuivre le combat et parachever la victoire. Mais il veut retourner vers Patrocle afin de l'ensevelir. Du reste, sa fureur n'était-elle tout entière dirigée contre Hector ? Aussi, il reste ; et voici, tout de suite, le premier des sévices infligés au corps de son ennemi. Après les offenses et les rires des Achéens, ce corps est attaché par une courroie au char d'Achille, et traîné, face contre terre, comme une prise de guerre, vers le camp achéen.

On reviendra sur ce geste, sur son sens et sur la façon dont Homère fait naître l'émotion pour ce corps maltraité par la simple mention de cette tête « jadis charmante » ainsi traînée dans la poussière [22] : comme image finale, dans sa brutalité, il apporte une dernière impression, pathétique à souhait, et inoubliable.

Cependant, tandis que le char s'éloigne de Troie, le poète, brusquement, y ramène son public — pour une scène de deuil et de désolation. Il fallait une telle conclusion au récit de la mort d'Hector.

La transition est appuyée, contrastée. « Tandis que cette tête se couvre toute de poussière, sa mère... » [23].

C'est la mère qui est nommée la première, la *mater dolorosa.* Elle laisse d'abord pleurer et gémir le père, puis se lamente à son tour. Et c'est la première image de cette mère en deuil qu'allait être Hécube dans la tragédie grecque, puis jusqu'à notre temps.

*Elle n'est pas la seule, dans l'*Iliade. *Une autre mère souffre à cause de son fils promis à la mort : c'est Thétis, mère d'Achille. Et on pense à cette* Memnonide, *qui fut peut-être une des sources, ou un des modèles, de l'*Iliade *: les deux mères divines des deux héros suppliaient Zeus, chacune pour son fils ; on les a* *mentionnées à propos de cette balance de Zeus, où se pesaient leurs sorts*[24]. *Memnon, fils de l'Aurore, mourra ; mais l'Aurore obtiendra son immortalité et recueillera son corps — ses larmes étant devenues, selon la légende, la rosée matinale. Le deuil d'Aurore, portant, telle une Pietà, le corps de son fils sur ses genoux, a été illustré sur une coupe attique, dont la reproduction figure sur la couverture de ce volume. Elle se trouve au Louvre et c'est l'œuvre du peintre Douris. On peut dire qu'elle constitue l'emblème même du deuil des mères à la mort de leurs fils, l'emblème même de la mort à la guerre.*

*Les deux mères affligées de l'*Iliade, *Thétis et Hécube, les deux mères angoissées de la* Memnonide, *Thétis et Aurore, auront pour pendant à la fin de l'*Iliade, *les deux pères en deuil, ou bientôt en deuil, rapprochés par-delà toutes les hostilités, celui d'Hector et celui d'Achille*[25].

En quelques images, qui dira mieux les souffrances de la guerre pour ceux qui restent ?

Les plaintes d'Hécube s'achèvent sur ce contraste, indéfiniment répété : le mot *zôos*, « vivant », est jeté au début du vers qui redit le mot « mort », *thanatos*.

Pourtant cette double douleur laisse un vague sentiment de manque ; et devant la douleur des parents, malgré soi, on se demande : et Andromaque ?

Or voilà encore une trouvaille d'Homère : Andromaque ne sait rien encore. Et pourquoi ne sait-elle rien ? — Parce qu'elle s'occupe à préparer le bain d'Hector.

Son deuil est ainsi réservé pour plus loin ; et il pourra s'étoffer, s'amplifier, conclure à lui seul le chant. En même temps, la nouvelle la prendra plus au dépourvu, alors qu'elle vivait dans l'espoir. Et l'on reste saisi de voir Homère, à la fin de ce chant de violence et de mort, placer cette notation de vie quotidienne — le bain chaud qui attend Hector. Impossible de rendre plus intensément le contraste entre la vie et la mort.

Quelle illusion est celle d'Andromaque ! « Pauvre folle (*nèpiè*) ! elle ignore que, bien loin de son bain[26], Athéné aux yeux pers l'a dompté sous le bras d'Achille. » Mais elle entend des gémissements. Elle s'épouvante. Et elle arrive juste à temps pour voir Hector traîné, mort, par le char d'Achille. Elle s'évanouit et ne revient à elle que pour une longue plainte de presque quarante vers, qui sera, cette fois, la conclusion du chant.

Ce bain est une trouvaille. Il suffit à évoquer la vie normale, la tendresse, tout ce qui est désormais brutalement interrompu. Et il nous mène droit à la vie de paix des héros du temps. N'est-ce pas dans l'épisode du bain qu'Ulysse est reconnu par sa nourrice ? Mais, d'autre part, ce « repos du guerrier » ne répond-il pas à un trait d'humanité qui appartient à tous les temps ? La tragédie ne connaîtra plus que rarement cette intrusion du familier[27]*. Les adaptations modernes, au contraire, s'y complairont, mais en exprimant de façon sentimentale et appuyée des souvenirs d'enfance (sur la petite pelle d'Antigone, par exemple) : Homère admet, en pleine action et dans une suite parfaitement naturelle, le brusque surgissement de la mort dans ce qui était la vie quotidienne.*

La mort d'Hector devient la mort d'un homme en pleine jeunesse, qui avait sa place parmi les siens, dans la douceur des jours heureux. Mon enfance a été entourée de telles expériences. D'autres la vivent encore, chaque foyer après l'autre, en notre temps.

Peut-être m'émeuvent-ils plus à travers Hector et Andromaque.

Grâce à l'art d'Homère, même si Hector, vivant, n'était pas notre héros préféré, la mort d'Hector demeure la plus déchirante. Et l'on reste sous le coup d'une pitié qui se mêle d'indignation : nul ne peut échapper à ce sentiment.

*

Aussi est-il remarquable de voir sous quelles formes inattendues cette pitié a survécu — et cela en des temps où l'on n'avait plus d'Homère qu'une connaissance indirecte et fort retouchée.

Sautons les siècles, en effet. Négligeons les intermédiaires souvent difficiles à cerner. Que trouvons-nous, au Moyen Âge et à la Renaissance ? Stupeur : nous trouvons un récit qui n'a plus aucun rapport, et où la pitié a survécu sans aucun des éléments par lesquels elle était suscitée. Alors, il a fallu inventer autre chose ; et voici la nouveauté : Hector, désormais, a été tué par traîtrise !

Dans les récits de Darès, puis de diverses proses médiévales, Hector est frappé... par-derrière ! C'est simple et pitoyable : ce n'est plus du tout tragique. Et le trait est purement inventé ! Il est amusant de constater que tout le texte d'Homère a été oublié et abandonné, mais que l'art littéraire qui régnait dans ce texte a survécu à sa manière, puisque la pitié est restée ; d'autres circonstances ont été inventées pour la conserver, par des procédés plus grossiers.

La même modification se retrouve si l'on va jusqu'à Shakespeare : là aussi, Hector est tué traîtreusement ! Le combat est fini ; il se réjouit de déposer ses armes ; il le dit ; et à ce moment-là arrive Achille. Hector l'arrête et lui signale qu'il est désarmé : « I am unarmed, forego this vantage, Greek ! » ; mais Achille, contrairement à tout esprit de la chevalerie, invite ses hommes à frapper quand même : « Strike, fellows, strike : this is the man I seek. »

Comparer les versions d'un récit imaginaire est aussi passionnant que de rapprocher les versions d'un récit historique. Mais, alors que, dans l'histoire, on poursuit une vérité par-delà les divergences, la comparaison littéraire est tout autre : il n'y a pas de vérité et seules comptent ces différences. Les récits se modifient parfois sous l'effet d'une pensée créatrice : comme on le voit, ce n'est pas toujours le cas. Et les morts d'Hector postérieures à Homère font assez triste figure à côté de la sienne. Même Shakespeare !... Il est vrai qu'il s'agit du meilleur Homère, et non pas du meilleur Shakespeare !...

Tous ces récits d'un autre temps ignoreront de même ce complément essentiel à la mort d'Hector chez Homère : le problème de sa sépulture.

Celui-ci joue un si grand rôle dans toute la fin de l'*Iliade* que, contrairement aux biographies, un livre sur Hector ne peut s'achever sur sa mort, si pathétique qu'elle soit. La rage d'Achille n'est pas éteinte et la douleur ressentie à Troie demeure dans l'attente, anxieuse. Les derniers mots d'Andromaque sont pour dire cette anxiété : elle imagine les vers, les chiens dévorants, le corps nu, abandonné, et l'impossible sépulture.

L'histoire d'Hector n'est pas finie.

QUATRIÈME PARTIE

UNE SÉPULTURE POUR HECTOR

INTRODUCTION

« Dois-je oublier Hector privé de funérailles
Et traîné sans honneur autour de nos murailles ? »

RACINE, *Andromaque*, Acte III, Scène 8

La place faite par Homère au traitement que subit Hector après sa mort est telle que cet épisode s'est gravé dans toutes les mémoires, au même titre que les adieux d'Hector et d'Andromaque. Il a frappé ; il a retenu l'attention.

Il a même été si célèbre qu'il aurait selon certains inspiré plus tard à Alexandre[1] une de ses pires cruautés. Étrange façon d'imiter Homère, par des cruautés qu'il entendait condamner !

Et comment s'étonner d'une telle célébrité ? Toute la fin de l'*Iliade* est pleine de ces outrages et de la question qu'ils posent ; et la conclusion du poème est constituée par le règlement de cette question, chez les dieux et chez les hommes. Et ce problème du refus de sépulture, posé avec tant d'éclat dans cette fin, ne se présente qu'à propos d'Hector.

On ne sera donc pas surpris qu'un excellent petit livre ait été écrit sur la place de cette question dans l'œuvre d'Homère : c'est l'étude de Charles Segal, intitulée *The Theme of the mutilation of the corpse* et publié en 1971[2]. Il montre comment le thème croît en violence, de proche en proche, pour laisser place à un apaisement progressif et enfin à une solution : son mérite est de traiter l'épopée en œuvre littéraire et de se pencher avec pénétration sur toutes les nuances de l'expression. Il y sera ici fait appel, parmi d'autres moyens d'appréciation.

Ce thème si important correspond à un souci très vif des anciens Grecs. L'*Iliade* en offre des preuves diverses en montrant avec quelle passion on se battait pour reprendre les corps de ceux qui étaient tombés [3]. Mais on connaît aussi dans la littérature grecque classique bien des échos concordants. On pense aussitôt à *Antigone,* pièce dans laquelle l'héroïne sacrifie sa vie pour ensevelir son frère. On pourrait penser à l'*Ajax* de Sophocle, où toute la seconde partie de la pièce est consacrée à la question de savoir si, après avoir trahi, Ajax a droit à une sépulture, et où l'on rappelle que c'est violer une loi des dieux que d'empêcher d'enterrer les morts [4]. Et pourquoi pas *Les Suppliantes* d'Euripide, où il s'agit de récupérer les corps tombés devant Thèbes dans l'expédition des Sept contre cette ville. Mais on pourrait également citer des exemples historiques, comme les querelles rapportées par Thucydide à propos des morts de Délion, qu'Athènes réclamait par voie de héraut et que les Béotiens lui refusaient à cause d'une infraction aux règles religieuses [5]. Le droit à la sépulture était une de ces lois non écrites que les Grecs violaient parfois, mais reconnaissaient tous. On peut aussi rappeler les divers drames des guerres de l'époque classique, comme la condamnation des chefs qui, à la bataille des Arginuses, avaient laissé des hommes à la mer, sans rien faire pour recueillir au moins leurs corps.

Les Grecs ont donc hautement revendiqué cette loi d'humanité et en ont fait une loi grecque, par leur insistance à la proclamer. En ce sens, Homère montre le chemin, puisque son *Iliade* s'achève sur cette question et, finalement, fait avec force triompher ce principe.

Mais ce serait une erreur de croire qu'il s'agit là d'une particularité ethnique ou d'un moment de l'histoire : il s'agit d'un trait humain. Ne lit-on pas, dans une mise au point toute récente sur l'histoire de notre planète et de l'origine des hommes, qu'un des signes de l'évolution vers l'état d'homme est l'usage de la sépulture ? L'homme de Neandertal, disent ses auteurs, « est adroit, créatif ; il possède un langage élaboré : il enterre ses morts »[6]. Une fois de plus, la Grèce, et d'abord Homère, dégage les grandes règles caractéristiques de l'homme.

CHAPITRE VIII

MENACES

« Mais je n'ai plus trouvé qu'un horrible mélange
D'os et de chairs meurtris et traînés dans la fange,
Des lambeaux pleins de sang, et des membres affreux
Que des chiens dévorants se disputaient entre eux. »

RACINE, *Athalie*, Acte II, Scène 5

Avant les actes viennent les menaces. Comment s'en étonner quand on sait la place que tiennent alors, dans le combat, paroles et insultes ? Vers la fin de l'*Iliade*, ces menaces deviennent féroces. Mais elles ne seront, en général, pas réalisées : la réserve d'Homère répugne au monstrueux. Elles révèlent donc, surtout, le fond de passion qui anime les héros et qui fait rage, en fait, de part et d'autre.

*

Hector, lui, semblerait plutôt désigné pour être la victime. Et, depuis longtemps, il éprouve l'angoisse de se voir refuser la sépulture.

Les chapitres précédents ont pu laisser entrevoir avec quel art Homère préparait, de longue main, le pathétique attaché à la mort d'Hector : il prépare avec un art non moindre le pathétique de ces sévices dont Hector se sent menacé. L'inquiétude qu'il en éprouve apparaît dès le début, avant qu'il ne soit grisé par l'action ; elle surgit, renforcée, vers la fin, quand l'issue fatale se rapproche.

Les premiers chants offrent ainsi deux combats singuliers. Or, dans celui qui ne concerne pas Hector, nulle allusion n'est faite au sort réservé au corps du vaincu. Dans le second, en revanche (Hector contre Ajax), Hector commence par une insistante proclamation : « Et voici ce que je déclare — que Zeus nous serve de témoin ! Si c'est lui qui de moi triomphe avec le bronze à la longue pointe, qu'il me dépouille de mes armes et qu'il les emporte aux nefs creuses ; mais qu'il rende mon corps aux miens, afin que les Troyens et les femmes des Troyens au mort que je serai donnent sa part de feu. Si c'est moi au contraire... » ; si c'est lui, il rendra le corps d'Ajax aux Achéens afin que ceux-ci « puissent l'ensevelir et répandre sur lui la terre d'un tombeau... »[1]. Quelle insistance ! Quel prix Hector semble attacher à la sépulture ! Or cette proposition n'a point de suite : elle n'est là que pour traduire ce sentiment. Il est vrai que, sauf pour de brefs éclats, sur lesquels on reviendra, Hector est pour une guerre propre, humaine. Mais, en le montrant tel, Homère prépare, de toute évidence, le scandale de ce qui va suivre.

De fait, au chant XXII, au moment de s'opposer à Achille, il recommence ! Il propose à nouveau un pacte : « Allons ! Prenons ici les dieux pour garants [...]. Je ne songe pas, pour ma part, à t'infliger de monstrueux outrages, si Zeus m'octroie de tenir bon et de t'arracher la vie [...]. Fais donc, toi, de même »[2]. Et Achille écarte avec fureur l'idée d'un pacte : il n'y a pas de pacte entre les hommes et les lions, ni entre les loups et les agneaux. On voit donc ce qui justifie l'assimilation qu'établit J. Redfield entre nature et culture : Achille invoque la lutte naturelle et le droit du plus fort, Hector les accords et le respect des règles.

Hélas, un refus si violent aurait dû suffire. Mais c'est là qu'intervient le moment le plus pathétique : Hector ne peut pas se résoudre à ce refus, à ce qu'il implique ; et, au dernier moment, alors qu'il gît, mourant, dans la poussière, il essaie d'une dernière supplication : « Je t'en supplie, par ta vie, par tes genoux, par tes parents, ne laisse pas les chiens me dévorer près des nefs achéennes... » ; il offre tout ce qu'Achille voudra comme rançon, pourvu qu'il veuille bien rendre son corps aux siens, pour qu'il puisse être enseveli[3]. Certains vers se retrouvent au chant VII et au chant XXII : un passage a pu être emprunté à l'autre[4], mais l'obstination qu'implique cette répétition est, en tout cas, heureuse. On ne pouvait aller plus loin qu'Hector dans le désir d'obtenir une promesse.

Naturellement, il ne l'obtient pas ! Achille refuse, en traitant Hector de chien et en le vouant aux pires traitements[5]. Hector — il l'avoue — aurait pu le prévoir.

Pourquoi, alors, ces supplications inutiles ? Pourquoi Homère a-t-il prêté à son Hector cette insistance et cette obstination ? Sans doute est-ce en partie pour rendre plus tragiques les refus auxquels se heurte Hector. Mais aussi, pour une bonne part, afin de faire bien mesurer ce que les violences d'Achille avaient de choquant et de scandaleux.

Seulement — et c'est là qu'intervient le paradoxe — cet Hector si pénétré de l'importance de la sépulture semble tout prêt, quand l'action l'entraîne, à oublier ce souci. Et ses menaces, alors, peuvent être d'une rare violence.

Dans sa bouche apparaît plusieurs fois la menace du cadavre livré aux chiens et aux oiseaux. Cette menace, il la profère contre les Troyens qui ne se battaient pas près des nefs ennemies ; il la renouvelle contre Patrocle, au moment même où il le tue : « C'est toi qu'ici mangeront les vautours »[6]. Mais on rencontre plus grave encore, à deux reprises, et toujours à propos de Patrocle. D'abord, aussitôt après la mort de Patrocle, Homère le dit nettement : « Il veut lui séparer la tête des épaules avec le bronze aigu, et après l'avoir traîné sur le sol, le livrer aux chiens de Troie »[7]. Terribles intentions, qui vont jusqu'à la décapitation du cadavre ! Hector, il est vrai, ne prononce pas de tels mots : seule sa furie au combat les suggère. Mais ils portent témoignage de la violence à laquelle il se laisse entraîner. Et voici pire. Car, au chant suivant, alors qu'un âpre combat se livre autour du corps de Patrocle, Iris s'en va trouver Achille, afin de le stimuler en lui révélant les intentions d'Hector. Des intentions, ici encore ; mais des intentions monstrueuses. « Son cœur », dit-elle, « l'invite à planter la tête du mort tout au haut de la palissade, une fois qu'il l'aura détachée de son tendre cou »[8]. Horreur ! Voici qu'à la décapitation s'ajoute l'exposition de la tête sur un pieu, ou une palissade ! Et les termes d'Homère rendent sensible le caractère monstrueux de l'action, avec cette épithète de « tendre », opposée à la brutalité de l'acte[9].

C'est tout. Mais c'est trop. Faut-il donc renoncer à la « douceur » d'Hector ? Faut-il voir en lui, à cet égard, l'équivalent d'Achille — et peut-être lui prêter une férocité plus blâmable encore, puisqu'elle surgit la première, sans provocation antérieure ?

Certains l'ont senti ainsi. Mais l'impression est différente si l'on replace les choses dans un ensemble.

D'abord, ces éclats font partie d'une montée générale de la violence, que Ch. Segal a fort bien mise en lumière. Tout le monde se déchaîne alors, dans un vrai bouillonnement de passion : même les doux, dans cette atmosphère, se muent en violents. On peut voir là une illustration de la phrase dans laquelle Thucydide, décrivant les horreurs qui se multiplient dans la guerre du Péloponnèse, explique : « La guerre est un maître aux façons violentes »[10].

Il l'a si bien montré, Thucydide ! Il a si bien fait voir comment, avec la guerre, qui dure, la violence naît chez tous ! Il a parlé de la cruauté des Athéniens qui, effrayés des révoltes d'alliés, en viennent à sévir de plus en plus durement. Il a parlé des horreurs de la guerre civile, où l'on finit par tout sacrifier au désir de l'emporter : alors sombrent ensemble le respect que chacun doit à ses proches et le sens des valeurs admises en temps de paix.

Et, après tout, nous avons tous vécu cette expérience. Nous avons appris que, dans la guerre, et dans la résistance, on trouvait possible de se réjouir des désastres ennemis et de prendre des façons de saboteur, de destructeur, voire d'assassin. Des auteurs ont montré que dans un attentat politique, il pouvait être souhaitable de ne même pas être retenu par la présence d'enfants auprès de la victime à abattre. À plus forte raison en est-il ainsi des souhaits arrachés à la passion : quel supplice n'a-t-on rêvé pour ceux qui avaient fait mourir des êtres chers ?

Homère le savait déjà.

Même Hector, même le doux Hector, a donc bien pu céder à ce « maître aux façons violentes », comme il a cédé un jour à l'imprudence, en refusant de s'arrêter à temps.

J'ai vu, une fois, un tout petit coq de combat affronter un énorme coq, maître de nombreuses poules. Je l'ai vu s'avancer contre son rival, chantant à pleine voix sa provocation. C'était du courage ; c'était aussi de la folie. Quand ils ont heurté leurs poitrines dans cette lutte inégale, nous avons un peu laissé faire : et puis il a fallu arracher à une mort certaine le petit coq à la voix menaçante…

Si l'on ne connaissait pas le sort qui attend Hector, on pourrait s'indigner de sa folle confiance. Le connaissant, on voudrait l'avertir, l'arrêter. De même que l'on voudrait l'empêcher de revêtir les armes que portait Patrocle. Mais nul ne peut plus le sauver.

Seulement, il faut admirer la réserve d'Homère, la souplesse de son art. Car nous n'entendons pas Hector les proférer, ces menaces ! Il ne parle nulle part de têtes coupées. Et la seconde menace ne lui est prêtée que par une voix suspecte : Iris, qui s'en fait l'écho, a été envoyée, en secret des autres dieux, par la plus hostile des déesses, par Héra — cela afin de stimuler la colère d'Achille ! Dit-elle vrai, la messagère ? Ou bien use-t-elle d'un argument gratuit ? Homère, en tout cas, évite de nous imposer de telles menaces dans la bouche même d'Hector.

Et pourquoi, alors, ces intentions, ces menaces ? Pourquoi, cette cruauté envers Patrocle mourant ? Hélas, ce n'est que trop clair ! Et l'ironie tragique n'a jamais été aussi nette. Les menaces d'Hector seront sans effet ; mais elles seront, en leur temps, retournées contre lui.

Quand il annonce fièrement à Patrocle que son corps sera dévoré par les chiens, le cœur se serre un peu pour Patrocle, sans doute ; mais il se serre aussi pour Hector, dont le corps sera, et chacun le sait, promis à un tel sort. Décapité ? non ! Il ne sera pas décapité ; mais la menace sera, elle aussi, retournée contre lui.

La rage d'Hector contre ce corps de Patrocle condamne déjà celui qui s'y abandonne. Et une valeur tragique s'ajoute au pathétique du moment.

Le voilà à présent confronté à un Achille dont rien ne saurait plus tempérer la fureur.

*

Car Achille a mué sa douleur en fureur. Il n'obéit plus simplement à l'hostilité propre à la guerre ou à la simple passion de l'action : il est animé d'un désir de vengeance fondé sur une rancune désespérée.

À vrai dire, ce désir de vengeance prendra selon les moments deux formes diverses : parfois sa rage mènera

Achille à une brutalité presque sauvage ; ailleurs le désir d'honorer Patrocle tournera à une sorte de rituel, plongeant ses racines dans des traditions archaïques : ses menaces se coloreront alors d'un reflet sacré. Mais ces deux aspects se combineront plus ou moins, de façon assez terrifiante.

Dès lors qu'il apprend la mort de Patrocle, il n'a, en tout cas, plus qu'un but au monde : tuer Hector, avant de mourir lui-même. Il le dit à sa mère : « Aussi bien mon cœur lui-même m'engage-t-il à ne plus vivre, à ne plus rester chez les hommes, si Hector, frappé par ma lance, n'a pas d'abord perdu la vie et payé ainsi le crime d'avoir fait sa proie de Patrocle, fils de Ménoetios »[11].

Mais bientôt on lui rapporte le corps de Patrocle ; et le temps des promesses arrive. Achille verse des larmes brûlantes ; et Homère, une fois de plus, rend sensible, en deux vers, ce contraste inadmissible entre la vie et la mort — entre l'homme qui s'en allait, hardi et gai, vers le combat, et ce corps brisé par la mort. De la peine d'Achille monte alors la première promesse adressée à son ami. Le rite envers un mort apparaît, solennel : « Je ne veux pas t'ensevelir avant de t'avoir apporté les armes et la tête d'Hector, ton magnanime meurtrier, et, devant ton bûcher, je trancherai la gorge à douze jeunes Troyens »[12]. Offrande et sacrifice : la vengeance se mue en hommage. Et l'on retrouve la terrible menace de la tête tranchée. De toute évidence, elle ne pouvait être réalisée, dans un poème qui devait aboutir à la restitution du corps[13]. Mais le massacre des jeunes guerriers aura lieu ; et la fureur d'Achille, de toute manière, se colore d'un caractère sacré qui la rend plus redoutable.

Ce vœu, d'ailleurs, sera renouvelé lors du deuil proprement dit, puis lors de l'incinération de Patrocle. Là, plus question de tête tranchée, mais la violence n'en sera pas pour autant atténuée. La première promesse relative au corps d'Hector est de « donner ses chairs crues à dévorer aux chiens »[14]. La dernière, au moment où la flamme consume le corps de Patrocle en un contraste brutal : « Pour Hector le Priamide, ce n'est pas à la flamme que je le veux donner : c'est aux chiens »[15]. À défaut de tête coupée, ces chiens dévorants deviennent comme une vision et une obsession.

Mais ce n'est pas là le pire. Le pire n'est pas une promesse à Patrocle, ni une menace jetée dans le vague : la pire menace sera réservée à Hector lui-même : on y reviendra. Là encore la gradation est superbement observée.

Au reste, il faut dire qu'entre les promesses initiales et cette rencontre décisive, entre le chant XVIII et le chant XXII, Achille a été pris dans un tourbillon de rage où sa cruauté ne cesse de croître. Homère a voulu ce crescendo. Il a voulu ce déchaînement auquel, cette fois, participent les dieux eux-mêmes. Il a ainsi préparé contre Hector un adversaire qui ne se possède plus.

Deux épisodes le prouvent assez — ceux de Lycaon et d'Astéropée.

Lycaon est un jeune Priamide. Il a — comme, plus tard, Hector — supplié Achille ; mais Achille se moque de ces supplications : depuis que Patrocle est mort, il entend n'épargner personne. Il tue le jeune homme, puis il « le prend par un pied et le jette au fleuve : qu'il l'emporte ! Puis, triomphant, il dit ces mots ailés : « Va t'en donc reposer là-bas, chez les poissons. Ils lécheront le sang de ta blessure sans s'en émouvoir »[16]. Un peu plus loin, c'est le tour d'un certain Astéropée, qu'Achille tue et laisse là, couché sur le sable, trempé par l'eau noire. « Autour de lui, anguilles et poissons s'occupent à le déchirer et à ronger la graisse enveloppant ses reins. » Ces horreurs sont telles que le fleuve indigné de voir son cours souillé de tant de morts se soulève à son tour, furieux, contre Achille.

De tels passages, d'un réalisme si cru — et si cruel —, ont pu contribuer à faire voir en Homère un poète de la violence. Mais il ne faut pas oublier que ces traits sont justement destinés à inspirer l'indignation et l'horreur, en même temps que la pitié. Le fait que le fleuve lui-même s'indigne devrait, à lui seul, ne laisser aucun doute sur ce point. La seule raison de notre surprise est que nous avons perdu la franchise d'alors, et que nous ne savons plus allier tant d'horreur avec tant d'humanité : une fois de plus, la force d'Homère est dans cette conciliation des extrêmes.

Il n'est pas impossible, d'ailleurs, que notre époque moderne s'essaie à la retrouver, en dénonçant à son tour très crûment les maux et les violences qui règnent chez les hommes. Et peut-être est-ce à cause de ces expériences modernes que ces traits de violence décrits par Homère nous choquent moins qu'ils ne choquaient au XVII*[e] siècle.*

Mais, avec tout cela, il faut le préciser : Homère ne fait pas de ses héros des monstres. Achille n'est pas plus une brute qu'Hector ou bien Agamemnon. Ce serait là une vision simpliste qui ne lui ressemblerait guère. Achille est seulement un être qu'anime une douleur sans mesure. Et là réside bien le tragique — et la force même de l'épopée homérique.

Un Achille qui aurait cédé, d'emblée, qui serait resté modéré après la mort de son ami, ne serait plus Achille ; et son drame ne serait plus à jamais le nôtre.

Mais, du coup, on comprend aussi que, confronté enfin à Hector, il ne soit plus que haine et désir de vengeance. Il refuse, bien entendu, d'écouter les supplications d'Hector. Mais quel refus ! Il faut citer ici, de façon un peu étendue, ce texte extraordinaire et presque délirant : « Non, chien, ne me supplie ni par mes genoux ni par mes parents. Aussi vrai que je voudrais voir ma colère et mon cœur m'induire à couper ton corps pour le dévorer tout cru, après ce que tu m'as fait, nul n'écartera les chiens de ta tête [...] les chiens, les oiseaux, te dévoreront tout entier »[17].

À la menace habituelle des chiens et des oiseaux s'ajoute cette idée qu'Hector sera dévoré tout entier. Et surtout il s'y joint un vœu monstrueux, un vœu de cannibalisme et d'omophagie. Certes, Homère l'enveloppe de précautions : Achille souhaiterait pouvoir former un tel vœu : il ne le forme même pas. Pourtant, les mots sont prononcés et leur écho s'impose, monstrueux.

Aux imprudentes menaces d'Hector contre Patrocle, voici la réponse ! Et il avait raison de trembler : il est aux mains d'un homme que la rage emporte loin de tous les usages humains.

Par un trait remarquable, le cri de haine que profère ici Achille n'a qu'un équivalent dans l'*Iliade* — on le rencontre non pas chez un guerrier engagé dans l'action, mais chez un être qui n'est plus que souffrance impuissante : chez Hécube. Au dernier chant, en effet, elle ne peut supporter l'idée que Priam aille trouver cet Achille qui lui a tué son fils et maltraite son corps. Et elle frémit d'horreur contre ce cruel, ce félon : « lui dont je voudrais », dit-elle, « dévorer le foie en y mordant à pleines dents »[18]. Quand toutes les rancunes vont devoir plier, quand l'apaisement est proche, seule la mère en deuil garde cette haine au cœur et l'exprime en une folle hyperbole.

*

Paroles, que tout cela ! Paroles jetées sous le coup de la passion, images de haine et de rage... Elles nous emportent loin de toute réalité et loin de tous les usages grecs.

Il est temps, en effet, d'en prendre conscience : Homère a puisé ici dans tout un fonds de violences archaïques qui pouvaient lui être connues mais qui n'appartenaient plus au domaine du réel. Têtes coupées ou chairs dévorées sont, à cet égard, révélatrices.

Les têtes coupées apparaissent partout, sauf en Grèce. Ou plutôt il n'en est question en Grèce que pour en repousser l'idée comme sauvage et barbare. La tête d'Holopherne, brandie par Judith ; les têtes ennemies, rapportées en trophées par les Samouraï ; les têtes réduites des Indiens d'Amérique ; oui, toutes les légendes, partout, admettent ou vantent de telles conduites. Même tout près de la Grèce, même chez ceux qu'elle combattit, cela intervient. Au début du Ve siècle, après la bataille des Thermopyles, Xerxès ordonne de couper la tête de Léonidas et la fait planter sur un pieu. Mais Xerxès est, justement, le roi barbare. Et, tout à la fin de l'œuvre d'Hérodote, après la victoire des Grecs à Platées, un Grec voudrait que le chef perse, vaincu, soit par mesure de rétorsion empalé. Mais il se fait rabrouer par le roi grec : « Cet usage convient à des barbares plutôt qu'à des Grecs et chez les barbares mêmes, nous les blâmons »[19]. Hérodote, en citant tout au long ce dialogue, exprime la même protestation qu'Homère.

Plus tard encore, on trouve des exemples, ainsi celui d'Alcibiade, dont le satrape qui le fit assassiner aurait réclamé la tête, comme preuve que son ordre avait été exécuté. Mais le satrape était un barbare. Et la conscience grecque, apparemment, négligea ce trait, qui n'est rapporté que par Cornélius Nepos.

Cela ne veut pas dire que l'on ne rencontre jamais, dans la mythologie, ou même dans Homère, des têtes coupées. Les héros coupent les têtes des monstres — le plus célèbre exemple étant la tête de la Gorgone tranchée par Persée. Mais ce n'est pas une tête coupée sur un cadavre. Dans l'*Iliade* même, on cite quatre exemples de têtes tranchées dans la bataille, dont certaines alors que l'ennemi est déjà à terre[20]. Mais le geste appartient alors à la violence même du combat. Il y a bien une menace — celle d'Euphorbe à

Ménélas, au chant XVII — qui vise l'avenir : Euphorbe entend apporter la tête et les armes de Ménélas à la famille d'un homme que celui-ci a tué [21]. Mais c'est une autre menace vaine ; car Euphorbe se fait tuer. Sans doute ces divers cas devaient-ils inspirer l'horreur ; en tout cas, aucun ne parle de tête coupée sur un cadavre pour être ensuite exposée comme trophée.

À plus forte raison est-ce vrai des élans de cannibalisme. Et on a plaisir à citer ici l'argument plein de bon sens de Leaf. Citant un passage de Shakespeare (*Beaucoup de bruit pour rien*) où l'héroïne s'écrie : « Ah ! si seulement j'étais un homme ! Je mangerais son cœur sur la place du marché », cet auteur commente en disant : « Ceux qui trouvent dans de telles expressions la preuve que la Grèce homérique gardait des traces de cannibalisme seront naturellement prêts à étendre cette conclusion à l'Angleterre élisabéthaine » [22].

Ajoutons que l'ironie passe chez Homère lui-même, lorsque Zeus, irrité contre Héra, lui dit qu'elle est insatiable : « Dévorer vivants et Priam et les fils de Priam et tous les Troyens : il ne te faut pas moins pour guérir ton courroux ! » [23].

En fait, la conscience grecque a été dès les débuts horrifiée par l'idée de cannibalisme. Dans l'*Odyssée*, c'est le trait qui caractérise les êtres sauvages, comme le Cyclope ou les Lestrygons. Et, aux yeux d'Hésiode, seules les bêtes se dévorent les unes les autres [24].

Chez Achille comme plus tard chez Hécube, ce souhait n'est qu'une hyperbole rhétorique exprimant la haine et destinée à susciter l'horreur.

Peut-être en trouve-t-on un écho dans l'emploi de l'adjectif « cru », lié à l'idée des chiens dévorants dans la menace d'Achille au chant XXIII, qui parle de « donner ses chairs crues à dévorer aux chiens » : si la distinction du cuit et du cru est importante du point de vue sociologique, que vient faire ici cette notion de « cru » ? Elle n'a aucun sens, qu'une vague nuance de monstruosité s'ajoutant à l'absence de sépulture[25].

Enfin, à propos de ces chiens, on peut signaler un autre détail imaginaire, une autre crainte, une autre horreur. Lorsque Priam se met en route pour aller réclamer le cadavre de son fils, il a peur qu'il ne soit trop tard, il a peur que, déjà, Hector n'ait été livré aux chiens. Mais la formule qu'il emploie révèle une angoisse qui dépasse cette simple possibilité. Il demande si le corps est toujours près des nefs, ou bien : « Achille l'a-t-il déjà découpé membre à membre et donné en pâture aux chiens ? »[26]. Dépecer membre à membre ? L'adverbe employé par Priam ne se rencontre que là dans l'*Iliade*. Il se rencontre deux fois dans l'*Odyssée*, une fois pour une menace, une autre fois lorsque le Cyclope massacre des compagnons d'Ulysse : toujours l'inhumain ! C'est donc, dans l'attente terrifiée de Priam, encore une vision de scandale et d'horreur, qui ne correspond pas à la réalité, mais crée une atmosphère d'effroi.

★

Cette atmosphère est absolument étrangère aux usages grecs, à la morale grecque telle qu'elle est attestée dès l'époque homérique. Mais elle correspond à un fonds ancien, jamais tout à fait banni de l'imagination secrète. Elle renvoie aux mythes ; elle renvoie aux rêves.

Pour ce qui est du mythe, ne sait-on pas que Cronos, avec une serpe, coupa les bourses de son père Ouranos ? que, des éclaboussures qui en résultèrent, naquirent, sur la terre, les géants et, dans la mer, Aphrodite ? Ne sait-on pas que le même Cronos dévorait ses enfants à leur naissance et que Zeus dut triompher de lui pour les lui faire recracher ? Tels sont les débuts ; et la religion grecque est partie de ces débuts, ou plutôt du rejet délibéré de ces débuts, abolis par le règne de Zeus. Mais ce règne lui-même ne mit pas fin aux légendes d'horreur — témoin le festin de Thyeste, obligé, lui aussi, de dévorer ses propres enfants...

Et les Grecs de l'époque classique savaient à l'occasion reconnaître l'existence de ces sentiments refoulés. Une seule preuve suffit, une citation de Platon : « Ceux qui s'éveillent pendant le sommeil, quand la partie de l'âme qui est raisonnable, douce, et faite pour commander à l'autre est endormie, et que la partie bestiale et sauvage, gorgée d'aliments ou de boisson, se démène, et, repoussant le sommeil, cherche à se donner carrière et à satisfaire ses appétits. Tu sais qu'en cet état elle ose tout, comme si elle était détachée et débarrassée de toute pudeur et de toute raison ; elle n'hésite pas à essayer en pensée de violer sa mère ou tout autre, quel qu'il soit, homme, dieu, animal ; il n'est ni meurtre dont elle ne se souille, ni aliment dont elle s'abstienne ; bref, il n'est pas de folie ni d'impudeur qu'elle s'interdise »[27].

Cette psychanalyse d'avant Freud explique les sursauts des menaces homériques : l'action violente peut, comme le rêve, découvrir soudain les fonds cachés et les désirs secrets.

Homère, par là, rejoint un imaginaire aux forces ravageuses.

*

Et pourtant, même dans ces évocations se retrouve, une fois de plus, la réserve homérique.

D'abord, dans ce fonds archaïque et cruel, il ne retient

pas tout, loin de là. Même l'*Odyssée* comporte des sévices pires encore. Voici d'abord une menace lancée contre un pauvre vieux : on l'enverra chez le roi Échétos, fléau du genre humain ; et, là, « d'un bronze sans pitié, il te tailladera le nez et les oreilles, t'arrachera le membre, pour le jeter tout cru, en curée, à ses chiens ». Mais ces menaces, ailleurs, deviennent réalité : c'est exactement le sort réservé à Mélanthios, dans la cour même d'Ithaque. Et on lui coupe en plus et les mains et les pieds[28].

Ces sévices font penser à l'usage du *maschalismos*, usage archaïque qui consistait à attacher sous son aisselle les extrémités d'un cadavre, pour paralyser toute vengeance de sa part. Cette fois, les témoignages survivent en plein Ve siècle : on trouve mention du fait chez Eschyle et Sophocle, à propos d'Agamemnon[29].

En plus, de toutes parts, et en tout temps, les Grecs entendaient parler de mutilations et de tortures qui s'exerçaient sur des vivants. Ils savaient que les Perses coupaient volontiers le nez, les oreilles, la langue à ceux qu'ils voulaient châtier. Même s'ils ne connaissaient pas, comme nous, les supplices qui se sont pratiqués au Tibet ou en Chine, ils en savaient assez. Et eux-mêmes ont dû pratiquer certaines de ces tortures dans le cas des esclaves ou des traîtres. Tout cela, même dans les pires rêves de haine, Homère l'ignore.

Cette circonstance, s'ajoutant au fait qu'aucune de ces menaces ne passe en définitive dans la réalité, permet de fixer — et d'apprécier — les limites de ce réalisme, qui ne sert que d'expression au sentiment et ne se mêle jamais de la moindre complaisance.

*Ceci ne saurait nous surprendre de la part d'Homère. On sait avec quel soin il épure, toujours, l'horreur des mythes. L'*Iliade* ignore le sacrifice d'Iphigénie et passe très vite sur le meurtre d'Aga-*

memnon. De même sont bannis les êtres monstrueux, les actes sordides et beaucoup des turpitudes que la légende prêtait aux dieux eux-mêmes.

Mais peut-être cette réserve ne doit-elle pas non plus nous surprendre de la part d'un Grec. Car il y a dans les textes grecs de merveilleuses réticences dès qu'il s'agit de supplices ou de scandales. Le plus bel exemple en est sans doute la façon dont Hérodote rapporte le supplice de Polycrate, avec une pudeur et un silence délibérés : « Après l'avoir fait mourir dans des conditions trop odieuses pour être rapportées, Oroïtès le fit mettre en croix. » Ces supplices, pour un Grec, ne sont pas seulement indignes d'un homme civilisé : ils sont indignes aussi d'être mentionnés par un auteur qui se respecte.

Même la tragédie, qui vit d'horreurs, aime parfois à les envelopper d'une part de mystère, qui souvent prend une force accrue par ce mystère même[30].

*À plus forte raison, l'*Iliade.

De la combinaison entre cette intensité passionnée et ce refus de s'y complaire, l'*Iliade* tire un relief, dont le principe est assez rare.

D'abord, ces menaces qui restent des exceptions de folle frénésie dans un contexte qui ne leur permettra pas de s'épanouir ni de devenir réalité, en paraissent d'autant plus intenses : elles fusent dans tous les derniers chants du poème où elles impliquent et suggèrent un déchaînement de rancune d'une exceptionnelle violence — violence qui fera, à son tour, le prix de l'apaisement final.

Ensuite, parce qu'elles restent sans effet, ces menaces si hostiles laissent le champ libre pour un problème plus large et plus universel. Non ! Achille n'apportera pas à Patrocle la tête d'Hector. Non ! Il ne dépècera pas le corps pour le jeter membre à membre aux chiens. Il n'en sera même pas question. Et c'est peut-être la seule objection que l'on puisse faire au livre de Ch. Segal : il n'y a pas, il n'y aura pas « mutilation » du corps d'Hector. Il y aura des traitements brutaux, un mépris opiniâtre, mais surtout, dans toute sa force négative, un refus de sépulture.

Par là le problème posé dans ces derniers chants se rapproche de nous tous. Il devient général. Il peut se poser en tout temps et en tout lieu. La réserve de Racine rejoignant celle d'Homère, ce problème se ramène au premier des deux vers cités en tête de cette partie du livre : « Dois-je oublier Hector, privé de funérailles, et traîné sans honneur autour de nos murailles ? » Le second, on le verra, est déjà moins exact.

Pour traiter de ce problème, Homère a combiné une action en trois temps, qui laisse l'initiative à Achille et se poursuit chez les dieux, avant de redescendre, pour l'apaisement final, chez les hommes.

CHAPITRE IX

LA VENGEANCE D'ACHILLE

« J'aurais dû, dit Gilgamesh,
[Lui déchirer] la gorge
Et le donner en pâture
Aux criards serpentaires, aux aigles, aux vautours. »

GILGAMESH, Tableau V

La vengeance d'Achille commence dès la mort d'Hector : on a déjà évoqué les premiers sévices, qui se soudent, dans le récit, à la fin du combat.

Et, tout de suite, après les insultes et les coups des autres guerriers achéens, un geste terrible : Achille renonce à poursuivre les avantages de sa victoire ; soucieux de rentrer au plus tôt, il attache le corps d'Hector à son char et l'emporte.

Or ici commencent les confusions que la célébrité même du texte a semées dans sa survie.

Dans Homère, Achille attache à son char le corps d'Hector et le traîne jusqu'au camp achéen. Plus tard, il le traînera à nouveau, autour du tombeau de Patrocle, en hommage à son ami ; et ce rite comportera qu'il fasse ainsi, chaque matin, trois fois le tour du tombeau. Mais jamais, dans Homère, Achille ne traîne Hector *autour de la ville*. Quelle longue expédition cela aurait représenté, alors que, d'une part, la bataille continuait et que, d'autre part, le corps de Patrocle attendait !

Mais la tradition s'est emparée de telles suggestions, qui, pour être moins vraisemblables, semblaient plus cruellement spectaculaires ; et elle a modifié les choses. Peut-être y eut-il, très tôt, d'autres versions ; et bien des témoignages nous manquent. Mais quelques grands textes jalonnent la voie. Dès l'époque classique, Euripide présente sur la scène une Andromaque captive, qui pleure au souvenir de son époux « que le fils de Thétis, sur son char, traîna autour des murs »[1]. À l'époque romaine, Ovide cite à son tour Hector « traîné autour de sa chère Pergame »[2]. Virgile, y joignant le chiffre trois, venu soit de la poursuite précédant le combat fatal, soit du rite accompli autour du tombeau[3], immortalise en un vers fameux une scène qui s'est gravée dans les imaginations, mais qui n'a rien à voir avec le récit d'Homère :

Ter circum Iliacos raptaverat Hectora muros[4].

Trois fois il avait traîné Hector autour des remparts de Troie.

Tout part d'Homère et s'en écarte ; sans doute est-ce un hommage à la force du texte d'Homère que ses successeurs aient ainsi involontairement renchéri sur sa description.

Il y eut, au reste, d'autres renchérissements : dans l'*Ajax* de Sophocle, où l'on a déjà dit que les courroies employées étaient, cette fois, la ceinture offerte par Ajax en cadeau de fin de combat, ces traitements sont infligés à Hector alors qu'il est encore vivant. Le parallélisme avec l'épée qui sert à la mort d'Ajax est ainsi renforcé ; mais, en même temps, la cruauté de ce que fait Achille s'aggrave.

Glissements, variantes, renforcements : tous ces légers changements sont un miroir du goût de chaque époque. Mais quelle belle preuve, aussi, de ce qu'est la vie, toujours continuée ou recommencée, des grands textes littéraires ! Une image reste, revit, reparaît. Elle reparaît autre, mais née d'une même racine, qui ne

> *cesse de produire des œuvres nouvelles. Et ceci nous donne une idée de ce que peut être cette survie en nous, même indépendamment de toute œuvre. Chez nous aussi, ces images restent, cachées, oubliées, mais laissant une trace d'émotion ou de protestation, qui pourra colorer nos réactions à venir. On ne tolère plus aussi bien la cruauté quand on a senti passer en soi l'horreur de voir Hector ainsi traité.*
>
> *De plus, rappelons-le : Hector, dans Homère, n'est pas traîné autour de la ville ; mais, avant que le char ne parte, les siens peuvent, depuis les remparts, assister à la scène ; ce sera, en fait, la transition d'Homère : « Et tandis que cette tête se couvre de poussière, sa mère... »*

Achille attache donc le corps à son char pour le rapporter des murs de Troie à sa propre tente.

C'est un acte brutal. Nul ne fait rien de tel dans l'*Iliade*. Et il est clair qu'Homère entend montrer là une conduite exceptionnelle. Mais il n'invente pas. Et le souvenir de conduites équivalentes pouvait fort bien se rencontrer dans des récits antérieurs à l'*Iliade* et survivre plus ou moins dans les mémoires. On en trouve un écho dans l'épopée irlandaise de Cu Chulainn, fidèle à certaines traditions indo-européennes. Dans cette épopée, Fergus, après la mort de son compagnon et ami Étarcomol, rapporte son corps au camp en lui perçant les talons pour l'attacher à son char. Il n'y a là ni hostilité ni indice de mauvais traitements : c'est le moyen de transport d'un corps, chez des gens que n'émeut guère le sort des corps après la mort. Et voilà tout.

Mais ce qui était sans doute primitivement un geste d'une banale brutalité devient, chez Homère, une exception. Il en reprend l'idée, mais la charge d'émotion.

De cette transformation, tout porte la marque. Et les

détails du texte rendent saisissant ce qui, ailleurs, était ordinaire.

Il y a d'abord la précision technique, dans sa dureté : « Il lui perce les tendons entre cheville et talon ; il lui passe des courroies » : certains voient là l'origine de l'expression « le tendon d'Achille »[5]. Mais surtout Homère précise qu'il attache le corps au char, « laissant la tête traîner ». Alors, Achille lance le char, et en route ! « Un nuage de poussière s'élève autour du corps ainsi traîné ; ses cheveux sombres se déploient, sa tête gît toute dans la poussière — cette tête jadis charmante et que Zeus maintenant livre à ses ennemis, pour qu'ils l'outragent à leur gré sur la terre de sa patrie »[6]. À la poussière qui monte dans l'air répond cette poussière du sol où la tête s'affale, abandonnée. Et puis Homère, en un de ces raccourcis où s'opposent si souvent, chez lui, la vie et la mort, la beauté et sa destruction, ajoute le plus sobre des commentaires : cette tête « jadis charmante ». « Jadis » ? Ou plutôt « naguère », car c'était tout à l'heure, à l'instant. On n'a dans le texte aucun mot brutal pour décrire (comme le feraient nos films) la chair lacérée par les cahots ou le visage méconnaissable : on a juste cette impression d'abandon (les cheveux épars) et ce rappel poignant. Juste deux mots.

Il y a là un bel exemple de l'idée si bien mise en relief par Jasper Griffin dans son très beau livre, *Homer on Life and Death*[7]. Dans un chapitre consacré au pathétique de la mort et à l'objectivité, il s'attache à montrer — et c'est si vrai ! — qu'Homère enferme toujours le pathétique de la mort dans de brèves remarques de fait, sans effusion aucune, qui lui permettent d'émouvoir sans jamais tomber ni dans la sentimentalité ni, à l'inverse, dans le sadisme.

Ces deux mots, « jadis charmante », illustrent bien ce mélange de sobriété et de densité tragique.

On peut constater aussi que ce ne sont même pas des mots qui évoquent personnellement Hector, dans son aspect ou dans sa vie. Le mot traduit ici par « charmante » peut s'appliquer à tout : à des vêtements, à des offrandes, à tout ce qui plaît dans une vie brillante. Il s'applique même à Achille quand il s'agit d'évoquer son bonheur d'avant le deuil [8]. Ce sont donc deux mots qui ne décrivent pas — mais rappellent le contraste entre la vie passée et la mort présente.

De plus, ici, le contraste est immédiat. Au « jadis » de « jadis charmante » vient se heurter un « mais alors... » ; et l'horreur du traitement infligé à ce corps anéantit d'un coup la vision passée.

Enfin, ce pathétique est renforcé par un tout petit mot ; le possessif du dernier vers, qui dit qu'Hector subit ce sort « sur la terre de sa propre patrie » : la plaine de Troie est devenue terre occupée, où nul ne peut sauver son prince [9].

L'émotion qui emplit ces vers est si forte que les commentateurs — et même la sobre édition de Paul Mazon dans la Collection des Universités de France — ne peuvent se retenir d'en signaler le caractère exceptionnellement pathétique. C'est aussi un épisode qui, pour cette raison, a inspiré les illustrateurs en plein Moyen Âge [10].

Et voilà comment d'un geste qui, ailleurs, avait pu passer pour normal, le poète a fait une scène brève, mais inoubliable, où la pitié et l'horreur passent toutes seules, par la grâce de l'expression.

En enchaînant avec les plaintes des proches d'Hector, qui assistent à la scène, Homère accroît encore ces deux sentiments : la composition elle-même contribue ici au sens.

⋆

Après l'interruption causée par ces plaintes, on retrouve, au début du chant suivant, Achille et les siens de retour auprès du corps de Patrocle, dont ils mènent le deuil. Mais qu'en est-il d'Hector ?

Eh bien ! c'est là que se place la pire menace d'Achille : donner ses chairs à dévorer toutes crues aux chiens. Mais les faits sont différents. Deux vers et demi suffisent à décrire l'action : « Il dit ; et au divin Hector il prépare un sort outrageux. Près du lit où repose le fils de Ménoetios, il l'étend, face au sol, dans la poussière »[11].

C'est tout ! Et il est assez normal d'éprouver quelque surprise : comme le dit Leaf, un « anticlimax ». Est-ce là ce sort outrageux ? En fait, pour le moment du moins, Achille ne fait rien au corps d'Hector.

Il ne fait, en somme, que le traiter avec mépris, comme un rebut. Mais il est clair qu'il se réserve ! Il vient de proférer de terribles menaces : elles demeurent ; elles pèsent ; elles présagent des choses graves pour l'avenir. Cette négligence ne doit donc pas nous tromper ; et l'« anticlimax » est, en réalité, attente du « climax ». Il conduit aux rites des deux derniers chants et les fait pressentir.

*

Car ce sont des rites qui vont se déployer dans toute la suite. Et Achille va les célébrer en l'honneur de son ami avec un faste et une ampleur à la mesure de sa douleur. Il n'est pas impossible que le principe en ait été emprunté à des récits relatant la mort d'Achille lui-même et résumés au dernier chant de l'*Odyssée*. Si tel était le cas, on pourrait admirer une fois de plus l'art avec lequel Homère a rattaché un tel récit à la douleur d'Achille et en a fait un chaînon dans le drame qui se noue entre les deux morts parallèles de Patrocle et d'Hector.

Tous ces rites, au demeurant, ne concernent pas Hector. Et l'on peut omettre les préludes : les guerriers menant le deuil, trois fois, autour du corps de Patrocle, avec des cris de désolation. On peut omettre l'immense bûcher. On peut omettre les offrandes de moutons et de bœufs, le corps de

Patrocle enduit de leur graisse et entouré de leurs corps. On peut omettre les jarres de miel et d'huile, et même les quatre cavales offertes, et les deux chiens familiers égorgés et jetés, eux aussi, sur le bûcher. Tout cela évoque certaines sépultures orientales et rappelle l'idée que l'on offre au mort tout ce qui lui était cher ou utile dans la vie. Mais on n'en connaît pas d'autre exemple dans les textes grecs.

Et cela n'est pas tout. Car, conformément à sa promesse, Achille joint à ces offrandes celle des douze jeunes Troyens qu'il avait promis d'immoler : « Il fait de même pour douze nobles fils des Troyens magnanimes, qu'il massacre avec le bronze »[12].

Là, on demeure saisi. Les Grecs ne pratiquaient pas les sacrifices humains. C'est le seul cas dans l'*Iliade*. Et Homère passe très vite : il ajoute juste un bref commentaire : « son cœur ne songe qu'à des œuvres de mort », où le mot grec évoque plutôt le mal causé, et ne mentionne pas la mort.

Ceci ne concerne pas directement Hector, mais est si étroitement lié à son sort qu'il convient de s'y arrêter : que vient faire là ce rite si exceptionnel ? et pourquoi Homère, l'ayant introduit, reste-t-il à son sujet si discret, et presque indifférent ?

Et d'abord il vient d'être dit que les Grecs ne pratiquaient pas les sacrifices humains : c'est là une affirmation à nuancer. Ils les ont certainement pratiqués à l'origine, comme tant d'autres peuples primitifs. La Crète semble en avoir fourni, récemment, quelques preuves — ainsi que les tombes trouvées à Salamine de Chypre (tombes où se rencontrent également des chevaux[13]. Et le souvenir de ce passé hante la littérature. Le sacrifice consommé par Achille est unique dans l'*Iliade* ; mais, dans les poèmes du Cycle, il était bien question de sacrifier Polyxène sur le tombeau d'Achille. Et cette tradition du sacrifice d'une jeune fille ou d'un jeune homme reste un thème fréquent de tragédie : Polyxène, bien entendu, mais aussi Iphigénie, Macarie, et d'autres. Le thème était pathétique à souhait ; et pour cette raison même il a survécu dans une Athènes classique qui avait perdu toute trace de tels sacrifices.

On trouve de tels rites, à une vaste échelle, dans le passé de certains peuples orientaux. Le « cimetière royal » d'Ur a révélé, par exemple, des souverains ensevelis avec de nombreux trésors et avec les cadavres de leur Cour, assassinée tout entière pour les escorter dans l'au-delà. Encore une fois, c'était avant, et ailleurs.

De même, la Grèce ignorait ces sacrifices d'esclaves immolés sur le tombeau de leurs maîtres, comme cela se voyait encore il y a peu en Afrique[14], et les grands rites orientaux, avec les veuves tuées à la mort de leur époux ; pourtant ce souvenir passe indirectement dans des scènes comme le suicide d'Évadnè, se jetant dans le bûcher où se consume son époux, et le faisant, selon Euripide, non par douleur mais pour sa gloire et pour celle de son époux[15].

Ces quelques souvenirs purement littéraires sont bien la preuve qu'il s'agissait de littérature. Et il faut le dire avec netteté : la conscience grecque répugnait à l'idée du sacrifice humain et considérait la coutume comme barbare. Quand Euripide écrit son *Iphigénie en Tauride*, le thème est mis en évidence : l'Artémis de Tauride réclamait des sacrifices humains, mais ce rite était barbare. Et un fragment conservé de l'*Andromède* de Sophocle est formel sur ce point[16].

Certes, dans le cas du sacrifice perpétré par Achille, il s'agit de prisonniers de guerre ; or l'exécution de captifs, si elle amenait des protestations, était cependant pratiquée encore au ve siècle : un célèbre débat à ce sujet eut lieu quand les Lacédémoniens, au début de la guerre du Péloponnèse, exécutèrent leurs prisonniers platéens. Thucydide rapporte ce débat[17]. Il rapporte aussi la façon dont, dans certains cas, les Athéniens vainqueurs exécutèrent toute la population mâle des villes qu'ils avaient soumises après une révolte. Mais une exécution à l'issue d'une victoire n'est pas un sacrifice. Et le principe d'offrir aux dieux des vies humaines a très tôt choqué les Grecs.

Il est donc évident qu'Homère a été, ici encore, puiser dans un vieux fonds de traditions en voie d'extinction pour faire de la conduite d'Achille une exception à la fois grandiose et terrible.

Et pourtant il n'insiste pas. Il n'a pas un mot de pitié, ni de protestation. Pourquoi ? On peut au moins offrir une hypothèse : Homère ne cherche pas à susciter l'indignation contre Achille, mais la pitié pour Hector ; dès qu'il s'agit de lui, on a donc des mots de tendresse, de douleur — pour les autres, non. Cela eût nui à l'orientation même de toute cette fin.

L'épisode des douze Troyens confirme le grandissement sauvage des gestes d'Achille, sans détourner d'Hector l'intérêt et la compassion.

*

Et que fait-il donc à Hector ? Rien encore. Les rites funéraires continuent, avec les jeux en l'honneur de Patrocle. Et ce n'est qu'au chant suivant, quand chacun s'est retiré, qu'intervient un nouveau rite, dont Hector est, cette fois, la victime, et qui attirera contre Achille l'intervention des dieux.

Merveilleuse composition de ce poème : juste avant ce moment de cruauté et d'horreur, Homère commence par une évocation du désespoir d'Achille. Tout est fini, chacun songe à reprendre sa vie : « Seul, Achille pleure : il songe à son ami. Le sommeil qui dompte les êtres n'a pas prise sur lui. Il se tourne, il se retourne, dans le regret qui le tient de Patrocle et de sa force et de sa noble fougue [...]. Il répand de grosses larmes, couché tantôt sur le côté, tantôt sur le dos, tantôt face au sol. Ou bien il se dresse et s'en va errer, éperdu, le long de la grève de mer »[18].

Ce qui suivra sera violence ; mais cette violence est ici rendue compréhensible. Le monde d'Homère n'est pas fait de noir et de blanc. Et Achille, avant d'être condamné, éveille une sympathie d'autant plus vive que cette douleur solitaire s'oppose aux grandes manifestations qui précèdent et mène droit au plus intime.

On n'a pas relevé tous les passages de ces derniers chants où s'exprimaient la souffrance d'Achille et sa tendresse pour l'ami perdu. On aurait pu citer ce qu'il dit à sa mère, dans le désespoir du premier moment ; on aurait pu citer sa réaction au retour du corps de son ami, quand il sanglote sans répit, comme un lion privé de ses petits[19]*, on aurait pu citer également le moment où, juste après la mort d'Hector, il se désole — ici encore, dans une douleur solitaire : « Seul, le Péléide, étendu sur la rive où bruit la mer, sanglote lourdement au milieu de nombreux Myrmidons, dans un endroit découvert, où le flot déferle au rivage »*[20]*. Et l'on aurait pu rappeler qu'alors, quand enfin Achille s'endort, l'âme de Patrocle lui apparaît, réclamant des honneurs funèbres et souhaitant que leurs cendres à tous deux restent à jamais rapprochées. Achille veut alors saisir la vaine apparition : « Qu'un instant au moins, aux bras l'un de l'autre, nous jouissions de nos tristes sanglots. » Mais l'âme demeure insaisissable ; comme Ulysse, qui, dans l'*Odyssée*, voudrait étreindre sa mère remontée pour un temps de chez les morts, Achille n'étreint que le vide : comme une vapeur, avec un petit cri, l'âme a disparu.*

Toutes ces scènes expriment un mélange de tendresse et de désespoir devant la mort d'un être cher qui sont d'une rare intensité. Elles rappellent le désespoir de

Gilgamesh, dans l'épopée akkadienne, là aussi pour la mort d'un ami. Mais elles ont un accent plus humain, qui rend la douleur d'Achille inoubliable.

L'on peut ajouter que la nature de cette tendresse entre les deux amis n'est jamais précisée. Amis ? Amants ? Qu'importe ! Les Grecs de l'époque classique devaient en discuter, avec passion ; mais la discrétion d'Homère lui laisse un caractère général qui permet à chacun de se reconnaître en Achille : ce qu'Homère peint est la perte d'une personne aimée et prend valeur universelle.

*Entre ces divers passages où est évoquée la douleur d'Achille, celui qui précède les sévices contre Hector s'impose avec un réalisme puissant. De façon bien caractéristique, Homère n'analyse pas le sentiment, mais décrit, de façon concrète, les mouvements, les gestes, les marques extérieures du tourment intérieur. On pense à la description de l'angoisse d'Ulysse dans l'*Odyssée*, quand il voudrait massacrer sans tarder les servantes et se tourne en tous sens, en s'admonestant : « Patience, mon cœur ! »*[21].

L'inexpérience de l'analyse psychologique donne une force accrue à l'évocation du sentiment. Et il semble bien que notre littérature moderne, lassée de trop d'analyses, revienne, depuis peu, à ce procédé originel.

Quoi qu'il en soit, des textes comme celui-ci offrent plus qu'une explication et une excuse à la violence d'Achille ; ils suggèrent déjà cette idée, qui figure chez de nombreux auteurs, qu'en Grèce, ni la violence ni la cruauté ne sont naturelles : elles sont toujours la réaction à une grande offense, à une grande souffrance. La cruauté était barbare ; mais les Grecs reconnaissaient que la souffrance les faisait parfois agir comme des barbares[22].

De même que la douleur d'Achille est intense et inapaisée, de même le traitement qu'il inflige au corps d'Hector sera violent et obstiné. C'est en fait, ici encore, un rite — et un rite répété chaque jour : tous les matins, quand l'aube paraît sur la mer, Achille répète les mêmes gestes : « À son char, il attelle ses chevaux rapides, et, derrière la caisse, il attache Hector, pour le traîner sur le sol. Puis, quand il l'a, trois fois de suite, tiré tout autour de la tombe où gît le corps du fils de Ménoetios, il s'arrête et rentre dans sa baraque, le laissant dans la poussière, étendu face contre terre »[23].

Attaché au char, comme auparavant : c'est bien ce qui a pu faciliter la confusion signalée au début de ce chapitre. Mais autour du tombeau, en exécution d'un rite. Et trois fois comme pour la procession des guerriers autour du tombeau, au début du chant XXIII ; le même *tris*, « trois fois », est répété avec force d'un passage à l'autre. Le chiffre, au demeurant, semble avoir par lui-même une valeur rituelle, ou, au moins, significative. Car il est fréquent de rencontrer le triple essai suivi du triple échec, ou la triple attaque suivie d'une triple reprise. Et l'on rencontre ce même chiffre trois dans le texte où Apollonios de Rhodes décrit le deuil mené pour le héros Kyzicos : « *Trois jours* entiers, ils gémissaient et s'arrachaient les cheveux [...]. Puis, quand ils eurent, avec leurs armes de bronze, fait *trois fois* le tour du défunt, ils l'ensevelirent dans un tombeau et se mesurèrent dans des jeux, selon le rite »[24].

Après tout, n'était-ce pas trois fois aussi qu'Achille avait poursuivi Hector, autour de Troie, avant leur affrontement ? La poursuite se met à ressembler à une consécration, et Hector à la victime qu'il va devenir...

Quant au fait de traîner ainsi le corps autour du tombeau, il semble bien lui aussi remonter à des traditions archaïques. D'après des témoignages anciens assez nets, c'était jadis une coutume thessalienne que de traîner le corps d'un meurtrier autour du tombeau de sa victime. Un scholiaste cite cet usage et précise qu'Achille suit ici la coutume thessalienne ; Aristote semble avoir confirmé cette tradition [25].

Coutume thessalienne ? On peut l'admettre... Mais Homère ne la présente évidemment pas comme telle et devait avoir assez peu de lumières à ce sujet. Il faut donc surtout retenir, ici encore, l'existence probable de traditions, de rites, de tout un substrat religieux, dominé par l'idée de venger les morts. Il semble ainsi qu'Homère a vraiment puisé un peu partout dans ce fonds de traditions déjà à moitié effacées, de façon à rendre plus complète la vengeance qu'Achille offre en hommage à Patrocle.

En même temps, il lui ôtait l'horreur d'un acharnement gratuit et direct, en enrobant la conduite d'Achille dans cet esprit de piété envers l'ami perdu et de retour à tous les rites divers qui, ici, se combinent. Le plus horrible est aussi le plus sacré.

Un élément peut sembler faire défaut. Il a été suggéré que si Homère ne montrait guère d'émotion pour les douze Troyens massacrés, c'était parce que toute la pitié se concentrait sur Hector. Mais où est-elle, ici, cette pitié ? Le texte ne comporte pas non plus le moindre adjectif de pitié ; il n'y a ni « tête jadis charmante », ni « tendre cou », ni allusion aux exploits passés ou au deuil troyen.

Il n'y a rien ; mais c'est que la protestation, ici, arrive de beaucoup plus haut. Car cette brève et sobre description vient se heurter, immédiatement, à une intervention surgie d'ailleurs. Au cours du même vers, sans transition, la mention de ce corps rejeté, chaque fois, dans la poussière, est suivie d'une opposition : « Mais Apollon épargne tout outrage à sa chair. Il a pitié de l'homme, même mort. »

La voilà, la pitié que nous attendions ! La voilà nommée, affirmée, et émanant d'un dieu !

L'action, alors, passe sur un autre plan ; et la vengeance d'Achille se heurte à plus fort que lui.

Mais, du coup, on est amené à reprendre les faits qui viennent d'être rapportés en considérant non plus le point de vue de l'action d'Achille, mais celui du sort effectif d'Hector — ou, comme dit Homère, « de l'homme, même mort ».

À parler de rites et de traditions religieuses, on risquerait d'oublier ce corps couché dans la poussière, sur lequel s'acharne Achille, depuis douze jours...

*

À partir du chant XXII, la présence de la mort est plus sensible que nulle part ailleurs dans l'*Iliade.*

Et pourtant, elle est partout et elle donne au poème sa force tragique. C'est ce qu'a très bien montré le livre de Jasper Griffin cité plus haut[26]. Mais sa présence culmine en ces derniers chants. Et elle n'y est pas seulement évoquée à travers le deuil de ceux qui restent et qui pleurent un être aimé : la douleur d'Achille et celle d'Andromaque, de part et d'autre, donnent à cet aspect une grande force ; mais, dans ces derniers chants, le sort de l'âme, le sort du corps sont également mis en avant — et ceci représente, dans le poème, une réelle originalité.

L'âme est évoquée à propos de Patrocle, le corps à propos d'Hector.

Pour l'âme, c'est assez surprenant. L'*Iliade*, en général, se soucie assez peu des problèmes métaphysiques. On n'y évoque pas les morts, comme dans l'*Odyssée* ; on n'y descend pas aux enfers ; on ne cherche pas, comme dans *Gilgamesh*, à abolir la mort. L'*Iliade* est beaucoup trop attachée à la réalité de la vie humaine pour cela, et beaucoup trop pénétrée du caractère définitif de la mort. Mais ici, pour une fois, une fenêtre s'entrouvre, une âme apparaît.

Et il faut bien avouer que l'on ne lit pas sans émotion le passage où Achille découvre tout ensemble qu'il reste quelque chose après la mort, et que c'est bien peu.

Après son vain élan pour étreindre Patrocle, il s'écrie : « Ah ! point de doute, un je ne sais quoi vit encore chez Hadès, une âme, une ombre, mais où n'habite plus l'esprit. Toute la nuit, l'âme du malheureux Patrocle s'est tenue devant moi, se lamentant, se désolant, multipliant les injonctions. Elle lui ressemblait prodigieusement »[27].

Oui, quelque chose survit, mais si peu ! Les textes peuvent varier ; on peut dire que ceux qui faisaient des offrandes aux héros leur prêtaient une certaine action. Mais ce n'est pas ce que suggère ici Homère. Patrocle n'est qu'une âme en peine, une image (*eidôlon*), où il n'y a pas d'esprit, de *phrenes*. Cela veut dire que l'homme ne sait plus rien : Patrocle se croit, à tort, négligé par Achille. L'*Odyssée* dira de même que seul le devin Tirésias a pu, chez les morts, garder ses *phrenes*[28]. Tout cela suggère une existence larvée, évanescente et vaine. À la limite, bien que l'atmosphère et sans doute la date soient fort différentes, on comprend que l'Achille de l'*Odyssée* ait pu aller jusqu'au bout de ce sentiment d'effacement et déclarer qu'il aimerait mieux, « valet de bœufs, vivre en service chez un pauvre fermier qui n'aurait pas grand'chère, que régner sur ces morts, sur tout ce peuple éteint »[29]. L'impression est toujours celle du contraste entre la beauté de la vie et la tristesse de la survie.

> *Il en va de même dans l'épopée de* Gilgamesh, *où la mort est si importante. Un détail, cependant : Gilgamesh obtient que son ami quitte un moment le domaine des ombres. Et alors le texte dit : « Ils tombèrent dans les bras l'un de l'autre. Et s'embrassèrent à qui mieux mieux »*[30]. *Combien plus désolante est la vaine étreinte dans l'*Iliade !

En revanche, la comparaison avec le lion (ou la lionne) à qui l'on a pris ses petits figure dans les deux textes. Ressemblances et différences sont également révélatrices.

En fait, il n'y a pas grand intérêt à vouloir dégager des diverses indications de l'épopée une doctrine cohérente sur le sort des âmes après la mort. Nos idées à nous sont-elles si cohérentes ? En revanche, une impression générale s'impose, qui, elle, est la même partout et qui s'exprime ici avec une netteté rare : c'est que ce sort est misérable et accentue encore la cruauté des séparations. Une présence qui n'en est pas une, une étreinte vaine, une disparition : l'apparition de l'âme de Patrocle ne fait en définitive que raviver la douleur d'Achille, et son effort pour l'enlacer, en se heurtant à une absence, devient un peu comme s'il le perdait pour la seconde fois.

Pourtant, c'était bien Patrocle, et non pas un rêve. Ou plutôt, pour les anciens, il était normal que le rêve fût, non pas le produit de notre imagination, mais un contact avec des dieux, des morts, des forces sacrées, choisissant ce moyen d'apparaître aux vivants[31].

Dans le cas des morts, il s'y ajoutait cette ressemblance fondamentale, à savoir que les morts avaient en effet l'inconsistance des songes.

Plus tard, le pessimisme se développant, ces images d'une existence inconsistante et vaine furent employées pour dépeindre la vie humaine. C'est le cas chez Pindare, mais avec un correctif, puisque l'homme est « le rêve d'une ombre » mais que les dieux peuvent rendre son existence brillante[32]*. C'est surtout le cas chez Sophocle — un des plus beaux exemples étant celui de son* Ajax *: « Je vois bien que nous ne sommes, nous tous qui vivons ici, rien de plus que des fantômes* *ou des ombres légères »*[33]*. Le contraste est manifeste avec le goût de la vie qui perce partout chez Homère.*

*Encore est-ce le seul passage de l'*Iliade *qui parle de survie : le plus souvent, tout se passe comme si la mort était une fin, absolue. Et peut-être, sans que l'amour de la vie en soit la cause, la sensibilité de notre temps rejoint-elle, bien souvent, malgré le christianisme, la sensibilité homérique en la matière.*

Quoi qu'il en soit, le fantôme de Patrocle, tout en ravivant l'émotion d'Achille, ouvre, au seuil de cette fin du poème, sur l'idée même de la mort et du peu qu'elle laisse de nous.

L'*Iliade* ne s'orientera pas, comme l'épopée de *Gilgamesh*, vers une recherche d'immortalité : c'est vers ce peu qui reste de nous qu'elle s'orientera. Alors que le poème babylonien se tourne vers les conditions de la « vie-sans-fin », le poème grec se tourne vers l'aspect purement humain de la mort : vers le cadavre. Après les deux morts parallèles, il reste deux corps — deux corps dont chacun est source d'inquiétude pour les siens.

Car tout menaçait ces corps, s'ils n'étaient pas ensevelis. La survie même de l'âme pouvait en souffrir. Mais surtout ils risquaient d'être dévorés par les bêtes — depuis les bêtes du champ de bataille : chiens errants, oiseaux de proie, jusqu'aux vers qui s'attaquent à toutes les charognes.

Cela aurait pu arriver au corps de Patrocle. Cela aurait dû arriver au corps d'Hector. Et là surgit un autre aspect de la mort, pour lequel Homère nous offre un réalisme qui est, chez lui, inhabituel.

On a cité ici, dans les menaces, de nombreuses mentions des chiens et des oiseaux : on n'a pas rencontré les vers. Ils ne conviennent pas à des menaces de guerriers ; mais ils hantent les craintes de ceux qui ont perdu un être cher. Achille les craint pour le corps de Patrocle : « J'ai terriblement peur que, pendant ce temps-là, les mouches n'entrent dans le corps du vaillant fils de Ménoetios, à travers les blessures ouvertes par le bronze, et n'y fassent naître des vers, outrageant ainsi le cadavre »[34]. De même Andromaque craint pour Hector. Dans sa plainte du chant XXII, où le passé et le présent, la vie et la mort, sont dans un perpétuel et douloureux contraste, elle évoque la protection qu'Hector assurait à Troie, puis ajoute : « Et maintenant, près des nefs creuses, loin de tes parents, les vers grouillants, après les chiens repus, vont dévorer ton corps... »[35].

Ces deux cas sont les seuls, dans tout Homère, pour lesquels ces vers sont évoqués, les seuls où se marque un aussi dur réalisme — celui que l'on retrouvera dans les Danses macabres, ou, plus tard, dans *Une Charogne* de Baudelaire. Certes, il ne s'agit que de craintes ; et la brutalité des images n'est que le reflet de l'angoisse. Elle n'en est pas moins réelle et remarquable. Même les descriptions de blessures ou de morts en plein combat, pour saisissantes qu'elles soient, sont comme prises dans le feu de l'action et dans l'exaltation guerrière. Ici, on a pire.

Et quoi d'étonnant à cela ? Après tout, n'est-ce pas le thème même de cette fin que d'opposer à la putréfaction des corps l'apaisement des rites ? il fallait que ces sinistres perspectives ouvrent, sobrement mais franchement, la grande question de la fin. Elles lui donnent même tout son sens. Et elles aident à comprendre la nature et les limites de la vengeance qu'exerce Achille sur ce corps outragé.

★

Ce corps d'Hector, jeté à terre, traîné, rejeté, traîné encore, abandonné, repris, il ne faut pas oublier qu'en plus il devait être couvert de blessures, car les guerriers achéens, dans l'ivresse de la victoire, avaient insulté ce mort et l'avaient tous frappé : « Aucun d'eux ne s'approche sans lui porter un coup »[36]. Il aurait dû être, en effet, dévoré par les bêtes sauvages et rongé de vers ; et c'était là à quoi devait aboutir, en fin de compte, la vengeance d'Achille. Une telle fin aurait rendu impossible l'apaisement du chant XXIV. Elle aurait surtout été choquante et horrible.

Les dieux y ont veillé. Disons plutôt, pour le moment : « des dieux ».

Quand Achille s'inquiète pour le corps de Patrocle, sa divine mère le rassure : elle s'occupera de protéger le corps contre les mouches : « Quand il demeurerait gisant une année pleine, sa chair restera toujours inaltérée — voire mieux encore »[37]. De fait, elle instille dans les narines du cadavre « ambroisie et rouge nectar, afin que sa chair reste inaltérée ».

Mais Hector aussi a des amis chez les dieux — des amis qui n'ont pu le sauver de la mort, mais qui, l'acte une fois accompli, retrouvent leur pouvoir. Et, cette fois, Homère marque, avec force, l'échec de la vengeance d'Achille. Celui-ci vient de promettre à l'ami qui n'est plus : « Pour Hector le Priamide, ce n'est pas à la flamme que je le veux donner à dévorer, c'est aux chiens. » Et, tout de suite, Homère ajoute : « Ainsi dit-il, menaçant. Autour d'Hector cependant les chiens ne s'affairent pas. La fille de Zeus, Aphrodite, nuit et jour, de lui les écarte. Elle l'oint d'une huile divine, fleurant la rose, de peur qu'Achille lui arrache toute la peau en le traînant. » Et, pour faire bonne mesure, Apollon suscite un nuage, qui conserve le corps à l'ombre[38].

De même, après le rite qui se déroule chaque matin autour du tombeau de Patrocle, Apollon intervient à son tour pour protéger le corps. Il y a dans ces interventions divines une gradation sur laquelle on reviendra au chapitre suivant[39].

Mais d'ores et déjà on peut constater que tous les efforts

d'Achille sont vains. Il peut traiter le corps de façon humiliante ; il peut honorer son ami aux dépens de ce corps ; il peut tout faire : le corps demeure intact. Il n'est la proie ni des chiens, ni des oiseaux, ni des vers. Il ne se flétrit pas à la chaleur. Il est protégé... La suite montrera pourquoi et à quoi conduit cette protection.

Elle conduit en tout cas à la révélation que fait Hermès à Priam au chant XXIV — un étonnant constat d'échec pour la vengeance d'Achille : « Voici la douzième aurore qu'il est là, étendu à terre, et sa chair ne se corrompt pas ; ni les vers ne l'attaquent, ces vers qui dévorent les mortels tués au combat. Sans doute Achille, chaque jour, le traîne brutalement tout autour de la tombe de son ami, à l'heure où paraît l'aube divine : il ne l'abîme pas pour cela. Tu l'approcherais, tu verrais toi-même comme il est là, tout frais, le sang qui le couvrait lavé, sans aucune souillure, toutes ses blessures fermées, toutes celles qu'il a reçues — et combien de guerriers ont poussé leur bronze contre lui ! C'est ainsi que les dieux bienheureux veillent sur ton fils, même mort. Il faut qu'il soit cher à leur cœur »[40].

On peut s'étonner du réalisme qui se traduit dans les menaces et dans les craintes. Mais le voici compensé par cette vision du corps préservé. La lumière homérique n'aurait pas supporté que fussent réalisées ces horreurs. Mieux : elle enveloppe ce corps maltraité de toute la beauté chère au poète. Le corps n'est pas seulement préservé : il est frais, il est lavé, il est comme paré et rendu à sa grâce première. N'oublions pas que, chez Homère, les maisons sont bien construites, les armes brillantes, que les femmes ont les bras blancs et la ceinture profonde : voici que, chez lui, même le mort semble touché par un rayon.

Ce rayon vient des dieux ; et c'est chez eux que s'élaborera la réponse au problème de la vengeance d'Achille. Il en va là comme dans le texte de Pindare cité un peu plus haut et relatif à l'homme, qui est le rêve d'une ombre : « mais quand les dieux dirigent sur lui un rayon... ». Chez les Grecs l'amour de la vie et la religion coïncident.

Sans doute est-ce là l'origine de l'impression éprouvée par Ch. Segal, qui relève une sorte de lassitude progressive chez Achille. On est en effet passé des actes aux rites, du combat à l'expérience de la mort. Et, en plus, le rayon divin commence à suggérer une autre fin.

★

Et, de fait, à quoi donc aboutit-elle, cette vengeance ? Contrairement à ce que suggéraient les menaces, il n'y a aucune sorte de mutilation, ni tête coupée ni membres dévorés ; et il n'y a même pas, grâce aux dieux, de dommage physique. Il n'y a qu'acharnement et refus de sépulture.

Car que veut dire « livrer aux chiens et aux oiseaux », sinon « ne pas ensevelir » ? Achille utilise le corps pour satisfaire sa rancune et honorer son ami. Il le fait avec obstination — douze jours de suite. Mais c'est tout.

On a dit plus haut qu'il ne pouvait faire plus si l'on voulait arriver à un apaisement final, qui serait la leçon du poème. Mais on peut ajouter une autre raison, plus chargée de sens. C'est qu'Homère par là, allait, encore une fois, à l'essentiel. En montrant la fureur d'Achille, l'âpreté de ses menaces, l'accumulation de gestes inhabituels, hérités d'un lointain passé, il offrait une image propre à choquer, à émouvoir, à rester comme une image terrible dans les mémoires. Mais de cette vengeance exceptionnelle ne restait en définitive que l'obstination à refuser une sépulture. Un problème universel à travers ce qui semblait un cas unique. Et un problème qui peut se poser, et émouvoir, et faire réfléchir — cela en tous les temps.

CHAPITRE X

L'INTERVENTION DES DIEUX

« Les dieux devraient laisser la rancune aux humains. »

EURIPIDE, *Les Bacchantes*, 1348

Tant qu'Hector vivait, les dieux avaient pu paraître assez peu satisfaisants : divisés entre eux, capables de cruauté, et même de perfidie. Et voici que, dans les trois derniers chants, les choses changent. À la cruauté, qui, cette fois, est humaine, ils opposent leur réprobation, et rétablissent un ordre fondé sur des valeurs. Cette nouveauté est saisissante. Mais Homère a su en révéler l'avènement avec une progression très sûre. L'étude du texte le prouve.

Et pourtant ce texte pose quelques problèmes. On rencontre des traces possibles de remaniements, ou bien d'additions plus ou moins bien raccordées au reste. Tel est le cas pour beaucoup de grands textes, souvent lus, mais dont la forme n'a pas encore été fixée une fois pour toutes : ces accidents sont le signe même de l'intérêt qu'ils suscitaient. Mais, il faut le dire : jamais ces menus avatars, que l'on relève dans la fin de l'*Iliade*, n'en déparent la superbe architecture : ils ont pu, de proche en proche — peut-être — la renforcer.

On a, en fait, une savante progression dans le récit, qui reflète comme la découverte des valeurs que le poème, sur sa fin, fait s'épanouir.

*

Tout commence dès le chant XXIII. Bien qu'il s'agisse là des funérailles de Patrocle, on voit déjà surgir, à propos des menaces d'Achille, des interventions divines, individuelles, qui tendent à protéger le corps maltraité.

Ces interventions viennent d'Aphrodite, puis d'Apollon. Déjà, une gradation ! Apollon, en effet, est un dieu de première importance, et c'est lui qui, au chant suivant, prendra en main la question et en référera à l'assemblée des dieux. Mais la gradation est plus nette encore entre les moyens employés.

Aphrodite, la déesse aux charmes magiques, se sert d'une « huile divine, fleurant la rose »[1]. Et déjà là, certains s'inquiètent : Pourquoi Aphrodite, qui aimait Troie mais pas spécialement Hector ? Et qu'est-ce que cette huile ? Et comment peut-elle empêcher les secousses contre le sol de déchirer la peau d'Hector ? — C'est de la magie, bien entendu. Et (merveille !) nous savons qu'Homère éprouve une répugnance certaine à évoquer ce qui est magique — dans l'*Iliade* en tout cas. On n'y rencontre ni armures divines impossibles à percer, ni objets comme le Palladion, capable de sauver Troie. On ne connaît guère que le ruban magique du chant XIV, propre à susciter l'amour et venant, là aussi, d'Aphrodite[2]. L'imprécision du texte ne doit donc pas surprendre, non plus que le choix d'Aphrodite. Quant à s'étonner, avec certains, de voir la déesse assumer une protection, qui, au chant suivant, reviendra à Apollon, c'est méconnaître l'effet d'insistance et de progression qui résulte de ce doublet.

Aphrodite a agi en premier, dans un rôle bien fait pour elle. Peut-être éprouve-t-elle quelque sollicitude pour la beauté des corps ? Et même si aucun lien personnel n'explique ici son action, ne peut-on voir là comme une première suggestion d'Homère ? Déjà la pitié pour ce corps maltraité cesse d'être affaire de préférences pour devenir une question de principe, et de pitié en général[3].

En tout cas, dans le vers suivant, Apollon vient se joindre à elle : il étend un nuage dans le ciel, qui maintient le corps à l'ombre. Ce n'est plus là de la simple magie : Apollon est dans son rôle, lui, le dieu de lumière, le dieu-soleil. Et ce qu'il fait n'est pas grand-chose ; mais cette intervention prépare les suivantes et montre aussitôt qu'Aphrodite n'est pas la seule à s'inquiéter du corps d'Hector.

⋆

Après cette double intervention où l'on peut voir comme des mesures d'urgence[4], le thème de l'aide divine ne reparaît qu'au chant XXIV, lorsque, les funérailles achevées, Achille n'en continue pas moins le rite matinal consistant à traîner le corps, trois fois, autour du tombeau de Patrocle.

Apollon, alors, intervient une nouvelle fois, et de façon bien plus solennelle et saisissante qu'auparavant : il couvre le corps avec l'égide d'or, qui empêchera qu'Achille ne lui arrache la peau en le traînant[5].

L'égide ? Voilà encore un nouveau motif d'émoi pour nos critiques, qui se déchaînent à qui mieux mieux. L'égide appartient à Zeus : que fait-elle entre les mains d'un autre ? L'égide est constituée par la peau de la chèvre Amalthée : comment peut-on dire « l'égide d'or » ? Et puis, comme pour l'huile d'Aphrodite, comment peut-elle empêcher un corps de se déchirer contre le sol[6] ? Que de drames !

On peut passer sur le dernier, puisque le principe du texte est d'admettre une action magique et miraculeuse. Quant aux autres étonnements, si déraisonnables qu'ils soient, ils aident à mieux percevoir le véritable éclat du texte.

L'égide, cela est vrai, appartient à Zeus. Mais Apollon l'a

déjà eue en sa possession au chant XV, pour protéger Hector. Et Athéna l'a eue, elle aussi — d'abord au début, lorsque le combat se préparait, et plus tard, au chant XVIII, pour protéger Achille[7]. Par une belle équité la même protection passe, une fois la vengeance accomplie, du vainqueur au vaincu, d'Achille à Hector. Confiée à l'un des grands dieux, l'égide devient le signe que l'action de ce dieu est comme ratifiée par Zeus et cette action en tire un relief plus grand. L'on mesure alors la gradation entre l'Apollon au nuage, du chant XXIII, et l'Apollon à l'égide du chant XXIV : la majesté s'accroît et les autres dieux ne sont pas loin.

Sans doute est-ce pour cela aussi que l'égide est ici « d'or » : symbole de beauté, de noblesse, de grandeur. Elle peut fort bien être ainsi qualifiée. Sa description, au chant II, lorsqu'elle se trouve entre les mains d'Athéna, ne laisse pas de doute à cet égard : « L'égide que ne touchent ni l'âge ni la mort, et dont les cent franges voltigent au vent, les franges tressées, tout en or, dont chacune vaut cent bœufs »[8]. L'égide est possible ; l'or est possible ; mais le fait même qu'il faille s'en expliquer montre à quel point le ton s'élève : on va passer très vite des interventions isolées et individuelles à la sanction des dieux et à celle de Zeus.

*

La transition se fait par la pitié.

Apollon, se servant de la force protectrice de l'égide, était mû par la pitié (*éléairôn*, au vers 19) : les dieux de leur côté « avaient pitié » (*éléaireskon*, au vers 23). On ne peut faire éclater un thème avec plus de netteté. Après toutes ces menaces, après toutes ces violences, voici enfin la réaction : *éléos*, la pitié.

Le mot nous est resté familier, à cause du verbe, encore

employé dans la liturgie : *Kyrie éléison*, « Seigneur, prends pitié ». Il n'est pas rare chez Homère, qui a plus de cinquante exemples du verbe. Mais le substantif, l'abstrait, l'idée toute pure, ne se trouve qu'ici, dans le texte du chant XXIV, quand Apollon se plaint qu'Achille ait perdu tout sentiment de pitié et de respect[9].

La pitié des dieux pour les hommes, on la connaît bien, dans Homère[10]. On connaît aussi la pitié qu'inspirent les pauvres morts. Ne parle-t-on pas, à propos de Patrocle, d'un « cadavre pitoyable »[11] ? Mais le sentiment qu'exprime Apollon est différent. Homère dit ici qu'il a pitié d'Hector « même mort », c'est-à-dire « bien qu'il soit mort ». La pitié devrait-elle cesser avec la mort ?

Pour un dieu, sans doute. Dans un cas normal, sans doute aussi. Car la pitié va à la souffrance, va à quelqu'un qui se débat, qui craint et qui espère. Mais, le cas d'Hector est à part, car, par la faute d'Achille, rien n'est fini pour lui. Il a encore besoin d'aide, parce qu'Achille n'a point, lui non plus, arrêté sa vengeance à la mort de son ennemi. Le petit mot de concession du « même mort » ouvre donc une perspective sur ce qu'il y a de choquant et d'inadmissible dans la conduite d'Achille.

Et bientôt cela va se préciser, avec beaucoup de force, dans le plaidoyer qu'Apollon adressera aux dieux. C'est tout à la fin de ce plaidoyer, au dernier vers, quand il dénonce l'obstination d'Achille, qui va, « dans sa colère jusqu'à outrager une argile insensible »[12].

Une argile ? En grec, « de la terre », tout simplement. Et l'on reste saisi devant la hardiesse brutale de l'expression. Mais elle a ici un sens. S'acharner sur ce qui n'est plus rien, et ne sent plus rien émane d'une rage aveugle, que plus rien ne justifie ni n'excuse. L'on se souvient alors de cette longue obstination d'Achille à poursuivre le rite : douze jours ! Et c'est quand vient le douzième jour qu'Apollon se décide à intervenir auprès des dieux. La guerre, oui ! Tuer son adversaire, oui. Mais l'acharnement sur un cadavre est une folie honteuse.

> *Une argile insensible, de la terre. Rarement l'idée a été exprimée en grec avec plus de force. On la rencontre cependant, ici ou là, chez les tragiques. Et un beau texte de Sophocle parle d'un mort qui est « terre, et rien »*[13]*. Déjà l'on pense au passage de la* Genèse, *qui dit : « Car tu es poussière et tu retourneras en poussière »*[14]*.*
>
> *Le texte d'Homère se range au point de départ de cette tradition. Il en diffère par le fait que, justement, le corps est encore là, qu'il n'est pas « retourné à la terre », et qu'il est l'objet passif de violences qui n'ont plus de sens. Le contraste implique donc une brutale condamnation et un jugement moral. Comment vouloir encore faire du mal à ce qui ne sent plus rien ?*

Apollon est donc animé d'une vibrante indignation quand il s'adresse aux dieux. Et, après cette gradation des interventions individuelles, on franchit, grâce à lui, un nouveau pas, cette fois décisif.

*

Les dieux n'avaient pas attendu Apollon pour avoir pitié. Ils avaient même eu l'idée de faire enlever le corps par Hermès ; et tous semblaient d'accord sauf les trois divinités ennemies de Troie, Héra, Poséidon et Athéna.

À vrai dire, le texte, ici encore, crée des ennuis et soulève des problèmes. La raison donnée à l'opposition de ces divinités est liée au jugement de Pâris — jugement qui n'est mentionné nulle part ailleurs dans l'*Iliade*. Ceci, joint à certains traits inhabituels de langue, poussait les critiques anciens à écarter tout ce groupe de vers ; les modernes se sont parfois contentés d'écarter les vers relatifs au jugement de Pâris.

Que de doutes et de discussions ! On sait que le texte a vécu et subi, ici ou là, des variations... Très bien ! Mais l'idée d'enlever le corps d'Hector n'est nullement isolée dans le chant XXIV. Zeus lui-même prendra, un peu plus loin, la peine de l'écarter. Et le fait qu'il l'écarte revêtira un sens très riche, mettant en relief la solution, toute différente, qu'alors il offrira.

Il ne faut donc pas, ici encore, se livrer aux excès d'une épuration aveugle (qui oblige même le docte Aristarque à supprimer cette réponse de Zeus, puisque l'on a supprimé le projet initial) : il faut plutôt admettre que le texte a pu recevoir de petites additions de détail, plus ou moins heureuses, mais garder ce qui en fait le prix et l'originalité.

Du coup, l'on abordera l'assemblée des dieux en sachant à l'avance l'émoi, les souhaits, les divisions entre divinités — et en sachant aussi combien ils sont sensibles au scandale créé par Achille.

C'est dans ces conditions que s'ouvre le débat. On l'a rapproché parfois du débat qui s'instaure chez les dieux au chant I de l'*Odyssée* et aboutit de même à une intervention chez les hommes. Mais le récit de l'*Iliade* est infiniment plus rigoureux dans sa structure. Il comporte trois discours : un plaidoyer indigné d'Apollon, une protestation d'Héra, un verdict de Zeus.

Les deux premiers diffèrent par le ton, d'une manière frappante.

Apollon met en avant des considérations d'ordre moral : ce que les dieux doivent à Hector et les rites funèbres qu'il devrait obtenir ; puis le scandale que ce serait d'aider Achille — « l'exécrable Achille, alors que celui-ci n'a ni raison ni cœur qui se laisse fléchir au fond de sa poitrine et qu'il ne connaît que pensers féroces ». Achille est comme un lion ; il a « quitté toute pitié et il ignore le respect »[15]. En conclusion vient l'idée de ce qu'a d'exceptionnel l'obstination d'Achille, qui ne sait pas arrêter sa fureur une fois les rites accomplis.

On trouve là, comme en un bouquet, tous les mots qui opposent la cruauté au respect d'autrui, la sauvagerie à la pitié. Peut-être cela a-t-il amené, ici encore, des insertions de vers : l'un relatif au respect d'autrui (*aidôs*) se retrouve dans Hésiode[16]. Qui dira dans quel sens s'est fait l'emprunt ? Les réflexions morales, dans les textes anciens, s'attirent, se répètent, se complètent. Et le trait, finalement, aide ici à percevoir le caractère unique du plaidoyer d'Apollon : c'est un plaidoyer pour toutes les vertus de douceur.

Au contraire, Héra, n'a pas un mot d'ordre moral. Elle ne tient compte que du rang : Achille est le fils d'une déesse, Hector l'est d'une femme ; et tout est dit par là. Elle ne prononce d'ailleurs que huit vers, en regard des vingt et un d'Apollon.

Non seulement, donc, on a, par la bouche d'Apollon, l'énoncé très fort d'une morale : on a, grâce au contraste, l'indication de ce qu'a de nouveau cette morale, par rapport aux vieilles règles de préséance. Nous sommes au tout début de la littérature grecque ; et déjà ce début se présente comme une conquête et une révolution engagée au nom des valeurs.

La pitié pour Hector se mue en une revendication faite au nom de valeurs universelles : le sort du corps maltraité met en cause des principes, qui sont principes d'humanité.

Du coup, d'ailleurs, la proposition pratique reste vague. Apollon demande aux dieux de ne pas laisser faire, de « sauver » Hector, éventuellement de se fâcher contre Achille : il ne dit pas quelle forme doit prendre cette protection : cette décision-là va dépendre de Zeus.

Et c'est bien une merveille, là aussi, que la façon dont se combinent la liberté du débat et la souveraineté de la décision prise par le maître.

Le débat est clair et schématique. Alors qu'Aphrodite et Apollon étaient tous deux intervenus pour Hector, leur sentiment sera exprimé par une seule voix. De même, alors que trois divinités soutenaient le parti contraire (Poséidon, Athéna et Héra), une seule voix se fait entendre en ce sens, celle d'Héra. La thèse, puis l'antithèse : aucun autre conseil des dieux n'est présenté avec cet équilibre dialectique ; le débat en acquiert un relief unique. — Mais c'est à Zeus qu'il revient de trancher, Zeus qui a laissé les deux autres s'exprimer tour à tour et qui prend ensuite la parole. Thèse, antithèse, synthèse.

Le mot de synthèse est d'autant plus à sa place ici que Zeus apporte une solution originale : celle-ci ne se rallie vraiment à aucune des deux propositions antérieures, mais retient un peu de chacune tout en les dépassant l'une et l'autre.

*Justice de Zeus ? On pourrait plutôt parler d'une sorte de sagesse politique dont se dessinent les premiers traits. Et l'on pourrait citer ce que dira le chœur, dans l'*Agamemnon *d'Eschyle : « Mais l'homme qui, de toute son âme, célébrera le nom triomphant de Zeus aura la sagesse suprême »*[17].

Zeus est un souverain qui consulte, mais tranche, avec autorité — en l'occurrence un « bon roi ».

⋆

Il faut dire que sa solution représente, de la part du poète, un véritable coup de génie. Et, pour la mieux mettre en valeur, il fait durer l'attente et ne la révèle qu'en deux temps.

D'abord, Zeus s'explique.

Il prie Héra de ne pas entrer en guerre avec les dieux. Et il pose tout de suite un principe d'équilibre : Héra ne doit pas s'inquiéter, et il est sûr qu'Hector ne saurait recevoir les mêmes égards que le fils d'une déesse ; mais, inversement, on ne saurait ignorer sa piété, ni la régularité de ses sacrifices.

Alors, la solution ? Soustraire à Achille le corps d'Hector ne se peut pas, à cause de Thétis. Mais..., eh bien ! que l'on convoque Thétis, précisément ; et, par son intermédiaire, on parviendra à un accord.

Les précisions viendront ensuite, quand Thétis sera là. Seul s'impose le principe d'une négociation en vue d'une entente.

On peut, ici encore, chipoter et s'étonner. Zeus écarte la solution de l'enlèvement secret en disant qu'elle est impossible. Mais tout n'est-il pas possible pour Zeus ? Il invoque la présence perpétuelle de Thétis, qui ne laisserait pas faire. Mais Thétis n'est pas toujours aux côtés de son fils, comme le prétend le texte[18] ; et Zeus, de plus, a tout pouvoir sur Thétis. Alors ? — Alors, au lieu d'écarter ces vers, comme on l'a fait parfois, ne peut-on admirer que Zeus déclare impossible ce qui ne pourrait se faire que par la violence et au prix de querelles entre dieux ? Thétis, qu'elle soit près ou loin, est toujours au courant de ce qui touche son fils. Elle saurait, forcément. Or jamais, depuis le début, Zeus n'a accepté de peiner Thétis ; son grand dessein visait à lui donner satisfaction. Il lui serait donc impossible, soudain, d'agir contre elle et à son insu. « Cela ne se peut pas » : le vague de l'explication laisse percevoir ce désir de concorde, qui, depuis toujours, anime le roi des dieux.

Héra avait rappelé ce qui était dû à Thétis : Zeus fait appeler Thétis. C'est à la fois lui rendre hommage et faire connaître ses souhaits à Achille, par la voix la plus chère, sans le contraindre ni l'humilier.

Je cherche des exemples d'une si parfaite sagesse politique : naturellement, il n'y en a pas. À l'un manquera l'autorité, à l'autre l'habileté, ou l'existence d'un intermédiaire... Et je m'émerveille au passage qu'un ensemble aussi complexe et équilibré se trouve dans une œuvre si ancienne, que l'on croit parfois archaïque ou simplette. Et je m'émerveille que cette réponse de Zeus tienne en onze vers[19] *!*

*

Thétis obéit aussitôt à la convocation de Zeus : « Il ne faut pas qu'il ait parlé pour rien »[20]. Plus de vingt vers apportent une détente, décrivent les deux trajets, de l'Olympe vers la grotte, de la grotte vers l'Olympe : ces vers font attendre les solutions et ménagent l'intérêt.

Et comme il est courtois, ce Zeus, qui accueille Thétis ! Il la remercie de s'être dérangée ; il fait allusion à son grand chagrin et, enfin, il lui explique les faits. Et là se placent les deux trouvailles de Zeus.

La première est de présenter le renoncement d'Achille comme une gloire pour lui. Il dit à Thétis que les dieux sont choqués et que certains voulaient dérober le corps d'Hector ; mais on ne trompera pas Achille, on ne le lésera pas : « J'entends, moi, réserver cette gloire à Achille ; je veux pour l'avenir garder ton respect, ta tendresse »[21]. Ces derniers mots montrent bien en quoi la solution de l'enlèvement secret était impossible aux yeux de Zeus. Mais les égards pour Thétis ne sont pas tout. En amenant Achille à céder spontanément, Zeus lui accorde — une gloire ! Le mot grec est *kudos*, que le *Dictionnaire étymologique* de P. Chantraine définit en disant : « un vieux mot qui exprime la force rayonnante des dieux ou celle qu'ils confèrent ». Autrement dit, un beau mot, plein d'éclat. Évidemment on peut comprendre, avec certains (comme N. Richardson), que ce *kudos* sera constitué, avant tout, par l'hommage de la rançon. Mais le mot va beaucoup plus loin. Zeus parlait de subtiliser le corps d'Hector : laisser Achille le rendre de son plein gré lui en assure le mérite.

De fait, c'était un *kudos* pour Achille que de tuer Hector : c'en sera un autre que de céder, de rendre le corps, de faire lui-même, volontairement, ce geste d'apaisement.

Ainsi surgit une gloire morale, à côté de celle qu'offrent les succès militaires : l'emploi du mot est comme un coup de clairon saluant l'entrée des valeurs douces.

Mais, en même temps, ce mérite d'Achille ne lui reviendra que parce qu'il l'aura librement accepté ! Et c'est cela, la vraie merveille de la solution de Zeus : il ordonne, il fait savoir son souhait, mais il laisse Achille agir, en tenant compte de ce souhait. L'initiative revient à l'homme !

« Dis-lui que les dieux s'indignent, et que moi-même, entre tous les immortels, je suis révolté de le voir ainsi, d'un cœur furieux, retenir Hector près des nefs recourbées et se refuser à le rendre. Nous verrons bien s'il aura peur de moi et s'il rendra Hector »[22]. Il y a certes l'énoncé d'une réprobation, qu'étaie toute la puissance de celui qui la proclame. Mais l'homme pourrait encore s'entêter : le grec dit, en mot à mot, non pas « nous verrons bien », mais l'équivalent : « pour voir si », « au cas où ». La formule est courtoise ; elle laisse, dans le principe au moins, l'avenir ouvert. Cette étroite marge de liberté suffit : l'homme connaît l'avis des dieux et c'est à lui d'en tirer les conséquences. La décision de Zeus met l'homme, et l'homme seul, en face de ses responsabilités.

*Cette petite liberté laissée à l'homme, ou plutôt remise à l'homme, surprendra ceux qui ont adopté les vues un peu simplistes, selon lesquelles, pour les Grecs, le destin mène les hommes, de façon absolue et souveraine. L'idée n'est pas fausse ; et l'on a vu, dans l'*Iliade *même et dans le récit qui, ici, nous intéresse, ce destin intervenir : il rendait inévitable la mort de Sarpédon, fils de Zeus, ou la mort de notre Hector.*

*L'on a vu également que la mort d'Achille sous les murs de Troie était à l'avance connue et certaine. C'est l'idée qui sera plus tard au centre d'*Œdipe Roi. *Mais cette orientation générale doit pourtant être corrigée et exige quelques nuances. Il n'est pas rare, en effet, de voir les auteurs grecs laisser une place assez saisissante à la liberté de l'homme, à sa responsabilité. Il est clair qu'Agamemnon, invité à sacrifier sa fille, pourrait ne pas le faire ; pour Eschyle, la décision qu'il prend, et qu'il a hésité à prendre, ouvre une longue suite de désastres, désormais inévitables ; c'est bien ce que signifie le chant célèbre du chœur, au début de l'*Agamemnon *: « Et, sous son front une fois ployé au joug du destin, un revirement se fait, impur, impie, sacrilège : il est prêt à tout oser, sa résolution désormais est prise »*[23]*. De même, si le roi des* Suppliantes, *dans l'œuvre du même Eschyle, hésite si cruellement à accueillir celles qui lui demandent asile, c'est parce que la décision qu'il doit prendre sera lourde de conséquences : « Décider ici n'est pas facile... »*[24]*. En fait, il y a toujours comme une collaboration entre l'homme et les dieux, entre l'homme et son destin. Pour ne pas quitter Eschyle, c'est le sens de ce que dit Darius dans* Les Perses : « *Quand un mortel s'emploie à sa perte, les dieux viennent l'y aider »*[25] *: s'il le dit, c'est parce que le destin voulait la défaite des Perses, mais que l'audace impie de Xerxès a précipité les choses, avancé l'heure, aidé le destin.*

Il s'agit là, toujours, de fautes. On admirera que, chez Homère, la marge de liberté laissée à l'homme soit, au contraire, une liberté pour le bien.

Ce n'est, encore une fois, qu'une liberté limitée, presque une courtoisie de Zeus : le roi des dieux est comme ces parents qui apportent un cadeau et lais-

sent, au dernier moment, à leur enfant l'honneur de l'offrir. Mais l'enfant peut faire une rage et refuser de rien offrir. Cela arrive...

En fait, on peut comparer le message de Zeus à Achille avec la Genèse. *Dieu dit lui-même à Adam qu'il est interdit de manger le fruit de l'arbre. Et il assortit cette interdiction de menaces précises. Mais Adam, lui, passe outre. L'ordre était plus impérieux : il n'est pourtant pas obéi. Adam est plus libre qu'Achille — malheureusement pour nous. Et les rapports entre le dieu et l'homme sont, dans l'œuvre grecque, étonnamment proches et courtois. Achille est fils d'une déesse et les dieux sont tous pétris d'humanité.*

Au passage, une autre différence ! L'avertissement de Zeus vise une conduite morale. Il s'élève contre ce qui est cruauté, obstination, refus par rapport aux rites. Et c'est finalement là le plus important, le plus surprenant. Ces dieux d'Homère qui, lors des combats, nous avaient paru si cruels, si personnels, si portés à l'arbitraire, voici qu'ils interviennent cette fois-ci, et cette fois-ci seulement, en faveur de règles de conduite et du respect d'autrui. Après les interventions individuelles d'Aphrodite et d'Apollon, après les déclarations hostiles d'Héra, c'est ici Zeus qui parle. Et qu'exige-t-il ? Admirable exigence : il attend de l'homme des égards pour un autre homme — qui désormais n'est plus rien et ne peut plus rien.

*

Achille pourrait refuser. Il pourrait hésiter. Il pourrait dire qu'il a promis à son ami de ne jamais rendre le corps, ni permettre qu'il soit enseveli. Il l'avait, en effet, promis. Il pourrait aussi dire qu'il n'a plus de raison de craindre

Zeus : il sent qu'il va lui-même mourir, bientôt, à Troie. Il n'a donc plus rien à perdre. Il pourrait enfin dire : que les dieux sont libres de reprendre ce corps s'ils le veulent, mais que ce n'est pas à lui, Achille, de le rendre, et moins encore d'accueillir Priam avec sa rançon, alors qu'il a, à plusieurs reprises, refusé de jamais en accepter une, quelle que soit son importance. Cela serait vrai : il l'avait dit. Il avait même lancé cette affirmation à la face d'Hector quand celui-ci l'avait supplié, parlant de rançon. Achille l'avait traité de chien, alors. Il avait dit qu'il souhaitait le dévorer tout cru et que nul n'empêcherait les chiens de s'attaquer au cadavre — non, « quand même on m'amènerait, on me pèserait ici dix ou vingt fois ta rançon, en m'en promettant davantage encore ; non, quand bien même Priam le Dardanide ferait dans la balance mettre ton pesant d'or... »[26].

Et maintenant, que lui offre-t-on ? — « Des présents », « la rançon ». Or il va accepter.

Il faut dire que Thétis rapporte avec soin le verdict de Zeus : « Il dit que les dieux s'indignent et que lui-même est révolté... »[27]. Il faut dire aussi qu'elle y joint sa tendresse de mère, désolée de voir Achille s'abîmer de douleurs. Il faut dire enfin, qu'elle le pousse : « Va, rends-le... » Mais la réponse d'Achille est d'une simplicité qui désarçonne.

Mot à mot, rigoureusement, pour obéir au désir du dieu, il dit : « Ainsi soit-il »[28].

Ou, plus complètement : « Ainsi en soit-il donc ! Que l'on m'apporte la rançon et que l'on emmène le mort, si c'est l'Olympien qui l'ordonne lui-même d'un cœur tout à fait franc »[29].

On n'a jamais vu un homme si passionné céder de la sorte. Et l'effet est de faire mesurer l'importance du message divin. Zeus n'a qu'à parler — en son nom et au nom des dieux : tout est dit.

Une autre fois déjà, tout au début du poème, une divinité veut calmer Achille ; et il obéit aussitôt : le rapprochement a été fait, entre autres, par James Redfield[30]. Au chant I, au plus fort de la querelle entre Achille et Agamemnon, Athéna, envoyée par Héra, surgit et pose la main sur les cheveux d'Achille. D'abord il proteste. Mais Athéna s'explique. Et il cède : « Un ordre de vous deux, déesse, est de ceux qu'on observe. Quelque courroux que je garde en mon cœur, c'est là le bon parti. Qui obéit aux dieux, des dieux est écouté »[31]. De fait, c'est bien la même obéissance, la même absence de discussion. Il y a cependant de légères différences entre les deux situations, qui aident à mieux apprécier l'attitude d'Achille au chant XXIV.

D'abord, au chant XXIV, il cède encore plus vite. Et puis, bien que l'ordre vienne de Zeus, l'Achille du chant XXIV n'a plus rien à espérer de Zeus, ni pour lui ni pour ceux qui lui étaient chers. Enfin, il ne s'agit plus, cette fois, d'un élan de colère comme celui qui, au chant I, le poussait à vouloir tuer Agamemnon : il s'agit, au chant XXIV, d'une promesse obstinément tenue, jour après jour, et liée à tout un ensemble de douleurs et de rancunes. La brusque acceptation d'Achille au chant XXIV a donc une solennité plus grande et une soudaineté plus frappante.

Elle n'est pas expliquée ; et Homère laisse dans l'ombre l'aspect psychologique. Est-ce pur respect de Zeus ? Est-ce lassitude ? Est-ce désolation et désir d'en finir ? Homère ne le dit pas et, par là, l'« Ainsi soit-il » d'Achille conserve toute sa majesté mystérieuse.

> *Cette absence d'analyse psychologique n'est pas pour nous surprendre : elle est, on l'a vu, une habitude chez Homère. Quand Achille permet à Patrocle de rejoindre le combat, c'est aussi un retournement important et il n'est pas non plus expliqué ni analysé : « Mais laissons le passé être le passé. Aussi bien, je le vois, n'est-il guère possible de garder dans le cœur un*

courroux obstiné... »[32]*. L'acte, toujours, l'emporte sur la description des sentiments.*

Peut-être ce caractère est-il d'autant plus intéressant pour nous que la littérature de notre temps, saturée d'analyse psychologique, tend à revenir à ce mode d'expression. L'acte doit suffire à suggérer l'explication. Et, s'il reste une marge d'incertitude, c'est tant mieux. Milan Kundera l'a dit avec netteté dans L'Art du roman *; quand il a déclaré se situer « au-delà du roman psychologique » et quand, situant ce retournement juste après Proust, il a parlé de quelque chose qui s'éloignait de nous « pour toujours et sans retour »*[33].

En tout cas, ce silence d'Homère a pour effet de renforcer le prix donné à la pression divine. Lire la fin de l'*Iliade* sur un mode purement psychologique est en fausser l'équilibre[34]. Le message de Zeus donne à l'apaisement final sa vraie dimension et son meilleur garant.

*

Mais le message de Zeus ne s'adressait pas qu'à Achille. Pour que celui-ci pût accepter la rançon, il fallait qu'elle lui fût offerte, et apportée : Zeus a décidé que ce serait par le vieux Priam lui-même, qui se rendrait seul chez l'auteur de ses maux. Et il en a informé Priam par l'intermédiaire de sa messagère, la déesse Iris.

L'exigence était grande et c'était là une dure épreuve pour Priam. Mais là était le seul moyen de ne pas irriter Achille et de mener à l'apaisement. Achille, ainsi, n'aurait pas à recevoir une délégation ennemie : seulement un vieil homme écrasé de douleur.

Priam en aurait-il la force ? L'acceptation d'Achille est prompte et belle, mais ne doit faire oublier ce qui est exigé de Priam. Homère ne cache ni sa frayeur ni le danger couru ; et ainsi, peu à peu, l'action glisse vers le plan purement humain.

Zeus avait prévu les craintes de Priam : « Que son âme ne songe ni à la mort ni à la peur. » Il avait promis la protection d'Hermès jusque chez Achille et s'était porté garant d'Achille. Aussi Iris, quand elle arrive chez Priam, commence-t-elle par là : « Que ton cœur ne craigne rien, Priam, fils de Dardanos, qu'il ne s'effraye pas ! » Et elle répète toutes les promesses de Zeus.

Sans un mot, Priam commence ses préparatifs ; mais il consulte Hécube et celle-ci est horrifiée par un tel projet : « Hélas ! mais où s'est donc envolée ta raison [...] ? Est-il possible que tu veuilles aller, tout seul, aux nefs des Achéens, pour affronter un homme qui t'a tué tant de si vaillants fils ? Vraiment, ton cœur est de fer. S'il se saisit de toi, s'il t'a là sous ses yeux, le cruel, le félon ! il n'aura pour toi ni pitié ni respect » ; et elle s'abandonne à la haine : c'est là qu'elle déclare qu'elle aimerait pouvoir dévorer le foie d'Achille[35].

Hécube voudrait le retenir, comme elle a voulu retenir son fils. Mais, pour Priam comme pour Achille, la parole de la divinité suffit. « J'ai entendu une déesse, je l'ai vue devant moi : j'irai, il ne faut pas qu'elle ait parlé pour rien »[36].

Belle obéissance aux dieux, là aussi ! Jusqu'à cette dernière formule, qui rend un son familier pour les lecteurs, ou les auditeurs, du chant XXIV : un peu plus de cent vers auparavant, Thétis avait accepté de se rendre auprès de Zeus, malgré sa peine, en employant les mêmes mots : « S'il parle, il ne faut pas qu'il ait parlé pour rien »[37]. Trois ordres de Zeus se succèdent donc. Les trois êtres qui les reçoivent sont dans la douleur. Tous trois acceptent, sans hésiter.

Pour Priam, cette obéissance peut bien, il le sait, lui coûter la vie ; elle peut aussi lui faire retrouver le fils qu'il pleure : « Si mon destin est de périr près des nefs des

Achéens à la cotte de bronze, je l'accepte. Oui, qu'Achille me tue, dès que j'aurai pris mon fils dans mes bras et apaisé mon désir de sanglots »[38]. Le deuil du père entre à son tour en action : autour de la parole divine se tisse tout un réseau de sentiments humains, simples et souverains.

Et le voilà qui querelle les Troyens, et ses fils survivants. Le voilà pris par l'impatience, donnant des ordres, présidant aux préparatifs de cette redoutable expédition. Puis, au dernier moment, sur le conseil d'Hécube, il se tourne encore une fois vers Zeus, lui adressant une prière solennelle. Il lui demande de l'aider, lorsqu'il sera chez Achille, et d'abord pour arriver jusque-là. Il lui demande un signe ; il lui demande un présage favorable, apporté par l'aigle divin... Alors Zeus l'entend : un aigle immense apparaît dans le ciel, sur la droite — une promesse éclatante, qui garantit que tout se fera selon le vouloir et avec l'aide du roi des dieux.

> *Les éditions, en général, commentent l'espèce de l'aigle et son aspect, à la lumière de données zoologiques. Elles s'arrêtent peu au miracle lui-même. Or ce n'est pas tant l'apparition de l'aigle qui frappe, ici, que cette demande d'apparition — comme on demande un miracle au Dieu judéo-chrétien. Au chant VIII, déjà, Zeus avait envoyé un aigle, parce qu'il avait pitié de l'angoisse d'Agamemnon. Mais Agamemnon n'avait pas demandé ce signe : il n'avait demandé que le salut des siens. On a rencontré d'autres aigles, au cours du récit — entre autres, celui dont Hector avait si audacieusement négligé la valeur prophétique, au chant XII*[39]*, mais, cette fois, rien n'avait été demandé. L'apparition de l'aigle du chant XXIV, demandée par Hécube, puis par Priam, scelle de façon unique l'accord des dieux et des hommes.*

*

Et tout cela encore une fois, pourquoi ? — Pour que soit respecté le droit à la sépulture — règle d'humanité qui porte ici, en clair, la marque de la sanction divine. L'on pense déjà à ce que diront les Grecs du Ve siècle à propos de ces lois non écrites, dont fait partie le droit à la sépulture. Ainsi le sophiste Hippias qui, dans les *Mémorables* de Xénophon, ne voit pas d'autre origine à assigner à ces lois que les dieux : « Pour moi », dit-il, « j'imagine que les dieux les ont fixées pour les hommes »[40]. Ainsi, surtout, les textes célèbres de Sophocle sur les lois non écrites, inébranlables des dieux ! « Elles ne datent, celles-là, ni d'aujourd'hui ni d'hier, elles sont éternelles, et nul ne sait le jour où elles ont paru... » ou encore : « Les lois qui leur commandent siègent dans les hauteurs : elles sont nées dans le céleste éther, et l'Olympe est leur père ; aucun mortel ne leur donna le jour ; jamais l'oubli ne les endormira : un dieu puissant est en elles, un dieu qui ne vieillit pas »[41].

En rattachant toute la fin de l'*Iliade* à l'intervention divine, Homère prépare à l'avance — sans commentaire ni déclaration de principes — l'épanouissement d'une pensée donnant à des règles d'humanité, valables pour la vie courante, un caractère à jamais sacré.

> *Cet aspect de la divinité est assez nouveau dans l'*Iliade *; il ressemble plutôt à ce que l'on trouve dans l'*Odyssée *; et l'on a beaucoup écrit sur les ressemblances diverses qui lient la fin de l'*Iliade *à l'autre poème. Ainsi se trouve confirmée l'impression, signalée plus haut, d'assister ici à une découverte des valeurs.*
>
> *Mais, par là, on a le sentiment de toucher à un trait caractéristique de la Grèce. Car comment ne pas être*

*frappé par la ressemblance avec la fin de l'*Orestie *? Là aussi, c'est une déesse qui vient instaurer un ordre plus pacifique et équitable pour la société des hommes. Là aussi, cette déesse remet la gloire de cette mesure d'apaisement aux hommes, puisque, pour mettre fin à la cruauté des vengeances poursuivies trop longtemps (cette fois, sur des générations), elle institue un tribunal humain. Et là aussi elle porte atteinte au prestige et aux prérogatives de certaines divinités, dont le lot se modifie ; mais tout comme Zeus multipliant les égards pour obtenir la collaboration de Thétis et l'acceptation d'Achille, l'Athéna d'Eschyle procède avec une courtoisie obstinée, insistant, avec respect, pour obtenir le consentement des Érinyes.*

Bien entendu, les situations ne sont pas les mêmes ; et l'on ne saurait établir de parallélisme ; mais tous les grands thèmes se rejoignent, d'un texte à l'autre : l'influence de la divinité et son souci de laisser aux hommes une responsabilité, le refus de la violence, la courtoisie, la persuasion... On pourrait même dire que la différence des situations rend plus sensibles ces rencontres, dans lesquelles le sacré et l'humain se rejoignent.

La place du sacré est donc frappante, et émouvante. Pourtant la scène ultime se jouera chez les hommes. Zeus a organisé la rencontre de Priam et d'Achille : entre eux, tout est encore à faire. Et l'homme, une fois de plus, retrouve la première place.

CHAPITRE XI

APAISEMENT

> « Le malheureux a beau être mon ennemi, j'ai pitié de lui quand je le vois ainsi plier sous un désastre. Et, en fait, c'est à moi plus qu'à lui que je pense... »
>
> SOPHOCLE, *Ajax*, 121-124.

Hécube avait raison d'avoir peur pour le vieux Priam. Et Homère a tout fait pour suggérer l'audace de ce départ solitaire vers le camp achéen.

Seul — ou pratiquement seul ! Un héraut dirige les mules, et le vieillard conduit. Personne d'autre ! Or il va ainsi sortir en rase campagne, parmi les ennemis, et ce en transportant avec lui des trésors. Pour rendre plus sensible cette solitude, Homère évoque un groupe de proches qui l'accompagnent d'abord, puis le laissent aller ; et ceux-ci « pleurent sur lui sans fin, comme s'il marchait à la mort ». Zeus lui-même, quand il le voit, est, cette fois encore, « pris de pitié »[1] : il envoie donc Hermès pour lui servir de guide et lui éviter les mauvaises rencontres.

Alors intervient un de ces épisodes comme il en est tant dans l'*Iliade* : Hermès ne se fait pas reconnaître. Il prétend être un écuyer d'Achille, afin de justifier tout ce qu'il sait de la situation. Ce n'est que plus tard, lorsqu'il aura remplacé le vieillard pour la conduite du char et l'aura mené à bon port, qu'il révélera qui il est — et disparaîtra.

Cette aide sauve le vieux Priam ; mais Hermès, puis Achille, commenteront encore l'audace de l'entreprise.

Hermès, profitant du déguisement qu'il a assumé, feint, en effet, de s'étonner : « N'as-tu pas peur non plus de ces Achéens qui respirent la fureur ? Ce sont tes ennemis, ennemis acharnés, et ils sont là, tout près. Si l'un d'eux t'aperçoit, à travers la rapide nuit noire, porteur de tant de richesses, quel plan imagineras-tu ? Tu n'es pas jeune... »[2]. Et Achille, à son tour, remarquera : « Comment donc as-tu osé venir, seul, aux nefs achéennes, pour m'affronter, moi, l'homme qui t'a tué tant de si vaillants fils ? Vraiment, ton cœur est de fer »[3].

De fait, Priam a eu peur, très peur. Rien que d'apercevoir Hermès, comme une forme inconnue dans l'ombre, il a été terrifié : « Son poil se dresse sur ses membres tordus ; il s'arrête, saisi d'effroi. »

Les mensonges d'Hermès ont l'avantage de faire ressortir le danger couru par Priam. Ils en ont un autre ; car, à la faveur de l'entretien courtois qui s'établit entre le dieu et le vieillard, ils peuvent parler d'Hector. Hermès fait son éloge, appelant Hector « le plus vaillant des hommes » ; et il calme l'angoisse de Priam, sur l'état où il va retrouver le corps de son fils[4] ; le cœur de Priam déborde alors de reconnaissance pour les dieux, à la pensée qu'il n'arrive pas trop tard.

Le courage du vieillard, partant ainsi avec ses trésors, est donc, dès le prélude, lié à sa douleur de père. Elle seule l'a fait obéir à l'ordre de Zeus et se lancer dans cette aventure terrifiante. Il veut le corps de son fils bien-aimé — celui dont il a dit, au chant XXII, ces mots déchirants : « Pourquoi n'est-il pas mort, tout au moins, dans mes bras ? »[5].

*

Mais traverser le camp n'est pas tout : le plus redoutable est d'affronter Achille.

Priam le fait en suppliant. Et cette humiliation implique un courage plus grand encore. La scène est ici inoubliable.

Priam va droit à Achille, qui est seul, à l'écart des autres : il s'arrête près de lui, « il lui embrasse les genoux, il lui baise les mains [6] — ces mains terribles, meurtrières, qui lui ont tué tant de fils ! Ainsi, quand une lourde erreur a fait sa proie d'un mortel et qu'après être devenu un meurtrier dans son pays, il arrive en terre étrangère, au logis d'un homme opulent, la stupeur saisit tous ceux qui le voient. Même stupeur saisit Achille à voir Priam semblable aux dieux ; même stupeur prend les autres ; tous échangent des regards ».

La comparaison avec le meurtrier qui vient demander asile représente un trait audacieux, d'autant plus qu'en fait le meurtrier (les mots mêmes viennent de le rappeler) n'est pas Priam, mais bien Achille [7]. Mais ce qu'elle exprime est avant tout le saisissement des assistants : un meurtrier, poursuivi par le désastre et surgissant soudain, inspire une surprise mêlée de terreur, et relevant un peu du sacré. D'ailleurs le mot grec, *thambos*, implique très souvent le sacré. Et cette surprise mêlée de frayeur se communique dès lors des assistants aux lecteurs mêmes d'Homère.

Il est arrivé, le vieux Priam ! Il est chez Achille, devant Achille. Mais n'était-ce pas à prévoir ? Zeus lui-même l'avait promis, par l'intermédiaire d'Iris. Il avait promis l'assistance d'Hermès ; et il avait promis aussi qu'Achille ne ferait rien contre le vieux roi : « Non seulement Achille ne te tuera pas, mais il empêchera tout autre de le faire : il n'est ni fou, ni aveugle, ni criminel ; bien au contraire, il tiendra fermement à épargner le suppliant » [8].

Priam avait-il oublié cette promesse ? Et nous, émus par le récit, et sensibles au danger couru, avions-nous oublié que la sûreté de Priam était à l'avance assurée ? À vrai dire, il est psychologiquement assez beau que, tout en obéissant résolument, Priam reste, dans l'immédiat, épouvanté. Le danger fait tout oublier : l'apôtre Pierre, dans sa frayeur, n'a-t-il pas renié Jésus, trois fois ? Mais il est aussi littérairement admirable qu'Homère réussisse à nous faire partager sa frayeur. Nous aurions dû savoir... Le doute de Priam nous a entraînés !

Zeus avait parlé du respect du suppliant ; et c'est avec les gestes traditionnels de la supplication que Priam s'adresse à Achille. Du coup, voici un premier grand principe qui s'affirme et domine toute cette fin : parmi les lois non écrites, qui devaient revêtir dans la pensée grecque un caractère sacré, figure le devoir d'épargner les suppliants. C'est une des gloires de la Grèce que de l'avoir formulé et proclamé : le chant XXIV de l'*Iliade* est le premier texte où il soit mentionné. Et celui qui le mentionne n'est autre que Zeus.

Le sort réservé au cadavre d'Hector ouvre sur tous les plus grands principes d'humanité dont nous sommes redevables à la Grèce.

*

Et, maintenant, la parole est au suppliant.

Là aussi, il sera seul. Et il n'est pas sans intérêt de rappeler que, si cette scène a souvent été reprise par les tragiques [9], il semble que, dans la pièce d'Eschyle tout au moins, plusieurs interlocuteurs aient été en présence : Hermès, pour soutenir Priam, ainsi qu'Andromaque ellemême et, pour soutenir Achille, Athéna [10]. La solitude de

Priam dans Homère, et l'importance de ce qu'il va dire, en ressortent d'autant mieux.

Or tout ce qu'il va dire tient dans son premier vers, inoubliable lui aussi : « Souviens-toi de ton père, Achille, pareil aux dieux »[11].

Ce sera son seul, son grand argument. Et, en cela, il s'écartera du conseil que lui avait donné Hermès, lui recommandant les formes les plus classiques de la supplication : « Supplie-le au nom de son père, de sa mère aux beaux cheveux, de son fils, si tu veux émouvoir son cœur »[12]. Priam ne retient que le père — le père dont la situation se compare à la sienne. Dès la mort d'Hector, tout de suite, Priam avait songé à aller trouver Achille : « Je veux supplier cet homme [...]. Il a, lui aussi, un père comme moi, Pélée, qui l'a engendré et nourri... »[13]. À présent encore, il fonde tout son espoir sur ce parallélisme. Et il explique : Pélée n'a eu qu'un fils, et « il a du moins, lui, cette joie au cœur, qu'on lui parle de toi comme d'un vivant » ; Priam, lui, en a eu cinquante et les a perdus, y compris le seul qui pouvait sauver Troie. Il attend donc la pitié d'Achille. Oui, la pitié : les mots qui la désignent sont répétés ; et, dans une ultime comparaison, Priam se déclare plus pitoyable encore que Pélée — quand ce ne serait que pour la démarche même qu'il vient de tenter : « J'ai osé, moi, ce que jamais encore n'a osé un mortel ici-bas : j'ai porté à mes lèvres les mains de l'homme qui m'a tué mes enfants. »

Achille devrait se sentir ému : jamais, il ne se montre indifférent à la pensée de son père. Il s'inquiète de lui, l'imagine seul chez lui, évoque la douleur que serait sa mort[14]. Aussi la réaction est immédiate : « Il dit, et chez Achille il fait naître un désir de pleurer sur son père. » Ce désir est sans doute renforcé par la connaissance qu'il a de son sort à venir : il ne reverra pas son père ; et il le sait. Le parallélisme entre les deux pères était plus étroit que Priam ne s'en doutait.

Mais, par-delà les cas individuels, comment ne pas admirer la sûreté avec laquelle Homère fait appel aux sentiments les plus essentiels chez l'homme ? La douleur des pères à la mort de leurs fils : quoi de plus fort, et de plus universel ? Zeus lui-même, dans Homère, l'a éprouvé, à la mort de son fils Sarpédon...

Et voilà que ce sentiment premier, commun à tous, devient ici ce qui sert à rapprocher deux hommes, par-delà les hostilités et les haines. La guerre est comme transcendée dans la découverte d'une souffrance commune. Et c'est peut-être là le plus beau message de l'*Iliade*.

C'est aussi un des grands messages de la Grèce. Ce deuil des pères est la première raison donnée pour haïr la guerre chez Hérodote ; on a déjà cité sa belle formule : « Personne n'est assez fou pour préférer la guerre à la paix : dans la paix, les fils ensevelissent leurs pères ; dans la guerre, les pères ensevelissent leurs fils » [15]. *Et les auteurs grecs ont dit, avec force, que la souffrance règne dans les deux camps. Par exemple, Euripide prête à un chœur de femmes troyennes, au moment même où leur ville est prise, ces mots si émouvants : « Elle gémit aussi, sur les bords de l'Eurotas au beau cours, la fille de Laconie, baignée de larmes, dans sa maison »* [16].

Ainsi se crée une véritable solidarité, cimentée par des souffrances communes. On la redécouvre de nos jours, dans des livres ou des films sur la guerre : le point de départ est chez Homère, où la pensée s'affirme dans toute sa force concrète et sa simplicité.

Cette solidarité prend soudain corps dans le récit d'Homère en une notation concrète, qui déjà contient en germe l'apaisement à venir, et ses raisons, et son sens. Priam et Achille, ensemble, pleurent sur leurs peines respectives :

« Tous les deux se souviennent : l'un pleure longuement sur Hector meurtrier, tapi aux pieds d'Achille ; Achille cependant pleure sur son père, sur Patrocle aussi par moments, et leurs plaintes s'élèvent à travers la demeure »[17].

On rapproche parfois ce texte d'autres manifestations où plusieurs personnes pleurent en commun des deuils différents causés par la guerre[18]. Mais nulle part on n'a ainsi, liés par le deuil, les deux ennemis, dont l'un a tué le fils de l'autre. Et, détail émouvant, Achille pleure sur son père — « sur Patrocle aussi par moments » : cette mort de Patrocle, qu'il ne peut oublier, l'a mené à tuer Hector, puis à s'acharner sur son cadavre : à présent, elle rejoint, parmi tous les deuils, celui qui s'attache à la mort d'Hector.

La partie, visiblement, est gagnée. Par la souffrance, l'apaisement, d'abord réclamé par les dieux, se fait jour, désormais, dans les sentiments spontanés de l'homme.

*

Ces sentiments provoquent, comme l'ordre de Zeus, une acceptation immédiate : aussitôt Achille relève Priam et l'invite à s'asseoir. Cette facilité à céder peut surprendre chez ce furieux qu'est Achille. Et la tragédie du ve siècle imaginera des discussions plus poussées avant qu'Achille ne se laisse convaincre : la façon dont, chez Homère, il cède d'un coup à l'émotion touche, au contraire, par sa force et sa simplicité.

D'abord, elle parle en faveur d'Achille. Elle confirme ce que disait Zeus : « Il n'est ni fou, ni aveugle, ni criminel » ; sous l'effet du sentiment qu'a éveillé Priam, toute sa nature généreuse reparaît : il redevient lui-même.

Bien plus, il s'élève à une vision de la parenté entre deux mondes qui s'affrontent ; plaignant son père, il observe qu'il n'est pas auprès de lui pour remplir ses devoirs de fils : « Je demeure en Troade, à te désoler, toi et tes enfants ! » On dirait que tout à coup il sent la guerre dans sa cruauté universelle, oubliant toute inimitié entre personnes.

Mais cette acceptation si rapide et apparemment si totale n'empêche pas que subsistent en lui des forces contraires. Et, par une rare finesse, Homère les a laissé apercevoir, qui couvent en lui, secrètes. Il a même prêté à Achille la conscience de ces retours possibles. Car, après tous ses propos aimables et courtois, dès que Priam parle de reprendre « sans délai » le corps de son fils, il l'avertit : « Ne m'irrite plus maintenant, vieillard. Je songe moi-même à te rendre Hector » ; il cite même l'ordre de Zeus et reconnaît dans la venue du vieillard une protection divine ; mais patience ! « Ne provoque donc pas mon courroux davantage, quand je suis dans le deuil. Sans quoi, vieillard, je pourrais bien ne pas t'admettre chez moi, tout suppliant que tu es, et violer l'ordre de Zeus »[19].

Ce retour de l'impatience, cette colère qui secrètement persiste rendent à Achille sa personnalité et ajoutent, finalement, du prix à son acceptation.

Détail amusant : Aristote se plaignait de cette instabilité chez Achille ! Il se plaignait aussi de la même instabilité chez l'Iphigénie d'Euripide, acceptant soudain le sacrifice qu'elle tentait jusqu'alors d'éviter. Le dogmatisme du philosophe n'aimait pas ces frémissements de l'irrationnel : nous, oui ! Du coup, sa sévérité même, en attirant notre attention sur ces détails, nous les fait apprécier d'autant mieux. Autrement, habitués comme nous le sommes aux nuances de la psychologie, nous aurions pu ne pas les remarquer[20]. Ils nous montrent un Achille vivant, divisé, vibrant.

Par là, ces brusques mouvements d'impatience, en révélant ce qu'il en coûte à Achille de céder, mettent en relief la force des valeurs auxquelles, malgré tout, il entend obéir.

Et d'abord le respect des suppliants, qui perce jusque dans sa mise en garde : « tout suppliant que tu es ».

Car l'important est là : le bref élan de colère qui a, un instant, percé, n'empêche pas la suite de s'accomplir. Achille avait invité Priam à s'asseoir, et celui-ci, dans sa hâte d'en finir, avait refusé : après ce court éclat, effrayé, il obéit. Alors, Achille, toujours fougueux, disparaît. On va passer aux actes ; les règles de la courtoisie grecque vont être restaurées, selon tous les rites.

Ce qui suivra sera en effet l'accomplissement d'une série de rites allant de l'acceptation de la rançon au repas d'hospitalité. Et il est clair que le retour aux rites suppose et entraîne l'apaisement intérieur. Mais c'est un peu une déformation de sociologue que d'en tirer des conclusions sur les vertus du rituel[21]*. Car tout est parti de cette solidarité humaine à laquelle Priam a fait appel, et de ces larmes partagées. Le rituel suit : l'émotion première a seule fait basculer la relation entre les deux hommes.*

*Ceci est d'ailleurs une des grandes pensées de l'hellénisme : la pitié, la compréhension, la tolérance se fondent sur le sentiment des faiblesses communes à tous les hommes. C'est ainsi qu'Ulysse, dans l'*Ajax *de Sophocle, refuse de se rire de son adversaire déshonoré. C'est le texte dont le début a été cité en tête de ce chapitre. Il va au fond de cette pensée, si profondément grecque : « J'ai pitié de lui quand je le vois ainsi plier sous un désastre. Et, en fait, c'est à moi plus qu'à lui que je pense. Je vois bien que nous ne sommes, nous tous qui vivons ici-bas, rien de plus que des fantômes ou des ombres légères »*[22]*. La tragédie dégage là l'idée fondamentale que l'épopée avait montrée en acte, dans l'image décisive des larmes partagées*[23].

*

Le premier rite à observer était l'acceptation de la rançon.

Le chariot attendait dehors : aucun accueil conforme aux bons usages n'était, évidemment, intervenu ; mais on pouvait désormais réparer cette omission. On pouvait dételer les bêtes, décharger la rançon, puis enfin procéder au repas d'hospitalité.

Cette rançon comptait beaucoup. Dans la tragédie, l'épisode, et la pièce elle-même, s'appelleront « la rançon d'Hector ». Mais le principe même de cette rançon mérite que l'on s'étonne.

Non pas le principe en soi d'une rançon ! Non ! L'usage était courant dans la Grèce antique et, même, dans l'*Iliade*. Au chant I, tout repose sur la rançon que le prêtre Chrysès vient offrir pour libérer sa fille et que refuse Agamemnon : les deux chants extrêmes de l'*Iliade*, le premier et le dernier, sont donc à bien des égards symétriques ; et la rançon pour Hector, qui sera acceptée est, en un sens, la réponse à celle qu'offrait Chrysès et qui fut refusée [24]. Mais, de façon moins lourde de sens, on voit souvent un combattant offrir à son adversaire une rançon contre sa vie sauve [25]. C'est à peu près ce qu'avait fait Hector lui-même, au moment d'affronter Achille [26].

Mais l'on peut aussi offrir une rançon pour se faire pardonner une offense ou un crime : en gros, c'est ce que fait Agamemnon lorsqu'il offre une rançon à Achille, pour apaiser son courroux [27]. Et, à ce sujet, Ajax, lors de l'ambassade auprès d'Achille, rappelle que c'est là un usage, qui peut valoir même pour les pires crimes : « On accepte pourtant du meurtrier d'un frère une compensation — on en accepte même pour un enfant mort ! — et, de cette façon, l'un reste, dans son bourg, puisqu'il a largement payé, l'autre retient son âme et son cœur superbe, puisqu'il a reçu la compensation »[28].

Il faut d'autant plus insister que ces divers textes le montrent : l'usage était bien répandu ; mais nulle part il ne s'agit, comme ici, du rachat d'un homme déjà mort. Cette différence fondamentale entre le cas d'Hector et tous les autres aide à mesurer le prix attaché ici à la sépulture qu'il s'agit d'obtenir.

L'idée, en fait, venait d'Hector lui-même. Car — on l'a déjà rappelé[29] — au moment même d'affronter Achille, en un combat qu'il savait devoir lui coûter la vie, Hector avait demandé à Achille un accord : le vainqueur rendrait aux siens le corps du vaincu ; Achille avait refusé. Puis, au moment de mourir, en un dernier souffle, Hector avait insisté : « Accepte bronze et or à ta suffisance ; accepte les présents que t'offriront mon père et ma digne mère ; rends-leur mon corps à ramener chez moi » : cette fois encore, Achille avait refusé — « quand bien même Priam le Dardanide ferait dans la balance mettre ton pesant d'or ! »[30].

C'était lui (pauvre Hector !) qui avait lancé cette idée, en une sorte de désespoir. Or voilà que cette rançon si inhabituelle, et si énergiquement refusée, était acceptée : l'incroyable était devenu réalité.

Tous ces trésors — pour un mort.

Dès lors, toutes les marques de l'apaisement final suivent. Les rites seront accomplis, et plus encore que les rites : soudain, comme si des vannes s'étaient ouvertes, la courtoisie, les égards, les marques d'attention surgissent.

En déchargeant les objets constituant la rançon, Achille fait mettre à part deux pièces de lin et une tunique, afin d'en envelopper le corps. Il appelle les captives, il leur donne ordre de le laver et de l'oindre. Puis, en personne, il le soulève et le place sur un lit.

En personne, *autos* : le mot est jeté en tête du vers ; et ce qu'il exprime est saisissant. Personne n'avait demandé qu'Achille eût de tels gestes. Personne ne s'y attendait. C'était là une conduite spontanée, et tout à fait exceptionnelle[31].

Nous le savons par la tragédie. Car il arrive parfois qu'on y rencontre des initiatives comparables ; mais toujours elles sont données comme surprenantes. Ainsi, dans *Les Suppliantes* d'Euripide, on rapporte que Thésée lui-même (*autos*[32]) prit soin des malheureux corps de ceux que les Thébains avaient tués et que son intervention avait permis de récupérer. Il lave les plaies ; il prépare le lit funèbre ; et Adraste, dont ces morts sont proches, est stupéfait de ce qu'il entend : quoi ? Thésée ? se charger d'une si « affreuse besogne »[33] ? Il eût été stupéfait aussi du geste d'Achille. Ou bien voici plus net encore : voici l'*Ajax* de Sophocle. Là, Ulysse, qui était cependant l'ennemi personnel d'Ajax, se refuse à rire du déshonneur de cet ennemi et plaide pour que celui-ci, malgré ses crimes et sa folie, reçoive une sépulture. Il offre même, dans un bel élan de générosité, de participer à ces devoirs funèbres : « Il me sera de ce jour aussi cher qu'il m'était odieux. Et je veux, avec Teucros, ensevelir ce mort, avec lui besogner et ne rien négliger des peines qu'on doit prendre pour honorer les braves » ; mais Teucros, le demi-frère d'Ajax, tout en remerciant Ulysse, refuse son offre : « Je craindrais de faire ainsi une chose qui déplût au mort »[34]. La tragédie est, ici encore, plus dure que l'épopée, et la générosité de ses héros moindre que celle d'Achille[35].

Sans doute ne faut-il pas forcer : Achille n'a pas eu à nettoyer des plaies ni à peiner comme Thésée : les servantes étaient là et le corps avait été comme paré par les dieux eux-mêmes. Son geste est donc surtout symbolique. Mais ce n'est pas un symbole indifférent. Il a rendu un hommage ; il a touché ce corps, en un contact direct. Et une sorte d'aura s'attache à ce geste, qui, de loin, fait penser aux devoirs rendus aux malades ou aux mourants dans l'esprit de la pensée chrétienne.

⋆

L'acte symbolique par lequel Achille place Hector sur le lit funèbre s'accompagne d'une attention singulièrement touchante envers Priam ; et l'esprit d'humanité qui l'inspire se complète par des égards imprévus. Achille veille à ce que ces soins donnés au corps d'Hector ne puissent être vus de Priam. Pourquoi ? Parce qu'il craint que Priam, en voyant le corps de son fils, n'ait un élan de colère et que cela ne l'entraîne, lui Achille, à oublier ses bons sentiments ! Ce souci est un nouveau signe révélant cette vibration secrète des rancunes mal éteintes. Et l'on en aura encore une preuve dans la brève invocation à Patrocle, qui intervient juste entre ces soins funéraires et le repas d'hospitalité. Achille, en effet, n'oublie rien. Mais il entend aussi faire que la colère ne se rallume pas. D'où cette délicatesse et ces égards qui touchent d'autant plus qu'ils sont conquis sur ce fond de colère volontairement dominé.

⋆

À partir de là tout peut suivre. La réconciliation peut être scellée par un repas partagé.

Il aurait dû venir plus tôt, ce repas. Il appartient à toutes les scènes d'hospitalité. Mais, entre Priam et Achille, il fallait que beaucoup d'obstacles fussent d'abord levés. Non seulement la haine, la frayeur, la rancune mais, chez l'un et chez l'autre, le désespoir. Achille ne voulait plus se nourrir. Les premiers mots de sa mère avaient été pour le lui reprocher. Et le fait est qu'accepter de se nourrir implique un peu l'acceptation d'une situation. Dans l'*Odyssée*, Ulysse refuse le repas de Circé tant qu'elle n'a pas rendu à ses compagnons leur forme humaine. Mais voici que cet Achille, qui refusait de rien absorber, vient à présent rappeler au vieux Priam qu'il faut prendre sur soi et s'alimenter. Il cite même longuement Niobé, qui, après la mort de ses enfants, resta neuf jours sans rien manger et finit par rompre ce jeûne. L'histoire, intervenant ainsi dans le dialogue des deux hommes, surprend un peu par sa longueur et ne correspond pas à nos habitudes littéraires modernes. Mais elle est bien à sa place, car elle prolonge en un symbole mythologique le double deuil évoqué dans le chant. Peut-être ces longs propos forment-ils comme une transition et une attente — comme ces neuf jours de jeûne que pratiqua Niobé. Après quoi viennent les gestes, tout simples, et comme le retour à la normale : « Eh bien ! nous aussi, ô divin vieillard, songeons à manger : tu pourras plus tard pleurer ton enfant, une fois que tu l'auras ramené à Ilion. Il te vaudra assez de pleurs ! »[36].

Suit alors la description des préparatifs du repas, comme en toute scène d'hospitalité. Mais à la fin — détail plus rare — Homère nous offre une image assurément imprévue, mais qui met en valeur le courage de l'un et la générosité de l'autre : les deux adversaires se regardent et... ils s'admirent. « Priam admire Achille : qu'il est grand et beau ! à le voir, on dirait un dieu ! De son côté Achille admire Priam, fils de Dardanos ; il contemple son noble aspect, il écoute ses propos »[37].

On aimerait s'arrêter sur ces vers, où brille le sens qu'avait Homère de la noblesse et de la beauté humaines, ces vers où, surtout, l'apaisement devient lumineuse réconciliation. L'on pourrait à ce sujet citer la belle phrase de J. Griffin : « C'est de la souffrance et du désastre que se dégage la beauté »[38]*. À la limite, cela pourrait s'appliquer à la beauté même des* *poèmes, dans laquelle se muent les drames du réel. L'admiration réciproque des deux hommes enferme toute une morale.*

*Mais comment ne pas s'arrêter, aussi, sur le fait que cette image sert de conclusion à une scène d'hospitalité ? L'idée d'hospitalité est si importante, dans la culture grecque ! Elle brille d'un tel éclat dans l'*Odyssée *! Elle revient si souvent dans la tragédie ! Et elle joue aussi un tel rôle dans l'histoire politique... Sans compter qu'elle est peut-être ce en quoi la Grèce moderne ressemble tant à celle des débuts.*

Du point de vue qui est le nôtre, le thème a aussi l'intérêt de lier en un faisceau les différentes valeurs que met en lumière ce chant XXIV : elles représentent, au fait, le point de départ de tout ce que la pensée grecque unira sous le nom de lois non écrites, ou de « lois des Grecs ». Celles-ci ordonnent, en effet, d'ensevelir les morts, d'épargner les suppliants, de respecter ses hôtes. Pour chacun de ces devoirs, on pourrait citer de nombreux textes[39] *: ils révèlent que tout se tient — toujours, il s'agit d'adoucir les relations humaines, en respectant des êtres faibles, ou bien des liens qui dépassent la famille ou l'appartenance politique.*

*Il est extraordinaire de constater que ces devoirs se recouvrent ici : Priam vient en suppliant ; il est accueilli en hôte ; son fils sera enseveli. Les grands thèmes de la morale grecque sont tous en germe dans l'*Iliade*. Et ceci devrait bien corriger le côté pragmatiste que certains se sont attachés à relever dans la morale homérique*[40]*, en écartant de façon un peu simpliste tout le reste.*

Après une dernière attention qui consiste à faire conduire Priam dehors pour éviter qu'un Achéen ne le surprenne chez lui, et une dernière initiative qui consiste à lui offrir d'observer une trêve, le temps qu'il ensevelisse dignement Hector, c'est bientôt la séparation, puis le retour à Troie, sous la protection d'Hermès. Achille et sa colère s'éloignent : l'épopée va s'achever à Troie.

*

Hector était le défenseur de la ville ennemie ; or, c'est sur lui que se conclut l'épopée grecque.

Priam rapporte le corps à Troie : Cassandre est la première à l'apercevoir de loin et à ameuter tous ceux dont Hector était, selon la belle expression d'Homère, « la grande joie ». Bientôt Priam est là. Bientôt commence le deuil proprement dit, avec les chants de deuil et les pleurs, avec, aussi, les plaintes d'Andromaque, d'Hécube, d'Hélène. Chacune évoque, dans la douleur, le souvenir d'Hector. Et enfin, en vingt vers, ont lieu les funérailles.

Les derniers mots du chant — les derniers mots de l'épopée — tombent alors, comme un battement de tambour voilé, lourdement ; et ils sonnent comme une épitaphe : « C'est ainsi qu'ils célèbrent les funérailles d'Hector, dompteur de cavales. »

Telle est la fin de l'*Iliade*. Peut-on douter, après cela, de la grande importance donnée dans l'épopée grecque, au héros troyen ? Celle-ci aurait pu aller jusqu'à la mort d'Achille ; elle aurait pu aussi se clore sur les funérailles de Patrocle. Non pas ! Le poème finit sur Hector, sur la tristesse de tous ceux qui l'aimaient, sur les qualités qu'ils voyaient en lui.

Et ce n'est même pas là le plus saisissant.

Le plus saisissant, à mes yeux, est que cette épopée s'achève sur un double deuil : au chant XXIII les funérailles de Patrocle, au chant XXIV, celles d'Hector. Elles sont très différentes. Pour Patrocle, le faste, les sacrifices, les grands jeux : pour Hector, un simple bûcher et un coffret enfoui sous la terre, mais des larmes, beaucoup de larmes : des citoyens, des amis, des frères, toute une famille en deuil autour de celui qui aurait dû les sauver. Le contraste s'impose. Mais il n'ôte rien à l'idée maîtresse — à savoir que la mort a frappé des deux côtés.

Dans la *Memnonide*, à laquelle on a parfois fait allusion, Achille tuait Memnon, mais Zeus accordait alors à ce dernier l'immortalité ; et Achille lui-même était, semble-t-il, transporté après sa mort dans une île sacrée. Une telle notion serait la ruine de l'*Iliade*. Dans l'*Iliade*, la guerre représente la mort, la souffrance, le deuil — et rien d'autre. Ce qui confirme, évidemment, les remarques faites au début sur la place de la guerre chez Homère [41].

Mais, si la douleur et la mort sont ainsi présentes à la conclusion, elles n'y sont pas seules. Cette fin rayonne de noblesse, et aussi de confiance dans la vie humaine.

Cette confiance vient des valeurs qui, en fin de compte, triomphent. Car tout finit dans la mort et dans la souffrance ; et pourtant tout finit bien.

Tout finit bien parce que chacun a accompli sa tâche avec courage et en gardant une parfaite maîtrise de soi. Tout va bien parce qu'Achille a non seulement obéi aux dieux, mais senti dans son cœur la pitié, et qu'il a montré des égards qui n'étaient pas exigés de lui. Tout va bien parce que les deux hommes ont pu s'admirer l'un l'autre, et nous inspirer, à nous lecteurs, un même sentiment. On a souvent de l'héroïsme une vue un peu caricaturale : les héros d'Homère, en fait, restent des hommes, habités de passions et de faiblesses, mais capables de se montrer, toujours, supérieurs au commun des mortels [42]. C'est le cas ici. Et c'est, bien entendu, une des raisons pour lesquelles, en offrant aux jeunes, dans les classes, de tels personnages pour amis, on contribue à leur formation, même morale.

Mais tout finit bien aussi parce que ce dernier chant du poème fait triompher un certain nombre de valeurs qui seront les valeurs grecques et qui se rattachent à l'esprit même de notre civilisation.

Le respect des suppliants et l'accueil aux hôtes étaient liés à des rites qui n'existent plus en notre temps, du moins sous leur forme stricte. Mais ces rites sont des expressions d'humanité, de tolérance, d'ouverture aux autres. À ce titre, ils sont encore vivants et les hommes d'aujourd'hui gagneraient à en retrouver l'esprit bien vivant.

En est-il de même pour cette autre loi non écrite qui commande toute la fin du poème et exige que l'on accorde aux morts la sépulture ? Est-elle limitée à l'Antiquité et s'est-elle ensuite effacée ? Certains traits pourraient le suggérer. Déjà les auteurs anciens discutaient le sens de cette insistance sur le corps d'Hector. Et Cicéron rappelle en termes favorables une tragédie d'Accius, dans laquelle Achille déclarait avoir « rendu à Priam un corps, mais lui avoir pris Hector »[43]. Et dans la pensée chrétienne, on ne saurait oublier que le Christ a dit à l'homme qui voulait, avant de le suivre, enterrer son père : « Suis-moi et laisse les morts ensevelir leurs morts »[44].

Pourtant ce ne sont là que des ombres légères[45] ; et, dans les périodes de sauvagerie accrue, on voit renaître ce sentiment profondément humain. C'est ainsi qu'en notre temps, on assiste, d'année en année, à la recherche des corps jetés dans des charniers. On l'a vu il y a quelques années, en République argentine. On le voit ces jours-ci en Bosnie. Sans doute veut-on d'abord savoir. Mais on veut aussi réparer.

Notre cruauté moderne passe de beaucoup celle d'Achille. Et peut-être est-ce une raison pour que le message grec nous touche, encore aujourd'hui, et peut-être aujourd'hui plus que jamais.

Or c'est à propos d'Hector qu'il a été pour la première

fois formulé, en une scène qui devrait être notre bréviaire à cet égard.

Et enfin, par-delà ces valeurs mêmes, tout finit bien parce que le poète nous mène jusqu'à une certaine vision de l'homme, à laquelle elles sont liées ; dans cette vision de l'homme, une conscience aiguë des souffrances qui le frappent se combine avec le sentiment très vif de la solidarité que ces souffrances méritent. C'est une vision sans optimisme, mais sans amertume, qui montre le pire, et, dans le pire, révèle une forme de beauté.

Tout cela, à cause d'Hector.

CONCLUSION

LA SURVIE D'HECTOR

Conclure sur la survie d'Hector est aussi conclure sur l'art d'Homère.

Car cette figure si humaine et si émouvante, dont on a ici tenté de dégager les traits, est entièrement imaginée, suggérée, imposée par le poète. Et la première impression que l'on retire de la relecture du texte dans son déroulement même, est celle d'une présence demeurée intacte et vivante à travers les siècles.

On garde ainsi le souvenir de ces grandes scènes simples et fortes, allant toujours à l'essentiel et rejoignant par là des émotions humaines qui sont de tous les temps.

Ainsi en va-t-il des adieux d'Hector et d'Andromaque, avec leur mélange de tendresse et de pathétique ; ainsi en va-t-il de cette mort d'Hector, abandonné de tous et même des dieux ; ainsi en va-t-il de l'apaisement final qui s'instaure entre Priam et Achille, en dépit des souffrances accumulées, et un peu à cause de ces souffrances. La simplicité de ces scènes n'exclut certes pas la subtilité ni les nuances ; mais la forme qui leur est donnée fait qu'elle semble rejoindre de façon directe notre expérience, à vingt-huit siècles de distance.

De même, l'esprit qui se dégage de ces scènes a quelque chose d'intemporel : la tendresse conjugale, l'émotion de la paternité, la présence de la mort à venir et la douleur du deuil, le courage renaissant au cœur même du désarroi, tout cela est de tous les temps. Mais surtout l'immense pitié qui anime ces scènes fait passer dans l'esprit du lecteur un sens aigu du respect des vivants et du respect des morts : des valeurs de toujours se communiquent en même temps que l'émotion ; et le fait est que cette épopée d'Homère et ce personnage d'Hector n'ont jamais cessé de vivre, et de survivre, cela de siècle en siècle à travers Rome, le Moyen Âge, la Renaissance, l'époque classique et les temps modernes.

Il y a là un ensemble de traits qui donnent un sentiment de pérennité. Cela correspond d'ailleurs à un des caractères les plus frappants de l'esprit grec et à ce qu'il a tenté d'apporter au monde. Ainsi s'explique certainement — comme j'ai essayé de le montrer ailleurs [1] — l'influence prolongée, renouvelée, toujours ranimée des textes grecs en général. Cela vaut évidemment pour le texte d'Homère, au seuil de notre littérature européenne.

*

Mais cette impression si forte doit être corrigée par une autre : cette autre se dégage, non plus des analyses portant sur le texte lui-même, mais de ces échappées que l'on a tenté d'ouvrir par moments sur la survie de ces textes, les modifications, les imitations qu'ils ont connues au cours du temps. Là, on a rencontré quantité de libertés, de variantes et de modifications apportées à la tradition homérique. On en a vu bien des preuves, en particulier on a vu comment la mort d'Hector est présentée sous un jour tout différent au Moyen Âge ou dans Shakespeare, comment elle résulte d'une sorte de trahison, et constitue presque un assassinat ; on a vu aussi, pour l'entretien même d'Andromaque et d'Hector, comment le XVIIe siècle a pu blâmer Hector de la sincérité avec laquelle il évoquait la chute possible de Troie, et comment, inversement, toute une longue tradition expliquait par un rêve l'intervention même d'Andromaque, et au lieu de la tendresse et de l'humanité qu'Hector montre dans Homère, avait imaginé un Hector blâmant vertement sa femme de vouloir s'opposer à son héroïsme.

Tout ceci reflète des changements dans les mentalités, et nous donne une idée un peu différente de la culture et de son évolution. Selon cette vision-là, on n'a pas le sentiment d'un texte fixé une fois pour toutes, mais d'un texte à partir duquel se font, selon les changements de la société, des valeurs, des goûts, toute une série de transformations, qui représentent à la fois l'infidélité et la vie elle-même. Autrement dit, ces rapprochements mêmes suggèrent que tout change au fil du temps.

Mais il se trouve que des inventions plus libres encore se sont marquées, en particulier au Moyen Âge. Et, qui plus est, ces innovations ne sont plus seulement fonction du goût littéraire, qui a pu se modifier, mais semblent être mêlées à une forme de propagande politique. Les évoquer ici représentera en quelque sorte un épilogue répondant à ce qui, au début de ce livre, avait constitué le prologue.

Après tout, cette forme de la survie d'Hector est un fait qui nous touche. Nous habitons la France. La France a été ainsi nommée d'après les Francs. Et les Francs se réclamaient d'un certain Francus ou Francion, parfois appelé Laodamas, donné en général comme le fils d'Hector. Qui plus est, cette légende constitue le sujet de la *Franciade* de Ronsard.

En fait, cette version est parallèle à celle de l'*Énéide*, mais, à côté du Troyen Énée, venu, comme on le sait, de Troie vers l'Occident, elle fait intervenir un autre Troyen, le sujet même de ce livre, Hector. Dans l'*Énéide*, Énée voyait en rêve Hector, couvert de sang, lui conseiller de fuir en emportant les dieux et le feu de la ville [2]. Dans la tradition nouvelle, on remonte plus directement encore à Hector.

Cette tradition [3] semble s'être répandue au VIIe siècle, mais elle est déjà mentionnée, un peu avant, dans Grégoire de Tours. La source la mieux établie est la chronique attribuée à Frédégaire ; on cite de nombreux chroniqueurs, jusqu'au moment où Jean Lemaire de Belges, rapportant la légende, semble y croire un peu moins [4] tout en protestant de sa véracité contre les premiers humanistes qui la tournaient en dérision.

Malgré des récits insistants comme celui de Nicole Gilles à la fin du XVe siècle, il se peut que les doutes éveillés à juste titre par cette légende aient contribué à l'insuccès de l'épopée de Ronsard.

Quoi qu'il en soit, on a là une preuve des libertés dont on pouvait user à l'égard des données légendaires. Mais on a aussi un témoignage, en soi émouvant : il montre que la renommée d'une œuvre littéraire joue plus de rôle qu'on ne croit dans les querelles politiques. Le plus étonnant de l'affaire est en effet que tant d'auteurs, de souverains, de peuples aient pu se réclamer d'une obscure ville qui avait connu, très loin, et il y a très longtemps, un sort si désastreux. Eh bien ! il faut le reconnaître, nul, je pense, n'aurait songé à se réclamer d'eux, s'il n'y avait pas eu, pour expliquer ce paradoxe, la gloire littéraire, et j'insiste sur le mot « littéraire », qu'Homère a conférée à cette ville de Troie et qu'un autre poète, Virgile, a tirée vers les temps postérieurs et vers l'Occident.

Troie a été vaincue ; mais Troie reste le lieu des grands héroïsmes, illustrés par une épopée, le lieu que tout le monde a appris à connaître dans Homère et, un peu plus tard, de plus loin, par Virgile. Seul le poète, la poésie, ont pu conférer à la ville de Troie ce rayonnement, qui explique les inventions postérieures, les suggestions, les combinaisons ; leur existence même est à la gloire du rayonnement de la poésie, du rayonnement de la littérature. On en trouve d'ailleurs comme une confirmation dans la façon dont les hommes de la Renaissance ont, eux aussi, voulu se rattacher à cet Hector, à cet Hector envoyant Énée, à ces Troyens venus de là-bas, venus de la guerre de Troie et arrivés en Occident.

J'aimerais citer ici une lettre d'un humaniste florentin, fort célèbre à l'époque, lettre que je dois à l'amitié de Marc Fumaroli d'avoir connue. Il s'appelait Poggio Bracciolini. Cet homme, qui avait contribué à retrouver et à faire connaître un grand nombre de textes anciens, rappelle, dans cette lettre, ce moment du rêve, où Énée voit Hector lui annoncer la chute de Troie : Hector symbolise pour lui, et il le dit, le malheur, mais aussi, dans le malheur, la possibilité de traverser la tragédie et de renaître. Or, chose curieuse, notre humaniste présente bien ce retour de ce qu'étaient Hector et la tradition troyenne, comme un retour de la culture ; il se confond avec le retour de la culture.

De fait, diverses universités, en France ou en Italie, étaient alors en compétition, pour savoir laquelle avait hérité de cette tradition, laquelle avait repris le flambeau de la culture. Or, ce flambeau de la culture, voici qu'il se confond avec la personne de ces héros placés en tête de la littérature grecque par un poète, par Homère. Une fois de plus, la chaîne se rattache donc à la tradition homérique et c'est une chaîne dont le principe est la littérature.

Au total, cependant, toutes les comparaisons suggèrent un texte qui évolue, se renouvelle au point d'être parfois méconnaissable.

Dans une telle histoire, le contact avec le texte est souvent perdu ; mais, périodiquement l'on y revient ; on y est revenu à la Renaissance, on y est revenu à la fin du XIXe siècle, au début du XXe siècle, à chaque fois, on y revient peut-être d'un peu plus près et il faut reconnaître que les œuvres littéraires les plus fidèles à la connaissance d'Homère, par exemple la tragédie de Racine, sont aussi celles qui s'imposent avec le plus d'éclat.

On peut constater l'espèce de *renouveau* que, chaque fois, ce retour au texte peut apporter : c'est un peu le principe de ce qu'on appelle le marcottage. Le marcottage s'emploie dans les jardins. Une plante produit des tiges aériennes avec de petites marques de vie, de petits bourgeons qui s'étendent dans diverses directions : quand on en prend une et qu'on la met en rapport avec du terreau, alors elle reprend, elle forme des racines et bientôt une nouvelle plante surgit, plus ou moins importante, mais que l'on peut bientôt séparer de la plante mère.

C'est en gros ce qui arrive avec les grandes œuvres comme l'*Iliade* d'Homère. D'elle-même, elle lance ses tiges aériennes, qui s'en vont chercher une possibilité de vie et de contact ailleurs. Elles peuvent les rencontrer d'elles-mêmes, elles peuvent y être aidées, si quelqu'un prend soin de diriger ces tiges aériennes vers le bon terreau. Et alors, voilà le miracle de la vie qui renaît, sous une forme entièrement nouvelle et indépendante.

*

Mais cette comparaison même permet de mieux mesurer la valeur irremplaçable de ce retour au texte : ces petites pousses lancées de toutes parts ne donnent pas seulement naissance à des œuvres. Elles pénètrent aussi l'esprit et le cœur du lecteur. Elles le modifient, elles l'enrichissent. Et à ce moment-là, les deux tendances relevées dans les pages précédentes — permanence du texte et mutation de la légende — se rencontrent et se combinent. L'humanité ou la pitié sont, d'une part, des valeurs de toujours, qui traversent les temps et s'imposent à nous dans leur force inchangée. Cela est vrai, sans l'ombre d'un doute possible. Mais ce sont aussi des valeurs auxquelles on est, selon l'expérience du moment, plus ou moins sensible. Qu'elles soient inscrites dans l'épopée d'Homère est indéniable, mais sans doute les voyons-nous d'autant mieux aujourd'hui, que leur besoin se fait sentir de façon plus aiguë.

Peut-être, si j'avais écrit sur Hector il y a seulement cinquante ans, aurais-je insisté sur des aspects différents. Le texte d'Homère est en effet assez complexe, et dans sa simplicité même est assez riche, pour que chacun y puise ce qui répond à ses préoccupations.

Il m'a semblé qu'à notre époque la leçon la plus précieuse et la plus directement émouvante n'était pas le courage du héros en général — bien que son contact ne soit nullement négligeable — mais bien ce grand souffle d'humanité, ce sens si vif de la pitié pour ceux qui sont tués à la guerre et pour les corps maltraités.

Ainsi les valeurs peuvent varier avec le temps, mais le texte d'Homère, relu de près, ne cesse de les raviver, tour à tour, selon le besoin du moment auquel on écrit.

C'est un des rôles de l'éducation, à mon avis, et, dans l'éducation, de la formation littéraire, que de mettre ainsi les esprits au contact d'expériences, qui, comme toutes les expériences, les marquent et les poussent dans un certain sens [5]. Peut-être y a-t-il là la plus belle des survies d'Hector.

J'ajouterai que, fidèle au même souci, je me suis permis d'adopter ici un ton qui était celui de la critique il y a une cinquantaine d'années et que l'objectivité scientifique à la mode de nos jours tend à écarter. J'ai dit souvent, naïvement, que le texte était beau, que le texte était émouvant et que les sentiments étaient nuancés, étaient forts. Cette façon de s'exprimer n'est pas un moyen de donner des notes et des appréciations à un auteur. C'est un moyen d'attirer l'attention des lecteurs de notre temps, car nous connaissons en ce moment une crise, non seulement dans tout ce qui concerne la pitié et l'humanité, mais aussi dans ce qui concerne le beau et la littérature. Nous avons un peu trop perdu la faculté d'admirer et ces textes grecs, celui d'Homère en particulier, méritent bien que nous en retrouvions l'élan.

Ce livre serait donc, me dira-t-on, encore un essai pour faire aimer la littérature grecque ? Eh bien, oui, je l'avoue ! de toute ma vie je n'ai cessé de servir cette cause. Et à aucun moment je ne l'ai regretté.

NOTES

Prologue : Échos et reflets d'Hector

1. *La Transparence des choses*, I.
2. De même quand Malraux parle, à propos d'une ville vaincue, « d'une tristesse troyenne » dans « Le Miroir des Limbes ». *Antimémoires*, III, I.
3. Sur tous ces textes, on peut conseiller A. Joly, *Benoît de Sainte-Maure et le Roman de Troie* ou *Les métamorphoses d'Homère et de l'épopée gréco-latine du Moyen Âge*, 2 vol., Paris, 1871, à compléter par Marc-René Jung, *La légende de Troie en France au Moyen Âge*, Romanica Helvetica, Bâle et Tübingen, 1996, 662 p. et illustr.
4. Peire Cardenal, éd. René Lavaud, Toulouse, 1957, p. 544-545. Nous devons ce renseignement à Michel Zink.
5. Une autre tragédie est également intitulée *Hector* : c'est celle d'Adrien Sconin, publiée en 1675 ; mais elle est plus proche des inventions du Moyen Âge que d'Homère.

I. Le jeune prince

1. Voir Jouan, *Euripide et les légendes des Chants Cypriens*, Paris, 1966, p. 320 et 329.
2. Les anciens tenaient souvent compte de ces étymologies. Ainsi le fils d'Hector était appelé Scamandrios par Hector, mais les Troyens l'appelaient Astyanax, c'est-à-dire « prince de la ville », parce qu'Hector était seul à protéger Troie (VI, 402). Voir aussi les propos d'Eschyle sur Hélène et son nom fatal, rapproché d'un verbe signifiant « perdre, ruiner » (*Agamemnon*, 687 et suiv.). — Pour des hypothèses plus subtiles sur le nom d'Hector, reproduisant les sonorités de celui de Memnon, voir Mühlestein, *Homerische Namenstudien*, Francfort, 1987, p. 84.
3. XXIV, 58-60.
4. XVI, 142 ; XXIV, 455-456. Homère ignore l'invulnérabilité d'Achille et la légende de son talon.
5. Ces trois citations sont XXII, 394 et 434 ; XXIV, 258-259.
6. XIII, 55.

7. Voir Athénagoras, *Legat. pro Christ.*, 1, cité par Vossius, *De Idol.*, I,6,21. Pour Pausanias, voir III, 18. — Un roi de Chios s'est appelé Hector : influence historique ? tradition littéraire ? Les deux, peut-être.
8. XVII, 443-447. Voir ci-dessous, p. 135.
9. XXI, 464-466. Voir ci-dessous, p. 273, note 13.
10. Fragment 484 (761 Kock). Voir des textes similaires dans notre livre sur *La douceur dans la pensée grecque*, Paris, 1979, p. 201-211.
11. III, 250 et suiv.
12. XX, 408.
13. III, 31-35.
14. Homère forge un mot pour l'occasion et le jette en tête de vers, mêlant le nom de Pâris et l'idée de malheur.
15. XIII, 769 et suiv.
16. Son aspect au combat était déjà assez frappant puisqu'il s'y présente paré d'une peau de panthère (III, 17).
17. III, 454.
18. XI, 385 et suiv.
19. III, 428-429.
20. XIII, 460 et V, 513. Pour l'annonce de la royauté d'Énée, voir *Hymne à Aphrodite*, 196.
21. XVII, 513.
22. Le mot se rencontre onze autres fois dans l'*Iliade,* presque toujours entre héros proches l'un de l'autre.
23. Ce sont les vers 170 et suiv. du chant XVII. Les mots « étant ce que tu es » font allusion aux habitudes raisonnables de Glaucos, comme l'indique le mot *phrenas* répété deux fois dans les vers qui suivent.
24. VII, 67 et suiv. Cf. ci-dessous, p. 160.
25. VII, 302 ; le mot employé est *philotès*. Sur cet épisode, voir ci-dessous, p. 82. On peut relever que Mme Dacier, au XVIIe siècle, loue cette belle conduite ! Mais sur le sort fait à ces présents dans les textes postérieurs, voir ci-dessous, p. 83.
26. J. Griffin fait observer que l'*Odyssée* est, dans une certaine mesure, une réponse à ces excès : Un héros raisonnable succède au héros grandiose (« Homer and excess », dans *Homer beyond Oral Poetry,* Amsterdam, 1987, p. 98-102).
27. XIV, 423.
28. VI, 361-362.
29. Les deux passages sont VI, 441-443 et XXII, 105-108.
30. On peut rapprocher, pour cette *aidôs* d'Hector, VI, 442 et 524 du V, 493 ; et pour ce que l'on dira en bien : VI, 459 et VII, 90.
31. Les deux passages sont : II, 803 et VI, 355-356.
32. XXIV, 748 et 762. Les passages cités ensuite sont XXII, 425-426 et XXIV, 254.
33. XXII, 54.
34. XXII, 409-411.
35. XXIV, 704-709.
36. XXII, 507.
37. XXII, 383.
38. Athénée, VIII, 347 e.

II. Un homme parmi les siens : la douceur d'Hector

1. VI, 404. Il y a aussi, une fois, un sourire d'Achille, lors des jeux du chant XXIII, 555 : il sourit parce qu'Antiloque lui plaît, mais cette brève embellie ne compte guère.
2. XXII, 500-501. Il y mangeait, dit Andromaque, « moelle ou riche graisse de mouton » : ces détails concrets et familiers choquaient les commentateurs du XVIIe siècle (voir Bayle, *Dictionnaire*, aux articles « Achille » et « Andromaque »). Nous serions plutôt choqués, aujourd'hui, par ce régime !
3. Le grec fait se heurter les deux expressions « sur le sol » et « resplendissant » (se rapportant au casque).
4. Ainsi Montchrestien : « Donnez à sa vertu fortune si prospère qu'on dise en le vantant : le fils passe le père » (v. 478-479).
5. Cf. notre étude sur Andromaque, dans *Tragédies grecques au fil des ans,* Paris, 1995, p. 30-32.
6. VI, 464-465.
7. VI, 429-430 ; 450-455.
8. Pour Terrasson, voir *Dissertation critique* II, p. 562. Pour Racine, *Andromaque,* acte III, sc. 8.
9. III, 164.
10. La scène est à VI, 343-360.
11. XXIV, 762-772.
12. Le mot se rencontre sept fois dans l'*Iliade.* Quelle que soit l'étymologie, il désigne tout ce qui vise l'agréable. Le substantif employé ici se retrouve une fois dans l'*Odyssée* quand la mère d'Ulysse, aux enfers, dit être morte du regret de son fils et de sa « douceur ». Ce mot n'est pas étudié dans notre livre sur *La douceur dans la pensée grecque,* car il n'est pas de ceux qui se sont développés dans la suite.
13. Voir, pour les vieillards, III, 156 et suiv. ; pour la belle-sœur, 130 et suiv.
14. II, 590 (et déjà 356) ; le sens est discuté : Leaf, par exemple, l'entend autrement. Sur les regrets d'Hélène, voir III, 139 et 173. On relève toutefois l'expression d'Achille parlant de l'horrible Hélène, celle « qui donne le frisson » (XIX, 325).
15. Voir *Agamemnon,* 62 ; 410 ; 689-691 ; 749.
16. Sur cette évolution du personnage d'Hélène dans la tragédie, voir notre étude : « La belle Hélène et l'évolution de la tragédie grecque », dans *Les Études classiques,* 1988, p. 129-143.
17. André Roussin et Madeleine Gray, *Hélène ou la joie de vivre* (1953). — L'allusion à Goethe est, évidemment, ici au second Faust ; mais on ne fait que grouper quelques exemples.
18. Il faut faire exception de Montchrestien, qui est si bien imprégné d'Homère qu'il introduit une Hélène extérieure à l'action, pour le plaisir de la montrer douce et comme accablée par sa responsabilité.
19. XVII, 670 et suiv. Voir encore, sur ce caractère de bonté (*énèès*), XVII, 204 et XXIII, 252.
20. Il faut évidemment mettre à part Ulysse, tel qu'il apparaît dans l'*Odyssée.*
21. XVII, 671 ; XIX, 300.

22. XXIV, 739 : Hector n'était pas doux dans la bataille ; il a tué de nombreux ennemis.
23. Aucun des deux n'est *èpios,* c'est-à-dire n'a cette douceur qui convient à un père ou à un roi « doux comme un père » : c'est en revanche le cas de Priam envers Hélène, à XXIV, 770.
24. IX, 158.
25. Hector, lui, l'était au combat : ci-dessus, note 22.
26. IX, 254-258.
27. Plutarque occupe deux chapitres à lui seul dans notre livre sur *La douceur*..., cité à la note 12.
28. IX, 636. Ovide appellera Achille *saevum,* et aussi *ferox belloque cruentior ipso* (*Métam.*, XII, 582 et 592).
29. XXI, 120. On peut établir un contraste avec, par exemple, Ménélas, faisant la paix avec Antiloque : « tous ici, de la sorte, sauront que mon cœur n'est ni arrogant ni implacable » (XXIII, 611).
30. XXIV, 40-42.
31. Voir la discussion dans le livre de F. Jouan, *Euripide et les légendes des Chants Cypriens,* p. 123-142.
32. 672 et suiv. On notera qu'entre la noblesse et le courage intervient... la richesse ! Sur cet intérêt pour la situation sociale dans l'œuvre d'Euripide, voir ci-dessus l'allusion d'Hécube à la fortune et au luxe de Pâris, p. 59.
33. *Itinéraire de Paris à Jérusalem,* II, p. 857 de l'édition de la Pléiade : l'éditeur fait remarquer à juste titre qu'il faut lire Quintus et qu'il s'agit d'une citation très libre (Voir *Lettres à Quintus* I, 1, 27).

Hector au combat : Introduction

1. Voir ainsi XVI, 346 et suiv., XXI, 181 ; XX, 482.
2. V, 890-891. La référence à la plainte humaine est IV, 445.
3. Voir par exemple XXI, 29 ou XI, 113 et suiv.
4. XXII, 153-156.
5. *La source grecque,* 1953.
6. Voir ci-dessous, p. 141-145.
7. Voir J. Griffin, *Homer,* p. 35, parlant de la gloire et des larmes : « Both aspects are equally real. »
8. VI, 407-409.

III. Le bruit et la fureur

1. C'est-à-dire de la libation faite pour fêter la liberté ; voir VI, 455 et 528 ; de même à Patrocle (XVI, 831). L'expression se retrouve une autre fois, dans la bouche d'Achille (XX, 193).
2. *Perses,* 402-403.
3. Voir respectivement V, 494-495 ; XI, 61-66 ; XV, 605-610.
4. L'expression évoque sans doute le mouvement vif du panache. N'oublions pas que ce casque fera — délicieusement — peur au petit enfant d'Hector, au chant VI. Même l'effet de terreur se prolonge en notation humaine et tendre.

5. C'est le cas lorsque Pâris décrit la vaillance d'Hector : « Ton cœur à toi toujours est inflexible : on croirait voir la hache qui entre dans le bois, quand, aux mains de l'artisan taillant la quille d'une nef, elle aide à l'effort de l'homme » (III, 60-63).
6. VII, 237-242.
7. VI, 444 : *mathon*. Homère lui-même reconnaît ce « savoir » (*idreiè*), XVI, 359. Dans ce rapprochement de la danse archaïque et du savoir, on a les deux aspects de la Grèce : l'archaïsme et ses violences d'une part, le triomphe et la raison d'autre part.
8. On arrive au total de 26, 24 et 27 : même dans les détails, un équilibre semble s'établir, comme s'il était délibéré, alors qu'il s'agit d'une œuvre élaborée en plusieurs temps. On a relevé qu'Homère nommait beaucoup plus de morts du côté troyen (189 contre 53) ; et certains n'ont pas hésité à voir là un signe de chauvinisme ! Comme si les Troyens ne devaient pas être les vaincus...
9. Voir ainsi XI, 241-245 ; de même, pour une simple menace, V, 412.
10. *Perses*, 955 et suiv.
11. XXII, 455-458. Les mots « triste vaillance », dans leur raccourci, expriment bien le double aspect de la guerre dans Homère. On relève l'écho avec le chant VI, 407 : « Pauvre fou, ta fougue te perdra. »
12. Voir III, 38-57 ; 76-95 ; 314-325.
13. Voir VIII, 497-542 et XVIII, 296-305.
14. XIII, 123 ; voir, par exemple, pour Diomède et Ménélas, V, 596 et XI, 345 ; XIII, 521.
15. XVIII, 219-238. Au chant XX, lorsque les dieux se mêlent au combat, eux aussi poussent de grands cris (XX, 48-51).
16. XIV, 394-401.
17. H. de Brancion, *La campagne d'Italie* 1943-1944, p. 9 : c'est le début du livre.
18. Voir ci-dessus, p. 33.
19. Les passages cités ici sont VIII, 173-184 ; XIII, 150-155 ; XV, 269-270 ; 424 ; 486 ; 545-559. On pourrait multiplier les exemples avec XVII, 215 et suiv. ou XX, 365, et bien d'autres.
20. V, 471-472.
21. III, 336-461 ; VII, 24-312.
22. Voir *Ajax,* 661-665 ; 817-818 et 1026-1034.
23. *Anth. Pal.*, VII, 151 et 152.
24. Voir ci-dessus, p. 32.
25. Les exemples cités sont à V, 596 et suiv. ; XX, 262 et 283 ; XXI, 74 et suiv.
26. Voir XI, 404-412 ; XVII, 91-108 ; XXI, 550-570 et l'analyse donnée dans notre livre *« Patience, mon cœur ! »*..., p. 33 et suiv.
27. Voir chapitre suivant, p. 99 et suiv.
28. Voir Van der Valk, dans diverses études.
29. Ainsi La Motte ou Terrasson. Il est juste d'ajouter que leurs adversaires défendent Homère sur ce point. Voir le livre de Noemi Hepp, *Homère en France au XVIIe siècle*, Paris, 1968, aux pages 629-661.
30. XXI, 279. Voir J. Kakridis, *Homer revisited*, p. 58.

IV. Le prix d'une imprudence

1. VI, 79 et IX, 53. On pourrait ajouter la formule de Phénix sur l'éducation qu'il devait donner à Achille alors que celui-ci « ne savait rien ni du combat [...] ni du conseil » (IX, 440-441).
2. Voir II, 370 et IV, 320.
3. XIX, 217-220. On peut relever aussi la remarque générale de Patrocle, à XVI, 630 : « Les bras décident à la guerre comme les paroles au Conseil. »
4. Voir sur ce sujet M. Schofield, « Euboulia in the Iliad », *Class. Quart.* N S 36, 1986, p. 6-31.
5. VI, 77-103.
6. VII, 37-55.
7. XI, 527 ; les mots « crois-moi » sont une interprétation libre. Flacelière traduit : « Allons ! »
8. XVIII, 251-252 ; on reconnaît le type d'opposition signalé plus haut.
9. XII, 60-81.
10. XII, 211-214.
11. Certains ont même songé à corriger le mot (ainsi Allen).
12. XIII, 726 et suiv.
13. XII, 230 et suiv.
14. XII, 243. Le vers a été suspecté en 1970 par Lohmann. Mais cette condamnation est restée sans écho.
15. Dans l'ensemble, les présages sont cités et respectés. Voir ainsi le présage d'Aulis, à II, 284 et suiv., et des présages tirés de la foudre (II, 351-357 ; *Odyssée,* XXI, 412-414). Mais ils n'occupent pas une place aussi grande que, par exemple, chez Eschyle : dans la tragédie, le refus d'un présage annonce toujours un désastre.
16. II, 181 et, pour Télémaque, I, 415.
17. XIII, 821 et suiv.
18. Les condamnations contre cette excessive confiance d'Hector n'ont pas manqué : ainsi Edwards (dans le commentaire dirigé par Kirk).
19. Voir par exemple M. Schofield dans l'article cité à la note 4, ci-dessus, ou O. Taplin, *Homeric soundings,* 1992, p. 153-161. En dernier lieu D. Pralon, *Vae Victis : l'altercation entre Hector et Polydamas,* communication faite au colloque de Strasbourg, au printemps 1996.
20. XVIII, 306-309 ; Ényale est un des noms du dieu de la guerre. La tirade d'Hector commence au vers 285 ; celle de Polydamas occupe les vers 254 à 283.
21. Ainsi Pralon, dans la communication citée à la note 19.
22. XVIII, 310-313. Sur ce commentaire d'Homère, et sur la formule « pauvres sots », voir ci-dessous, chapitre VI, p. 141 et suiv.
23. XXII, 95-107. Hector, comme la plupart des héros homériques, mais plus qu'eux, est sensible à ce que l'on dira de lui. La réputation mesure l'honneur.
24. Ce reproche se fonde sur les scholies à XXII, 100-110. Il est repris par Edwards, *ad. loc.*
25. M. Finkelberg, « Patterns of human error in Homer », *Journ. of Hell. Studies,* 1995, p. 15-28.
26. IV, 409 et *Odyssée,* X, 437.

27. V, 201.
28. 116-119 : le mot est *atè*.
29. XVIII, 98-104.
30. *Agamemnon*, 179-184.
31. *Électre*, 1202-1204.
32. *Jérusalem délivrée*, chant X.
33. XV, 720-723 ; c'est Hector qui parle. Pour une autre explication de cette prudence des débuts, voir IX, 353.
34. IX, 304 et suiv.
35. XIV, 45.
36. XVII, 201-208.
37. Dans son livre *La tragédie d'Hector...*, p. 192 de la traduction française. Le texte de Thucydide est IV, 65,4.
38. Voir ainsi II, 120-141 ; IX, 17-28 ; XIV, 71-82.
39. Il suffit de voir quel chef responsable et capable il est dans la tragédie *Rhésos*, faussement attribuée à Euripide.

V. Quand les dieux s'en mêlent

1. XVII, 176-178. Voir des propos semblables de la part d'Énée à XX, 242-243. On dit aussi que l'avenir est « sur les genoux des dieux » (voir XVII, 514 ou XX, 435).
2. Voir ainsi, dans les premiers chants : IV, 129 et suiv. ; V, 290 ; V, 853-858 ; XI, 438 ; d'autre part, III, 375 ou XVI, 790 et suiv.
3. V, 312 ; XX, 290-340 ; et, pour l'enlèvement au loin : III, 381 ; V, 450 ; XXI, 597-599. Dans ce dernier cas, l'intervention se complique, car Apollon, ayant enlevé Agénor, prend l'aspect de celui-ci pour égarer Achille, qui se lance dans une vaine poursuite. Pour la stupeur, voir XIII, 435 ou XI, 544 et suiv.
4. « À propos du merveilleux chez Homère », *Attualità dell'Antico*, 3, 1992, 272-292.
5. V, 596 et suiv. Arès est accompagné par Enyô, déesse de la guerre, et par le Tumulte.
6. VII, 272. Le passage mentionné ensuite est VIII, 311.
7. XV, 254-257.
8. XV, 307-310. Sur l'égide, qui est une sorte de bouclier-peau de chèvre, voir II, 445 et ci-dessous p. 217-218.
9. XVI, 702 et suiv. Sur ces « mains » d'Apollon, voir ci-dessous p. 115, encore que la présence matérielle d'Apollon donne ici à l'expression un sens plus banal.
10. XVI, 791 et suiv. Il l'assiste encore dans le combat pour les armes de Patrocle : XVII, 70 et suiv.
11. XX, 441-450. Il faut naturellement préciser qu'Athéna, de son côté, a détourné d'un souffle la pique d'Hector.
12. IV, 44-49.
13. XXII, 170 et suiv. Priam aussi revient sur cette piété d'Hector : XXIV, 426-427.
14. XXIV, 67-71.
15. VI, 396.
16. Zeus le répète à VIII, 473-476 : « Le puissant Hector ne cessera pas de combattre, avant d'avoir fait lever d'auprès de ses nefs le Péléide

aux pieds rapides, le jour où, devant leurs poupes, dans une terrible détresse, ils lutteront pour le corps de Patrocle. » Zeus ajoute : « Ainsi en a décidé le destin » (*thesphaton*) : sur cette idée, voir ci-dessous, p. 116.

17. XI, 186-194 ; XVI, 87-96 et XVIII, 13-14 : la limite se précise d'un de ces textes à l'autre : il en est souvent de même dans la tragédie.
18. Sophocle, *Ajax,* 753.
19. Ceci pouvant, dans une certaine mesure, justifier la thèse de H. Lloyd-Jones qui croit à la justice du Zeus homérique, en face d'auteurs plus sceptiques (voir *The Justice of Zeus,* Univ. of California Press, 1971).
20. XV, 461-464.
21. XV, 596-598.
22. XV, 610-614.
23. Les deux textes sont XV, 637 et 694-695. On cite d'autre part des formules parallèles pour le Proche-Orient (ainsi A.K. Gross, dans la revue *Gymnasium* de 1970, p. 363-375).
24. Voir Psaume XXI, 9 et *Chants du Crépuscule,* V, 5.
25. Voir ci-dessus, p. 112.
26. Ci-dessus, note 16.
27. XXII, 209-213.
28. Voir M. Nilsson, *Homer and Mycenae,* London, 1933, p. 267 et suiv.
29. Une première mise au point, brève et claire, avait été faite par P. Chantraine, dans le tome I des *Entretiens de la Fondation Hardt,* Vandœuvres, Genève, 1954, p. 47-79 (en particulier, 70-73).
30. XVI, 646-658.
31. XIX, 221-224. Le mot « seul » est une interprétation libre, que reprend R. Flacelière.
32. *Homerprobleme,* Opladen, Westdeutscher Verlag, 1970, p. 15-17.
33. Les *èdè,* ou « déjà » sont placés, avec une certaine emphase soit au début du vers (XVI, 438), soit à la fin (XXII, 175).
34. Cf. ci-dessous, ch. VII, p. 163.
35. *Perses,* 346. Les balances d'Arès, dans *Agamemnon,* 437-444, sont, en revanche, de semblables balances de changeur.
36. Voir J. Yoyotte, « Le jugement des morts dans l'Égypte ancienne », dans *Le jugement des morts,* Sources chrétiennes 4, 1961, p. 15 et 70, et Christine Seeber, *Untersuchungen zur Darstellung des Totengerichts im alten Ägypten,* M.A.S. 35, 1976. Voir aussi J. Duchemin, « La pesée des destins », communication de 1980 reprise dans *Mythes grecs, Sources orientales,* Paris, Les Belles-Lettres, 1995, p. 267-290, ou encore J. Heurgon, *De la balance aux foudres,* Mélanges P. Wuilleumier, 1980, 185-196.
37. Le mot employé (*kerdosunè*) se rencontre pour Ulysse dans l'*Odyssée,* mais nulle part ailleurs dans l'*Iliade.*
38. Voir ci-dessus, p. 108, note 3.
39. XXII, 296-299.
40. Voir le texte d'Ovide cité en tête de ce chapitre : c'est Ajax qui s'exprime ainsi.
41. *Œdipe Roi,* 1186 et suiv.

VI. L'ombre de la mort

1. *Seules les larmes seront comptées*, p. 16.
2. Voir ci-dessus, p. 96-97. Il faut noter que Cassandre citée en tête de ce chapitre n'est pas une prophétesse dans l'*Iliade*.
3. Voir IX, 412 et suiv.
4. I, 505 ; XVIII, 59-60 ; 88-93 ; 329-332 ; XIX, 329-330 ; 408-411. Sur ces textes voir nos *Rencontres avec la Grèce antique*, p. 60.
5. XVIII, 440 ; 458 ; 463.
6. Voir XX, 127 ; XXI, 110 et 131 (Achille) ; XXIII, 80-81 (l'ombre de Patrocle) ; XXIV, 85-86 (Thétis), 131 (Thétis à Achille) ; 540 (Achille à Priam).
7. XVI, 787 ; on trouve une formule équivalente, mais à l'irréel, quand Ménélas manque être tué, à VII, 104. La décision de Zeus se trouve à XVI, 252 ; le dernier texte cité à XVI, 812.
8. IV, 164 et suiv. Le refus d'Athéna est à VI, 311.
9. Voir successivement VI, 408 et 447-448 ; la consolation est à 486.
10. VI, 500-502.
11. Voir successivement XIV, 143 ; XV, 68 ; XV, 612-613. Le texte de XV, 68 appartient à un passage considéré comme suspect dès l'Antiquité : il ne saurait donc à lui seul fournir un argument solide ; mais il s'inscrit dans une série.
12. XVII, 443-446.
13. Cette misère de l'homme, qui touche ici Zeus, est parfois évoquée par Homère ; ainsi l'*Iliade*, XXI, 462 (Apollon parlant des hommes) et l'*Odyssée*, XVIII, 130 et suiv.
14. XVI, 798-800.
15. XVI, 852-854.
16. XVII, 201-203 et 207-208 ; la faveur accordée une dernière fois à Hector est la compensation, la *poinè* de sa mort.
17. XVIII, 133 ; le combat singulier d'Achille et d'Hector est d'ailleurs prévu au chant XVIII, 307-309.
18. XXII, 203 ; la citation précédente était à XXI, 296.
19. XXII, 297. Sur la balance, voir ci-dessus, p. 117-120.
20. Ci-dessus, p. 134.
21. 356, la formule est la même à V, 311, pour Énée, qui, lui aussi, échappe de justesse à la mort.
22. XIV, 438-439.
23. XV, 251-252. Voir aussi plus loin la stupeur des assistants : « Ah ! le singulier prodige que je vois là de mes yeux. Une fois de plus, Hector ressuscite, échappé au trépas. Oui, chacun en son cœur espérait fermement qu'il avait succombé… » (286-289).
24. II, 38-40. La citation suivante est à 873-875.
25. V, 406-408.
26. XII, 113-115. Un peu plus loin des Achéens le suivent, sûrs que l'ennemi ne tiendra pas. « Pauvres sots » : la porte est bien gardée !
27. Voir XII, 127 ; XV, 104 ; XVI, 46 ; 686.
28. Voir, pour le texte cité, XX, 466 ; mais on peut citer aussi XVII, 236 ; 497 ; 629 ; XX, 264 ; XXI, 99 ou XXIII, 88.
29. VIII, 177-178.

30. XVI, 830-833.
31. Ci-dessus, p. 97 et suiv.
32. XVIII, 311-313.
33. XXII, 331-334. Le vocatif de *nèpios* n'est employé que dans quatre passages de l'*Iliade* dont trois ont été cités ici (Hector à Patrocle, Hector à Polydamas — Achille à Hector) ; la quatrième fois, c'est Achille qui refuse avec dureté les supplications de Lycaon : il n'est plus que rage contre Troie.
34. Ainsi III, 146 pour Agamemnon qui se flatte d'apaiser la déesse, IX, 44 pour les compagnons d'Ulysse qui refusent de fuir, ou 442 pour le Cyclope qui ne se méfie pas de la ruse d'Ulysse.
35. Fr. 79 DK. Le fragment 78 dit, dans le même esprit, que le caractère des hommes ne comporte pas les jugements (les *gnômai*) comme celui des dieux.
36. *Prométhée enchaîné*, 443 et suiv.
37. *Pythique* III, 82 et suiv.

VII. La mort d'Hector

1. Aussi y a-t-il eu nombre d'études sur ce chant et sur cette mort. Citons, entre autres, les articles de S.E. Bassett, « The Pursuit of Hector » dans les *Trans. Am. Phil. Ass.*, 1930, 130-149, ou sur « Hector's last words » dans *Class. Phil.*, 1933 (XXIX) p. 133-135.
2. 419-454, voir ci-dessus, p. 111. Une première fois déjà, Hector avait voulu affronter Achille et en avait été dissuadé par Apollon (XX, 375 et suiv.).
3. Ces faits ont été magistralement analysés par J. Kakridis, dans *Homer revisited,* Lund, 1971, p. 72-75.
4. Ci-dessus, p. 84-86.
5. Ci-dessus, p. 121.
6. Ces textes sont rapprochés dans notre *Pourquoi la Grèce ?,* p. 53-55.
7. XVIII, 114-122.
8. XIX, 420-425.
9. II, 119.
10. Voir XI, 76 (Elpénor), XXI, 255 (un des prétendants), XXIV, 433 (un autre prétendant).
11. II, 64,3.
12. On rougit de penser qu'il s'est trouvé des auteurs pour voir là une note d'émotion homosexuelle (de la part d'Achille, en plus !). Par courtoisie, je ne nomme personne. Le mot « tendre » (*hapalos*), dans l'*Iliade,* s'applique le plus souvent au cou, et presque toujours pour une blessure, comme ici (XVII, 49), une meurtrissure ou une destruction (ainsi XIV, 202 ; XVIII, 177 ; XIX, 285).
13. Ci-dessus, I, p. 42-45.
14. XVI, 830 et suiv. ; XXII, 331 et suiv. Les deux tirades ne se répètent pas exactement et ne sont pas des tirades formules : le parallélisme n'a rien de mécanique.
15. XVI, 745-750.
16. 374-383.
17. XI, 450-455. Voir encore Achille envers Iphition, dont il vient de fendre le tête en deux, à XX, 389-392.

18. *Ajax*, 131. Sur cette philosophie de Sophocle, voir notre livre *Le temps dans la tragédie grecque*, p. 79-99.
19. *Énéide*, X, 739.
20. XVI, 852-855. Voir ci-dessus, p. 136.
21. 361-364 = XVI, 855-858. Pour 368 et suiv., voir XVI, 863 et suiv.
22. Ci-dessous, p. 196.
23. 405. Entre ces plaintes et les propos du début du chant, voir J. Griffin dans *Lampas* XXIII, 1990, p. 353-369.
24. Ci-dessus, p. 119 et suiv.
25. Ci-dessous, p. 241-243.
26. La formule « bien loin de son bain » souligne encore le contraste.
27. Voir cependant, dans *Les Troyennes*, par exemple, la façon dont Hécube rappelle, lors de la mort d'Astyanax, les jeux enfantins de naguère (1171-1186) : or il s'agit de la mère d'Hector et de son fils.

Une sépulture pour Hector : Introduction

1. Voir Quinte Curce IV, 6, 29, qui commente : « En punissant ainsi un ennemi, il se faisait gloire d'avoir imité Achille dont il descendait. »
2. Supplément 17 à la revue *Mnemosyne*, 1971, 82 pages.
3. Ainsi les combats pour les corps de Sarpédon ou de Cébrion : XVI, 545 et suiv., 762 et suiv.
4. 1130 ; 1143. Ce point de vue triomphe à la fin. Sur ces faits, on peut consulter V. Ehrenberg, *Sophocles and Pericles*, en particulier p. 26-35.
5. IV, 97-101.
6. H. Reeves, J. de Rosnay, Yves Coppens et D. Simonnet, *La plus belle histoire du monde, Le secret de nos origines*, Le Seuil, 1996, p. 147.

VIII. Menaces

1. VII, 76-86.
2. XXII, 254-259. Dans *Gilgamesh*, on rencontre des supplications ultimes (tab. V), mais elles concernent la vie et non la sépulture ; et elles comportent promesses et flatteries : le contraste avec la supplication d'Hector est révélateur.
3. 337-343.
4. Ainsi Leaf, et d'autres.
5. Ci-dessus, p. 160.
6. XV, 351 ; XVI, 836.
7. XVII, 126-127.
8. XVIII, 175-177. Sur ces vers, voir le livre de C. Segal (ci-dessus, p. 171 et note 2) aux pages 22 à 25.
9. Ci-dessus, p. 156-157.
10. III, 82,2. On traduit le plus souvent « un maître de la violence » — ce qui correspond à l'idée, bien entendu, mais non pas à sa formulation exacte.
11. XVIII, 91-93.

12. XVIII, 334-336.
13. Certains auteurs ont imaginé qu'à l'origine l'*Iliade* se terminait sur cette décapitation : hypothèse purement gratuite, et dont l'existence a surtout pour intérêt de nous faire mieux mesurer l'originalité et la noblesse de la fin du poème telle que nous l'avons.
14. XXIII, 21-23.
15. XXIII, 181-183.
16. XXI, 120-123.
17. XXII, 345-354.
18. XXIV, 212-213.
19. Hérodote, IX, 78-79.
20. Voir XI, 146-147 et 261 : dans les deux cas, il s'agit d'Agamemnon.
21. XVII, 39-40.
22. Note à l'*Iliade,* XXIV, 213.
23. IV, 34-36. De même Xénophon, dans l'*Anabase,* conseillait à ses hommes à propos des ennemis : « Il faut les dévorer tout crus » (IV, 8, 14).
24. *Travaux,* 276-280. De même, dans l'*Iliade,* l'adjectif « omophage » s'emploie pour les lions, les chacals et les loups. On peut citer également le passage d'Hérodote sur les différentes traditions pour la sépulture et l'horreur des Grecs à l'idée de manger leurs pères morts (III, 38).
25. Il s'agit de XXIII, 21. L'adjectif n'est d'ailleurs pas aisé à construire. On a le même emploi dans l'*Odyssée* (XVIII, 87 et XXII, 476), où la menace est d'arracher à un homme son membre « pour le jeter tout cru, en curée, à ses chiens ».
26. XXIV, 409.
27. *République,* IX, 571 c-d.
28. *Odyssée,* XVIII, 87 et XXII, 476. Il faut préciser que le roi Échétos était un monstre connu pour sa sauvagerie.
29. Eschyle, *Choéphores,* 439 ; Sophocle, *Electre,* 445.
30. Les palais ont leurs secrets. Cela est vrai de celui des Atrides, mais aussi de celui d'Œdipe ; voir ainsi *Œdipe Roi,* 1228-1229 : « Les souillures que cache ce palais et dont il va bientôt révéler une part. »

IX. La vengeance d'Achille

1. *Andromaque,* 108 — traduction modifiée pour éviter de suggérer qu'Hector est sur le char. Il y a assez de divergences sans risquer d'ajouter d'autres.
2. *Métamorphoses,* XII, 591.
3. Ci-dessous, p. 204-205.
4. *Énéide,* I, 483.
5. Le fait qu'Achille était vulnérable au talon représente une donnée plus connue et peut avoir joué.
6. L'ensemble de cette description se trouve à XXII, 395-404.
7. Oxford, Clarendon Press, 1980. Voir en particulier aux pages 139-143. L'auteur cite les rappels relatifs aux morts et les rapproche de certaines épigrammes funéraires.
8. Voir XVI, 798 et XVII, 24.

9. On remarquera de même que l'espèce d'adoration vouée à Hector comme à un dieu est rappelée à deux reprises : juste avant ce passage et juste après ! Avant (393), Achille se vante d'avoir tué « le divin Hector, à qui les Troyens dans leur ville adressaient des prières comme à un dieu » ; et, peu après, Hécube pleurera ce fils que « tous saluaient comme un dieu » (434). L'exagération renforce le contraste, qui n'est pas dû au hasard.
10. Ainsi pour une illustration d'*Ovide moralisé*.
11. XXIII, 24-26 ; le vers 24 répète XXII, 395, qui précédait le geste de lier Hector au char ; et il trouve un écho dans XXIII, 176 : le rapprochement même confirme que, dans ce dernier exemple, l'adjectif *kaka (mauvais)* n'implique pas un jugement moral. Pour la formule « le divin Hector », voir ci-dessus, note 9.
12. XXIII, 175-176.
13. Voir aussi, pour les chevaux, le cas cité par Hérodote, VI, 103.
14. Voir Menel Fote, Leçon Inaugurale au Collège de France (1996), p. 47.
15. C'est la scène à grand effet de la tragédie *Les Suppliantes*.
16. Fr. 120, 2-3 ; « c'est un usage chez les barbares », dit nettement le texte.
17. Thucydide III, 66,2 et 67,5.
18. XXIV, 3-12. On a omis quelques vers pour alléger la citation, sans que cette omission implique la moindre adhésion aux critiques qu'ils ont suscitées.
19. XVIII, 318-320.
20. XXIII, 57-61.
21. *Odyssée* XX, 30. Cette citation fournit le titre de notre livre *« Patience, mon cœur ! » L'essor de la psychologie dans la littérature grecque classique*. Paris, Les Belles Lettres, 1984. L'exemple d'Achille pourrait être joint à cette étude.
22. Sur cette idée et les exemples qui l'illustrent, voir notre article « Cruauté barbare et cruautés grecques », *Wiener Studien*, 107-108 (1994-1995), p. 187-196.
23. XXIV, 14-18.
24. I, 1057-1061.
25. Le texte d'Aristote est cité par Porphyre, dans un commentaire à notre vers.
26. Ci-dessus, p. 196 et note 7.
27. XXIII, 103-107.
28. *Od.* X, 493-495.
29. *Od.* XI, 489-491.
30. *Gilgamesh*, tab. XII, 85 et VIII, 19. Les textes de *Gilgamesh* sont cités d'après la traduction de Jean Bottéro (Gallimard, 1992).
31. D'où le thème littéraire du songe — illustré aussi bien par le rêve d'Atossa dans *Les Perses* d'Eschyle que par le songe d'Athalie chez Racine. Mais quelle différence entre ces rêves commodément annonciateurs et la rencontre déchirante entre Achille et l'âme de Patrocle ! Celle-ci, d'ailleurs, n'annonce rien, mais supplie et attend.
32. *Pythique* VIII, 95.
33. *Ajax*, 126. De même Philoctète, ayant perdu sa vigueur, devient, selon ses propres termes, « un cadavre, l'ombre d'une fumée, un

fantôme vain » (*Phil.*, 945-948, le dernier mot est, comme dans l'*Iliade, eidôlon*). De même encore fragments 12 et 860, ou Euripide, *Médée*, 1224.
34. XIX, 23-26.
35. XXII, 508-509.
36. XXII, 371.
37. XIX, 29-33.
38. XXIII, 182-191.
39. Ci-dessous, p. 216.
40. XXIV, 416-423. Les derniers mots rappellent, aux yeux de Griffin, le peu de choses qu'est la vie humaine : ils indiquent plus nettement encore que tout ne finit pas avec la mort.

X. L'intervention des dieux

1. XXIII, 186.
2. Au contraire, dans l'*Odyssée*, les objets magiques se multiplient, depuis la drogue calmante d'Hélène au chant IV, le lotos du chant IX, ou le môlu du chant X, jusqu'aux drogues de Circé, changeant les hommes en pourceaux.
3. Aucune de ces raisons ne justifie donc que l'on rejette ici les vers relatifs à Aphrodite.
4. Certains se sont plaints qu'elles interrompent fâcheusement le récit (Leaf : « these lines... would be better away ! ») : c'est être moins attentif qu'Homère au grand problème moral qui occupe la fin de l'épopée.
5. XXIV, 20-21.
6. La même formule est reprise dans les deux cas. — On peut ajouter une autre objection encore, présentée par Aristarque : Apollon ne devrait pas approcher la mort ! Mais les idées sur la souillure se sont surtout développées après Homère.
7. XVIII, 204. Sans doute est-ce pour éviter ces problèmes que P. Mazon traduit « *son* égide » ; mais cette prudence ne s'impose pas.
8. II, 446-449 ; au chant XVII, 592 elle est, entre les mains de Zeus, « frangée, resplendissante » ; le mot grec est *marmaréèn*, qui désigne ce qui brille.
9. XXIV, 44, le terme pour « respect » étant le beau mot d'*aidôs,* qui désigne les égards que l'on doit à autrui.
10. Ci-dessus, p. 134-135, 205, 217.
11. XXIII, 110.
12. XXIV, 54.
13. Sophocle, *Électre*, 24 ; on cite aussi des fragments d'Euripide et d'Épicharme.
14. 3, 19.
15. XXIV, 39-45.
16. *Travaux*, 358.
17. *Agamemnon*, 174-175.
18. La traduction de P. Mazon prévient et écarte cette objection : au lieu de rappeler que Thétis est « toujours présente à côté de son fils », cette traduction dit qu'elle « est toujours prête à voler à son

aide » : le verbe grec est une forme presque unique, dont l'autre emploi s'applique à Aphrodite toujours attentive au sort de Ménélas (IV, 11).
19. Et encore, certains critiques en écartent trois !...
20. XXIV, 92.
21. XXII, 207 ; 217 ; 393.
22. XXIV, 112-116. Le mot « révolté », au début, ne convient pas absolument à la sanction souveraine de Zeus ; le mot désigne sa colère.
23. *Agamemnon,* 218-221.
24. *Suppliantes,* 397. Ces scènes d'hésitation et de décision ont été admirablement commentées par Bruno Snell, *Aischylos und das Handeln in Drama,* Leipzig, 1928.
25. *Les Perses,* 742.
26. XXII, 348-352. Il avait d'ailleurs refusé avec la même violence la rançon offerte par Agamemnon : IX, 378 : cf. ci-dessous, p. 246.
27. XXIV, 134-137. Sur ces mots, voir ci-dessus, note 22, p. 226.
28. Et pourtant on a un peu hésité sur ces mots si simples — et si riches d'échos ! — L'excuse est que la construction des mots qui suivent est rude, parce que ramassée. Mais on perd beaucoup en supprimant la ponctuation après *eiè* (voir Richardson, *ad. loc.*).
29. XXIV, 139-140. Ce « cœur tout à fait franc » appartient à une formule fréquente et n'implique pas plus de doute que si l'on disait : « Si c'est vraiment là ce qu'il veut. »
30. *La tragédie d'Hector,* p. 263.
31. I, 216-218.
32. XVI, 60 et suiv. Ce caractère de la poésie homérique a été étudié dans notre livre « *Patience, mon cœur !* » *L'essor de la psychologie dans la littérature grecque classique*, Paris, Les Belles Lettres, 1984.
33. *L'Art du roman,* p. 44.
34. C'est en quoi peut-être l'excellente analyse de Ch. Segal, citée dans les deux chapitres précédents, peut avoir besoin d'un correctif.
35. Cf. ci-dessus, p. 184. Sa supplication à Priam occupe les vers 201 à 216. On remarquera qu'elle prête à Achille exactement les deux fautes que dénonçait Apollon : il n'a ni pitié ni respect d'autrui : les mots sont exactement repris (voir le vers 44 et ci-dessus, p. 221).
36. 223-224.
37. 92.
38. 224-227.
39. XII, 200 et suiv. : ci-dessus, p. 94.
40. Xénophon, *Mémorables*, IV, 4, 19.
41. *Antigone,* 450-460, *Œdipe Roi,* 865-871.

XI. Apaisement

1. XXIV, 328, puis 332 : *éléèse.*
2. XXIV, 364-368. La nuit « rapide » se retrouve d'ailleurs dans Homère ou Hésiode ; le mot semble faire allusion au fait que la nuit vient vite.
3. XXIV, 519-521.
4. Cf. ci-dessus, p. 212.
5. XXII, 426.

6. XXIV, 477-484.
7. La remarque remonte à Eustathe ; voir récemment Redfield, p. 205, qui, au demeurant, nous paraît forcer beaucoup la portée de l'image, raisonnant comme si Priam était bel et bien assimilé à un meurtrier.
8. XXIV, 182-187.
9. Ainsi *Les Phrygiens* d'Eschyle et *Les Phrygiens* de Sophocle, l'*Hectoris Lytra* d'Ennius.
10. C'est l'idée soutenue par A. Garzya, « Sui frammenti dei *Frigi* di Eschilo », *Cuadernos de Filología clásica,* Madrid, 1995, p. 41-52.
11. XXIV, 486.
12. XXIV, 466-468.
13. XXII, 418 et suiv.
14. Ainsi XVI, 13-16 ; XVIII, 330 ; XIX, 322-324.
15. I, 87. Voir ci-dessus, p. 31.
16. *Hécube,* 650-651.
17. XXIV, 509-512.
18. Par exemple, *Odyssée,* IV, 184 et suiv.
19. 560-570. On a légèrement modifié la traduction Mazon, pour éviter la surprise que cause toujours le mot « baraque », dans l'éclat du monde homérique.
20. Sur ces revirements, voir notre livre *« Patience, mon cœur ! »*..., aux pages 30 pour Homère et surtout 98-120 pour Euripide.
21. Ainsi Redfield, *op. cit.*, p. 268.
22. *Ajax,* 121-126. On trouve divers textes allant en ce sens cités dans notre ouvrage sur *La douceur dans la pensée grecque,* Paris, 1979.
23. Telle est bien l'idée essentielle, plus que « la vision » détachée et globale, « des dieux de l'Olympe » (Redfield, *op. cit.*, p. 272-273).
24. Le mot *apoina* est fréquent au chant I (7 exemples) et au chant XXIV (7 exemples relatifs à la rançon d'Hector). Sur les échos entre ces deux chants, voir Richardson, 552-595, et E. Minchin, dans *Greece and Rome,* 1985, p. 11-19.
25. Ainsi Adraste, à VI, 46 ; Dolon à X, 380, Isos et Antiphe à XI, 106 ; Pisandre et Hippoloque à XI, 131-134 ; Lycaon à XXI, 99.
26. XXII, 113-118.
27. C'est aussi le prix de la captive ; mais le texte n'insiste que sur l'idée d'amende honorable et de réconciliation (ainsi IX, 120 : *aps... aresai*).
28. IX, 632-636.
29. Ci-dessus, p. 160 et 176.
30. La première offre est à 254-259 ; la seconde, qui prend la forme d'une supplication, à 338-343 ; le refus de la rançon, dont on ne cite ici qu'un vers, mais qui est plus emphatique, à 337-354.
31. Ce geste aurait dû être celui de la mère : XXI, 123-124 et XXII, 352-353.
32. *Autos,* deux fois répété est, chaque fois, une correction ; mais la seconde semble certaine.
33. *Suppliantes,* 764-768 : dans le dernier vers, le messager dégage l'idéal de solidarité que ce geste implique : « L'homme aux maux du prochain doit toucher sans dégoût. »
34. *Ajax,* 1376 et suiv.
35. Voir ci-dessus, p. 247. On cite parfois un troisième exemple où un

étranger participe aux soins funéraires : il figure dans *Les Troyennes* d'Euripide (1150 et suiv.) Mais, si Talthybios a lavé le corps d'Astyanax et s'apprête à creuser la tombe, il faut dire qu'il est seul présent pour le faire et que sa qualité de héraut le met à part.

36. 618-620. La pitié pour les pleurs à venir fait passer ce qu'aurait de rude l'invitation au repas.
37. 628-632, traduction légèrement modifiée pour les derniers mots.
38. *Homer*, p. 40.
39. Pour la sépulture, ci-dessous, p. 253-255, pour les suppliants, voir, par exemple, Euripide, *Héraclides*, 70, 94, 246, 254, et pour les hôtes, voir par exemple, Euripide, *Le Cyclope*, 299.
40. A.W.H. Adkins, *Merit and Responsability, a Study in Greek Values,* Oxford, 1960.
41. Ci-dessus, p. 69 et suiv.
42. C'est en quoi il nous paraît inapproprié de voir dans la fin de l'*Iliade* une expérience « des limites de la conscience héroïque » (Redfield, p. 265) : cette « conscience héroïque » n'est attribuée à Homère que par une simplification plus ou moins anachronique.
43. *Tusculanes*, I, 44.
44. Matthieu, 8, 22.
45. Voir d'ailleurs ci-dessus, p. 251, pour le caractère très largement humain de cette loi non écrite.

Conclusion : La survie d'Hector

1. Voir notre *Pourquoi la Grèce ?* Éd. de Fallois, 1992.
2. Voir Virgile, *Énéide* II, 270 et suiv.
3. Sur ces faits, on peut consulter Henri Chamard, *Histoire de la Pléiade* III, Paris 1961, p. 122-130, Edmond Faral, *La légende arthurienne*, Paris 1929, Appendice I : *Comment s'est formée la légende de l'origine troyenne des Francs,* pp. 262-293, et, plus récemment le livre de Colette Beaune : *Naissance de la nation France*, éd. Gallimard, 1985.
4. *Illustrations de Gaule et singularités de Troie* (1510, 1512, 1513). On trouve les mêmes tendances chez l'humaniste Robert Gaguin.
5. C'est déjà la pensée de Protagoras dans le *Protagoras* de Platon : le maître fait lire à la classe les œuvres des grands poètes « et lui fait apprendre par cœur ces œuvres remplies de bons conseils, et aussi de digressions, d'éloges où sont exaltés les antiques héros, afin que l'enfant, pris d'émulation, les imite et cherche à se rendre pareil à eux » (325e-326a).

Ce livre ne comporte pas d'Index : les références au texte d'Homère étaient si nombreuses que la liste en aurait surchargé le livre inutilement.

En revanche, il ne peut s'achever sans un mot de remerciement particulièrement chaleureux ; car il n'aurait pu être achevé sans des dévouements amicaux et précieux : bien des améliorations ont été apportées par ceux qui ont assumé la tâche austère de relire le manuscrit, puis les épreuves : que Jean Irigoin, Simina Noïca et Monique Trédé trouvent ici l'expression de ma gratitude.

TABLE

TROISIÈME PARTIE

PITIÉ POUR QUI VA MOURIR

QUATRIÈME PARTIE

UNE SÉPULTURE POUR HECTOR

Achevé d'imprimer sur presse CAMERON
dans les ateliers de ***Bussière Camedan Imprimeries***
à Saint-Amand-Montrond (Cher)
en décembre 1996

N° d'édition : 280. N° d'impression : 4/1176.
Dépôt légal : décembre 1996

Imprimé en France

